现代精益系统学

蒋国璋　周　敏　魏厚培　编著

北　京
冶金工业出版社
2020

内 容 提 要

本书介绍了精益生产与精益管理的理论、方法与工具。书中介绍了作者多年大学教学成果和企业各管理阶层的实践经验，收录了一些世界著名咨询公司在职场组织的咨询过程中积累的经验和发现的问题，对一些企业管理和社会治理的调研结果进行了分析，整体上提炼出了精益化管理的思想要点。

本书可供相关管理人员以及有意提升个人工作效率、时间效率的读者阅读参考，可作为企业、学校、医院、政府机关和城市管理等技术人员的培训教材，也可作为高等院校工业工程本科生及研究生的学习辅导书。

图书在版编目(CIP)数据

现代精益系统学/蒋国璋，周敏，魏厚培编著.—北京：冶金工业出版社，2020.1

ISBN 978-7-5024-8403-3

Ⅰ.①现… Ⅱ.①蒋… ②周… ③魏… Ⅲ.①精益生产—企业管理—研究 Ⅳ.①F273.2

中国版本图书馆 CIP 数据核字(2020)第 024248 号

出 版 人 陈玉千
地　　址 北京市东城区嵩祝院北巷 39 号 邮编 100009 电话 (010)64027926
网　　址 www.cnmip.com.cn 电子信箱 yjcbs@cnmip.com.cn
责任编辑 刘小峰 美术编辑 郑小利 版式设计 孙跃红
责任校对 李 娜 责任印制 禹 蕊
ISBN 978-7-5024-8403-3
冶金工业出版社出版发行；各地新华书店经销；三河市双峰印刷装订有限公司印刷
2020 年 1 月第 1 版，2020 年 1 月第 1 次印刷
169mm×239mm；16.75 印张；327 千字；256 页
78.00 元

冶金工业出版社 投稿电话 (010)64027932 投稿信箱 tougao@cnmip.com.cn
冶金工业出版社营销中心 电话 (010)64044283 传真 (010)64027893
冶金工业出版社天猫旗舰店 yjgycbs.tmall.com

前　言

现代精益系统学是以人员、物料、设备、能源、信息等要素集成的精益系统为对象，以现代精益生产活动为出发点，以科学管理与现代管理为指导，以系统工程为思维逻辑，以智能与信息化为运作工具，研究现代精益系统的内涵、体系、思想、方法及其应用的一门学问。

现代精益化系统的知识对于企业、城市、军队、学校、医院和商场管理人员是非常必要的，这是因为理解并使用精益化系统会取得卓越的工作成效。借用管理大师彼特·德鲁克的话说，就是“卓有成效是可以学到的”。从哪里开始学？很明显，精益化系统是学习与使用的开始。

引领企业走向现代精益化道路，是使企业产生利润虹吸效应的捷径。现代精益化系统的学问能指导个人、企业和国家提升我们的市场活力和国际竞争力。世界五百强中前100强企业的百年历史实践已经证明了这个结论，同时，他们都秉承了科学管理与现代管理的精髓。科学管理之父泰勒谋求建立一套科学化的、标准化的提高劳动生产率和工作效率的管理方法，一百年来仍然被广泛采用；现代管理之父彼得·德鲁克因为“卓越的管理成效”获得总统勋章，其认可度足以不言而喻。这些成果也是精益化思想的理论源泉与宝库。追求卓越的管理者经常坚持阅读研习现代精益化的内容，以提升管理的境界。

创新驱动进步。我国有能力发展高科技，可以上九天、下五洋，沙变土、盐碱稻，采热岩，1.1度错位超导体等技术大放异彩，令人鼓舞，让人沉醉。但我们也要时刻保持清醒头脑，不能盲目乐观。我国能够在满足国家重大需求或服务国家需要的领域，实行举国体制发展高技术，并取得举世瞩目的成就，但还不能在所有的高科技领域，甚至常规通用技术或民用技术方面取得领先，技术的进步绝非一日之功。那么，是否还有他途？我们认为，通过加强精益化管理，可以加快前进的步伐。

由于工作的原因，我们走访了大量的企业和组织。与国外相比，我们感到了一种强烈的危机感和使命感。通观我国企业的精益化或精益系统，我们的精益化水平高吗？我们的绩效观导向是科学的吗？一些基础管理能跟上时代发展吗？6S 能走上正道吗？制造业能承担无条件退货？早些年诚信危机改变得怎样？我们的管理和管理大师在哪里？这一个个问号，这一切的一切都改变了多少，如果不改变，谈何改变企业面貌？谈何所谓企业核心竞争？我们需要人格、精神、面貌都强大的肌体强大，而“肌体强大”这不正是企业的整体或一个精益系统强大吗？为了推动我国的精益生产与精益管理的快速发展和提高水平，我们有义务和责任传播和推广“精益系统学”。

本书介绍了精益生产与精益管理的理论、方法与工具，结合多年大学教学成果、企业各管理阶层的实践经验、一些世界著名咨询公司在职场组织的咨询过程中发现的经验和问题，以及在欧美及亚洲一些国家的企业管理的调研经历和社会治理结构的逻辑分析，提炼出了精益化管理的思想要点，是我们对社会实践中精益化进行思考的成果。在学习、研究Peter F. Drucker等管理专家的思想后，形成了现代精益系统的理念、思想和方法，并开发出了相关平台管理软件，在云端得以实现。

本书可供相关管理人员以及有意提升个人工作效率、时间效率的读者阅读参考，可作为企业、学校、医院、政府机关和城市管理等技术人员的培训教材，也可作为高等院校工业工程本科生及研究生的学习辅导书。

同时，我们愿为您的组织去调研、去诊断、去导入、去上线，为您所在的城市、学校、医院、机关、企业做全方位、全新的“精益系统学”指导服务。我们希望更多的组织和个人运用本书的一些理论、方法和工具，为大家提高效率而努力奋斗。我们期待与您一起尝试做更多改变，哪怕是最微小的改变；期望大家都动起来，相信您的组织一定会由内到外，更美丽，更强大，面貌焕然一新。

本书由武汉科技大学工业工程系蒋国璋、周敏和原武钢集团魏厚培合著，吴铭福、向峰、张旭刚、段现银、杨乐、刘军伟、陈艳霞、姚星辰、雷成名、文喆皓、苏梅月、王丹妮、王江鹏、刘俊涛、阮志国等人参与了编写、修改、校对等工作。本书参考了许多文献，对文献作者表示谢忱。

由于作者水平及时间所限，书中不足之处，希望读者朋友指正，以便及时修订。

编著者

2019 年 9 月

目　　录

第一部分　现代精益系统学理论

第二部分 现代精益系统管理方法

第三部分　现代精益系统应用案例

第一部分　现代精益系统学理论

1　生产系统与精益生产

1.1　生产系统

1.1.1　生产系统及子系统

现代生产活动研究对象是由人员、物料、设备、能源、信息等生产要素所组成的各种生产系统，且不局限于工业生产领域，可归结为工业生产系统、经营系统、互联网系统、社会经济系统，或称广义的生产系统。

生产系统是现代企业运作与管理的核心和基础。生产系统中生产是将各种原材料、劳动力、能源等生产要素转换成有形和无形的生产财富，由此而产生附加价值的生产过程。生产过程是由产品设计、材料选择、计划、加工、质量保证、生产管理到销售的一系列核心活动过程所组成。生产系统就是将与生产过程有关的固有技术和计划、设计、加工制造、控制、管理以及有关信息处理技术等系统要素有机结合起来的一个人造系统。图 1-1 所示为生产系统的基本构成。

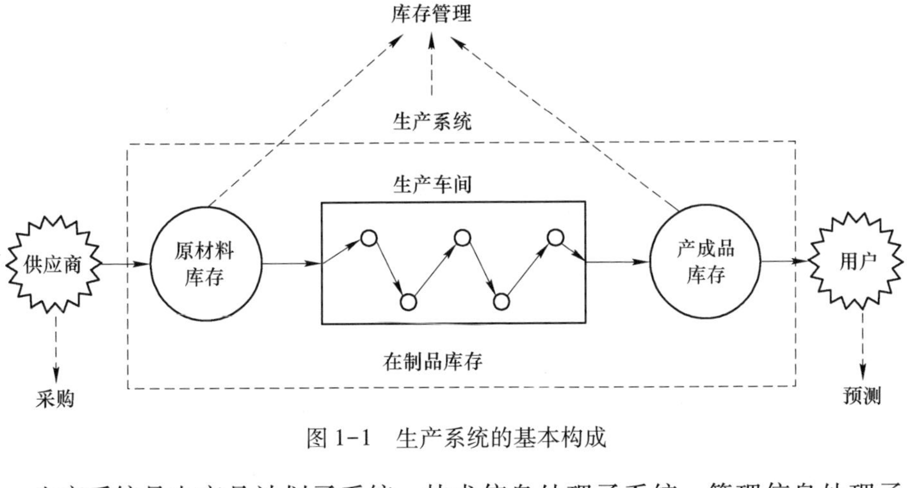

图 1-1　生产系统的基本构成

生产系统是由产品计划子系统、技术信息处理子系统、管理信息处理子系统、生产控制子系统和生产过程子系统等构成，如图 1-2 所示。

产品计划子系统：根据需求预测、市场调查或用户订货等信息来确定企业计

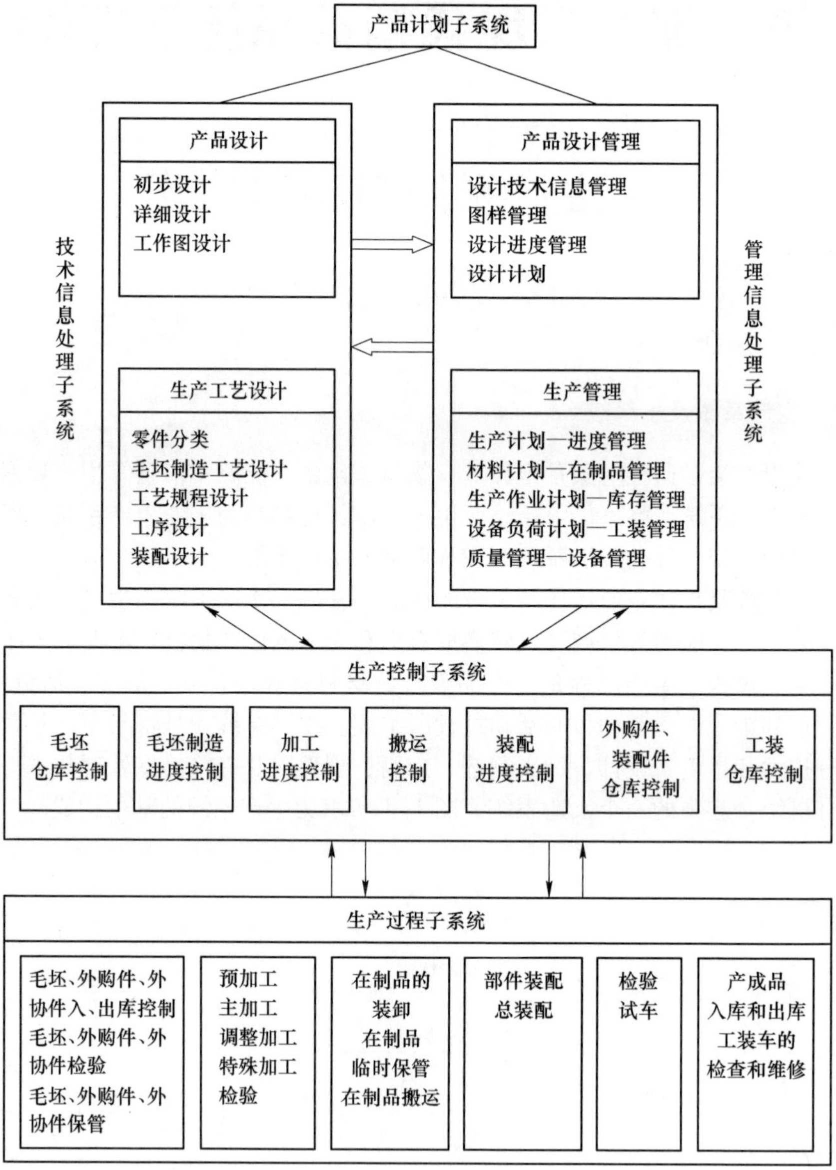

图 1-2 生产系统各子系统

划期内生产哪些产品及其品种、规格及数量等。产品计划所提供的信息对企业的决策是至关重要的。

技术信息处理子系统：主要包括产品设计和生产工艺设计两个部分的内容。产品设计是根据产品计划的信息，对产品进行初步设计、详细设计和工作图设计，并制定产品、部件和零件明细表等。生产工艺设计主要就产品的性质和质量需求，并考虑适当的生产率及经济性等因素来设计生产工艺过程，一般以机械加工工艺设计为主，同时还包括毛坯制造工艺设计和装配工艺设计以及工艺装备等。

管理信息处理子系统：包括产品设计管理和生产管理两个部分。产品设计管理是指对产品设计图样和数据等信息的有效使用以及掌握设计进度等的管理系统。为了保证设计信息的有效使用，该系统必须具有信息收集、选择、积累、检索、修正、储存和更新等功能。生产管理指为保证产品生产数量、质量、成本和完成日期等计划的实现，编制各种生产作业计划、核算所需的各种资源、控制生产进度、制定质量标准等与生产有关的管理活动。为此，还需要制定各种有关计划，诸如生产计划、原材料供应计划、设备负荷计划，此外还包括质量管理、进度管理、在制品管理、库存管理、工艺装备管理、设备管理、成本管理、运输管理等。

生产控制子系统：通过有关信息的收集和处理来掌握和控制毛坯制造、加工、运输、装配、检验、外购件和零部件仓储、工艺装备仓储等活动的过程和进度。

生产过程子系统：它是指由原材料、毛坯等投入生产开始到产品出产为止的全部生产过程组成的子系统。它是一系列相互联系的劳动过程和自然过程的有机结合。

因此，生产系统实质上是由产品计划、技术信息处理、管理信息处理、生产控制子系统所组成的信息流和生产过程子系统所组成的物流两大部分所构成。

1.1.2 生产系统类型

生产系统涉及国民经济的许多产业，如机械、电子、轻工、化工、食品、军工、航天等。生成系统主要有离散型生产系统、流程型生产系统、重入离散型生产系统和生产服务型系统。

1.1.2.1 离散型生产系统

离散型生产是指以一个个单独的零部件组成最终成品的生产方式。其生产组织类型按其规模、重复性特点又可分为车间任务型和流水线型。在我国，离散型生产企业分布的行业较广，主要包括机械加工、汽车、仪表仪器、五金、服装、家具、医疗设备、玩具生产等。

车间任务型生产是指企业的生产同时在几个车间交叉进行，生产的零部件最终传送到装配车间装配，装配好的成品由质量部门检测，合格件出厂交付市场的一种生产组织方式。车间任务型生产主要按用户订单组织生产，适用于单件和小规模生产方式。

流水线型生产是指加工对象按事先设计的生产工艺过程依次顺序地经过各个工位（或工作地），并按统一的生产节拍完成每一道工序加工的一种生产组织方式。这是一种传统的、不断重复的生产过程。机床设备、汽车制造就是典型的流水型生产系统。

在离散型生产系统中有一类叫重入离散型生产系统。该系统是指产品或零件在生产过程中被某些机器（至少一台）重复加工两次以上的加工过程。随着重复进入的机器数量和重复进入机器的次数增加，生产系统的管理和控制越来越复杂。

重入离散型生产系统多用于电子制造领域，由于产品加工过程精密而复杂，工序繁多，生产周期长，并且产品在整个加工过程中需要多次甚至数十次经过相同的机器设备加工。

1.1.2.2 流程型生产系统

流程型生产是指通过对于一些原材料的加工，使其形状或化学属性发生变化，最终形成新形状或新材料的生产方式。石油、化工、钢铁、发电等生产企业就是典型的流程型生产系统。

以钢铁生产为例，钢铁生产企业是典型的流程型生产系统，也是多品种、大批量生产方式。一般由单一的铁矿石原料，根据不同的炼铁—炼钢—轧钢生产流程及化学性质和物理性质的改变，制成多种不同的产品。钢铁生产规模一般都比较大，生产工艺复杂。不同的钢铁企业，不但产品种类千差万别，而且工艺流程和生产配置也相差甚远。

流程型生产包括重复生产和连续生产两种类型。重复生产又叫大批量生产，与连续生产有很多相同之处，区别仅在于生产的产品是否可分离。重复生产的产品通常可一个个分开，它是由离散制造的高度标准化后，为批量生产而形成的一种生产方式；连续生产的产品则是连续不断地经过加工设备，一批产品通常不可分开。

1.1.2.3 服务型生产系统

服务型生产企业不管是从事制造业还是从事服务行业，都必须以为人们提供服务，以社会服务为中心来组织生产，生产的产品（服务）只有让顾客满意，只有得到顾客的承认，才能实现产品的价值，企业才能生存。

按顾客的需求分析把服务型生产系统分为通用型服务（如零售业批发业、学校、交通运输业等）和专用型服务（如医院、维修站等）。按系统的运作特点分为技术密集型服务（如航空公司、银行娱乐业等）和人员密集型服务（学校、百货公司、餐饮业等）。

近年来，适应制造业转型升级需求的一些企业，出现了一种新的模式或系统，即所谓不卖产品，就卖服务的经营模式，也是一种服务型生产系统或称制造服务型生产系统，其发展前景广阔。

1.1.3 生产系统的特征

生产系统的设计、组织与产品的性质、种类、数量等关系极大。不同的产品性质、种类和数量可以形成不同的生产形态，而不同的生产形态又有不同的设计和组织生产系统的方式和方法。

（1）计划生产和订货生产。这是根据计划期内产品销售预测或订货量等信息来进行的分类。所谓计划生产，就是根据通过市场调查、预测和判断所得到的市场需求量或某种计划来组织和安排生产的一种生产形态。而订货生产则是完全按照顾客的订货数量、品种、规格以及完成日期等要求来组织和安排的生产形态。通常，顾客订货的产品中有不少是需要重新设计的新产品。

（2）大量生产、成批生产和单件生产。这是根据产品品种多少和产量大小等来进行分类的。所谓大量生产是指在较长一段时期内只固定生产一种或少数几种产品，即产品品种少、数量大。因此，大量生产类型具有生产条件稳定、工作地专业化程度高等特征。单件生产类型的特征正好相反，其产品多数属于市场需求量小、用途不广、通用性不高的专用产品，每种产品只生产一件或少数几件，所以具有产品品种多、产量适中，工作地轮番生产不同品种的产品，具有一定的专业化程度等特征。成批生产按产品批量大小，又可分为大批生产、中批生产和小批生产三种。大批生产与大量生产的特征接近，小批生产与单件生产的特征近似，而中批生产则更多地反映了成批生产的特征。表 1-1 所示为生产系统的各种生产类型的特征。

表 1-1 生产系统的各种生产类型的特征

技术经济指标 \ 生产类型	大量生产	成批生产	单件生产
工作地专业化程度	在每台机床上固定地加工一个或几个零件	在同一机床上轮番地加工几种零件	在同一机床上经常加工各种不同的零件
采用的设备	广泛采用专用设备	通用设备为主，有个别专用设备	通用设备
工艺装备	采用较多数量的夹具和自动化专用工具	较广泛地采用夹具和专用工具	只有在特殊情况下采用夹具和专用工具
工人技术水平	工人技术等级较低	采用不同技术等级工人	工人技术等级很高
工序劳动量	不大	较大	很大

续表 1-1

生产类型 技术经济指标	大量生产	成批生产	单件生产
零件互换性	零件要求全部互换，有部分选配，没修配	零件互换性高，保存一部分钳工修配	广泛采用钳工修配
工时定额	采用精确的技术定额	对劳动量大的重要零件制订技术定额	采用概略的工时定额标准
产品品种	较少	较多	多、不定
产量	很大	较大	很小、单件

因此，生产系统由产品市场销售量或客户订货量信息来决定是计划生产还是订货生产；由生产产品品种多少、产量大小来决定是大量生产、成批生产还是单件生产。

近年来，由于经济、科技、社会环境的新变化，促使全球制造业进入了大变革时期，智能制造等先进制造技术及各种新的制造生产模式和新的管理方式应运而生，且层出不穷。目前生产系统制造环境呈现出许多新的特征。

在规划、设计、组织和管理现代生产系统时，需要充分考虑到各种动态生产环境的影响。综合分析近年来国内外的各种分析及观点，与生产活动相关的社会经济及企业经营环境正在发生着以下主要变化：

（1）经济全球一体化。经济资源和生产要素正在加速在全球范围内流动和组合，以取得战略优势和全球竞争力。随着国家经济向全球经济和互联网经济的转变，生产系统的范围不断扩大、结构日益复杂，人们对全球供应链的需求越来越大。

（2）市场动态复杂化。顾客需求的多样化和快速变化使得市场日益动态化，这既给企业传统的生产方式和管理模式带来了挑战，又为企业带来了多种选择的可能性和各种机会。这就要求任何组织都要有很好的环境适应性、自主性、较高的经营决策水平、较强的资源集成能力。

（3）社会加速信息化与智能化。信息和智能作为仅次于人力的第二大关键资源，是社会生活现代化的重要标志，全球正在进入快速智能信息化时代。由于智能信息技术对制造业的广泛而深刻的影响，以至于有专家认为我们已经进入人工智能时代，智能制造将成为重要的生产模式。

（4）技术创新驱动加快。在新型市场经济条件下，竞争、发展与创新的密切关系和技术创新在企业发展与社会进步中的重要作用，已日益被人们所认可；技术创新的速度、范围、深度和影响力等均发生了前所未有的变化。技术创新的人本观、效率观、变化观和集成观，体现出了其系统性特征和现代管理的思想。

（5）可持续发展成为普遍关注。以资源和环境为基础的可持续发展问题不但被发达国家，而且被发展中国家的政府、组织、公众所重视。大量的生产企业广泛重视基于可持续发展的系统观和生产战略问题，清洁生产及卓越制造表达了人们在此背景下对新型社会制造价值观的向往与追求。

（6）现代生产活动的资源要素整合更加多样化。生产系统的对象要素包括人员、物料、设备及能源和信息，或生产对象、生产手段、生产劳动力、生产信息，或人员、物料、机器、资金、方法。但现代生产经营活动的有效进行依赖于一个多样化的生产资源要素体系，该体系由设施、物料、能源等实体资源，人力、技术、信息、资金、组织、文化等软性资源和市场、政府及政策、社会和自然等环境或相关资源要素所组成。

由于社会经济、技术和管理环境的变化而带来企业生产经营环境的诸多明显变化，进入新时代，生产系统的环境也显示出了复杂性、相互依赖性以及随机不确定性与多样化，正面临着来自数字化、网络化、信息化、智能化等制造业带来的变革性挑战。

1.2 准时生产与精益生产

企业生产系统中广泛应用的5S管理、全面生产维护、目视管理、定置管理、车间管理和班组管理等，都是企业、车间、班组或现场进行管理的活动，也是提高生产系统生产效率的具体方法。一旦有了这些理念、思想和意识，并加强对生产系统的科学管理，就能够推动企业的发展。而采用准时生产、精益生产方式已经是现代生产系统不可或缺的一部分。

1.2.1 准时生产方式

准时生产方式JIT（just in time），起源于20世纪50年代丰田汽车公司，由日本丰田汽车公司的大野耐一从美国的超市得到启发而首先推出，是一种传统大量生产方式的革新。准时生产方式又称丰田生产方式（Toyota production system，TPS），是一种“拉动”式生产的方式。20世纪90年代传入我国。

准时生产方式与大量生产方式相对应。大量生产方式是一种美国式生产方式，在20世纪20年代，由Henry Ford创造了一种机械化装备与传送线结合的高效生产方式，后人称为大量生产方式，又称大量流水生产线、机械自动化流水线。20世纪30年代以后迅速推广到主要发达国家，成为20世纪主导的生产模式。由于其充分利用规模经济/规模效应的优势，极大地降低单件产品的生产成本，提高产量，促进各国的工业化进程，形成了世界性的大宗贸易，而且普及了工业品，提高了人民的生活水平等，为人类文明与社会进步做出了空前的贡献。

丰田公司于1937年成立，第二次世界大战后几乎变成一片废墟。20世纪50

年代，丰田英二决定重建由于战争破坏的丰田公司。经过考察 Ford 大量流水生产的模式，丰田英二认为大量生产方式固然好，但不能照搬。他分析：日本的国内市场小，应该采用“多品种小批量”生产方式，按当时日本的国情采用终身雇佣制，要对美国传统的大量生产方式进行变革。20 世纪 80 年代又推行准时生产制，使其竞争力大增，形成 20 世纪 70~80 年代中期对美国制造业的冲击，把大量生产方式发挥到淋漓尽致的境界。

进入 20 世纪 70~80 年代，在大量生产方式得到了充分发展，同时其固有的不足也显现出来。一方面大量生产方式只是适应短缺经济时代，这种以生产厂家主导市场（“卖方市场”）的单一或少品种大量生产，缺乏适应顾客需求变化的产品及其生产柔性。因此，它无法适应现代与未来市场的变化与发展；另一方面，与之伴随的“三高”（高物耗、高能耗和高污染）弊病使发展中国家或地区再也无法利用传统的大量生产模式实现工业化发展。同时在今天的市场环境中，大量生产方式已显现出技术陈旧、投资高、建造生产线时间与试运行时间长的缺陷。由于缺乏产品与生产系统的柔性，其越来越难适应现代与未来顾客需求的变化，且投资回报率下滑使资金越来越少地流向这类生产企业，从而使大量生产方式处境愈加困难。而且分工过细，知识与技能含量低，使大量从生产线下岗的许多员工无法摆脱无业的威胁。采取军事化、半军事化的传统生产组织管理方式束缚了员工参与积极性与创造性，以人为“机器”或“工具”的管理理念严重地脱离“以人为中心”的现代管理要求。这些都要求大量生产方式的改变。

丰田公司经过实践总结出 JIT 生产方式是：（1）准时生产。在必要的时间（不迟也不早）、生产必要数量（不多也不少）的规定产品，其生产指令就是看板。（2）实行“拉动”式生产方式，信息流从最终工序逆流而上到第一道工序，进行看板管理。“拉动”式生产管理的主要特征是信息流的运动方向正好与物料流方向相反，生产计划的产量与实际生产的产量相同，零或少库存。（3）优化生产流程，消除一切不产生附加价值的活动，如检测活动由作业者完成。（4）进行计算机辅助公示管理。（5）利用制造资源规划 MRPII 软件系统。（6）进行在制品（WIP）管理。如进行多种混流生产，培养多面手，采取小组工作方式和并行工程方式，要求供应商准时供应，极大地压缩库存等。

1.2.2 精益生产方式

日本推出的以准时生产 JIT 为核心的丰田生产方式，在 20 世纪 80 年代中期被欧美企业纷纷采用。1991 年麻省理工学院的专家与美国的 IMVP（国际汽车计划）对日本的丰田生产方式进行了考察，在研究总结 JIT 成功经验的基础上提出精益生产（lean production，LP），命名为精益生产方式。随着微利时代的来临，精益生产模式成为企业竞争的有力武器。精益生产通过消除企业所有环节上的浪费或不增值活动，来达到降低成本、缩短生产周期和改善质量的目的。

精益生产是以高素质员工队伍为基础，依赖于全面质量管理（TQM）、准时制（JIT）和全面生产维护（TPM）支持的生产方式。精益生产的基本思想是：

（1）消除一切形式的浪费。精益生产管理中列出了几种浪费（损耗）形式：废品与次品，超额生产或提前生产，由于待料、设备故障和计划差错造成的等待，多余的搬运，库存积压，过剩的产品功能。

（2）一切不产生附加价值的活动都是无效的劳动，即浪费。

（3）连续改进，不断完善，不断提高，精益求精。

（4）实施零缺陷、零库存、零故障、零调整。

（5）把调动人的积极性、创造性放在管理工作的首位。

（6）人是生产诸要素中首位的因素。

1.3 精益生产系统

精益生产系统（lean production system，LPS）是一种按精益生产方式运作的系统，它以精益生产为基础。精益生产追求高品质、短交期和低成本，尽可能满足客户需求。同时，在具体的生产系统改善过程中，丰田公司通过总结经验、理论和实践研究形成了大量的精益改善方法和工具，用来消除企业内部各环节的浪费，以实现降低成本、提高效率的目的。利用5S、可视化、全面生产维护、目视管理、定置管理、车间管理等工具和持续改善、尊重他人的理念，力求实现低成本准时生产的生产方式。

传统的大批量生产是基于规模经济建立的一种单一化需求的生产方式，其中的浪费高和效率低使得规模效益大打折扣，是典型的“推动”式生产。不同于大批量生产，精益生产能够减少浪费，若生产过多，库存会增加，现金就会提前支出，流动资金就减少了。因此，需要降低库存以及缩短生产周期，通过均衡物流、优化流程和持续改善、高效利用资源，最大限度地消除浪费，达到以最少的投入提供给顾客最大的价值，是典型的“拉动”式生产。精益生产强调“适时、适量、适物”，它适应了多样化时代需求，逐渐成为主流生产方式。

精益生产系统以大野耐一等人提出的丰田生产系统精益屋为基础，如图1-3所示。它将准时化（just in time，JIT）和自动化（JIDOKA）归纳为精益生产的两大支柱，以标准作业和持续改善为基础。准时化生产是指在必需的时间，生产必需数量的合格产品。准时化生产以客户需求为出发点安排计划和生产，强调物流平衡，追求零库存。上一工序只关心下一工序需要的产品数量，同时利用看板形成“拉动”式生产，并传递信息。各工序之间严格按照节拍时间生产，同样也保证了准时化生产。自动化则强调人与机的有机结合，赋予机器一定的智慧，使其识别生产中出现的异常问题，以保证过程质量。

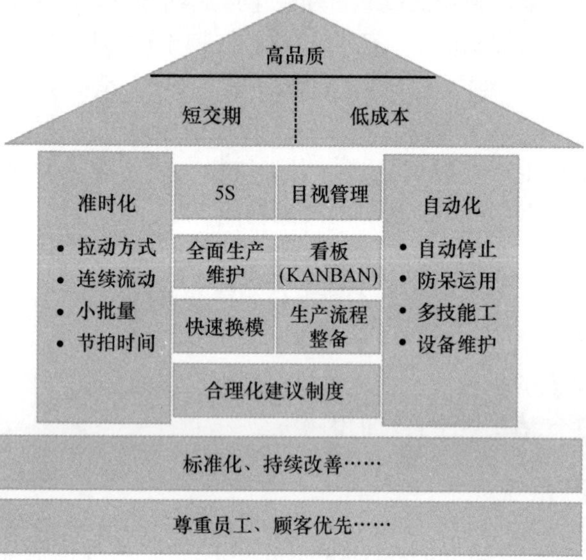

图 1-3　精益生产系统屋

精益生产系统运作可以简单描述为以生产平稳化、作业标准化及持续改善为基础，以准时制（JIT）及自动化为系统支持，以 5S、目视化管理、看板、快速换模技术、生产流程整备为内容，最终达到高品质、低成本和短交期，并培养尊重员工，顾客优先的企业文化。精益生产的基础是标准作业、均衡生产和持续改善，而基础的建设和维护都需要人员和团队的协作得以实现。因此，精益生产精益屋的地基就是标准作业、持续改善和团队协作。

2 精益系统理论

精益生产系统是现代企业在特定阶段、顺应市场需求变化而发展的一种生产组织管理模式与系统。从长期看，精益生产系统是一个动态的不断优化的过程。从认识角度上，精益生产系统还是一个涉及企业的全面、全方位、全过程、全员的管理。

精益生产系统本质是通过管理系统创新，使企业所拥有的各类资源综合价值最大化，最终使企业达到具有超越一般竞争能力的一种管理哲学的实现。

为了论述方便，也使表达全面完整，本书将精益生产系统称为精益系统。而且，所谓的精益系统是以精益生产系统为代表，而精益生产系统以精益生产为特征，基于传统的丰田生产方式而发展。现代工业系统无论生产系统还是经营系统，还是离散型或连续性系统或服务型制造系统等都有一个精益化的过程和实现方式。因此，以精益系统本身或精益化的系统为研究对象，探索精益系统理论和方法很有必要。

2.1 精益系统及其内涵

2.1.1 精益系统的目标

企业是以盈利为目的的组织，因此，最大限度地获取利润成为企业的基本目标。企业根据市场需求的变化，采用灵活的生产组织形式，及时、快速地调整生产，依靠精益化的管理，通过“彻底排除浪费”，防止过量生产来实现企业的目标。精益系统有三个目标：零库存、高柔性和无缺陷。

（1）零库存。一个充满库存的生产系统，会掩盖系统中存在的各种问题。例如，设备故障造成停机，工作质量低造成废品或返修，横向扯皮造成工期延误，计划不周造成生产脱节等，都可以通过动用各种库存掩盖起来。表面上看，生产仍在平衡进行，实际上整个生产系统可能已存在很多问题。更可怕的是，如果对生产系统存在的各种问题熟视无睹，麻木不仁，长此以往，紧迫感和进取心全无。因此，人们称库存是“万恶之源”，是生产系统设计不合理、生产过程不协调、生产作业不良的证明，并提出“向零库存进军”的口号。所以，“零库存”就成为精益系统追求的目标之一。

（2）高柔性。高柔性是指企业的生产组织形式灵活多变，能适应市场需求多样化的要求，及时组织多品种生产，以提高企业的竞争能力。面临市场多变的问题，精益生产方式必须以高柔性为目标，实现高柔性与高生产率的统一。为实现柔性和生产率的统一，精益生产必须在组织、劳动力、设备三方面表现出较高的柔性：

1）组织柔性。在精益生产方式中，决策权力是分散下放的，而不是集中在指挥链上，它不采用以职能部门为基础的静态组织结构，而是采用以项目小组为基础的动态组织结构。

2）劳动力柔性。市场需求波动时，要求劳动力也做相应调整。精益生产方式的劳动力是具有多方面技能的多能工，在需求发生变化时，可通过适当调整作业人员的作业来适应短期的变化。

3）设备柔性。与刚性自动化的工序分散、固定节拍和流水生产的特征相反，精益生产采用适度的柔性自动化技术（数控机床与多功能的普通机床并存），以工序相对集中，没有固定节拍以及物料的非顺序输送的生产组织方式，使精益生产在中小批量生产的条件下，接近大批量生产方式。精益生产具有刚性自动化所无法达到的高效率和低成本，同时具有刚性自动化所没有的灵活性。

（3）零缺陷。传统的生产方式很少提出零缺陷的目标，一般企业只提出可允许的不合格百分比和可接受的质量水平。它们的基本假设是：不合格品达到一定数量是不可避免的。而精益生产的目标是消除各种引起不合格品的原因，在加工过程中每一工序都要求达到最好水平，追求“无缺陷”。

高质量来自零缺陷的产品，“错了再改”得花费更多的金钱、时间与精力，强调“第一次就做对”非常重要。每一个人若在自己工作中养成了这种习惯，凡事先做好准备及预防工作，认真对待，防患于未然，在很多情况下就不会有质量问题了。因此，追求产品质量要有预防缺陷的观念，凡事第一次就要做好，建立“无缺陷”质量控制体系。过去一般企业总是对花在预防缺陷上的费用能省则省，结果却造成很多浪费，如材料、工时、检验费用、返修费用等。应该认识到，事后的检验是消极的、被动的，而且往往太迟。各种错误造成需要重做零件的成本，常常是预防费用的几十倍。因此，应多在缺陷预防上下功夫，也许开始时多花些费用，但很快便能获得收益。

2.1.2 精益系统的原则

2.1.2.1 精益生产的七大浪费

精益生产的核心就是消除一切“浪费”，为客户提供高质量、短交期的产品，以获得更大的竞争力，精益就是通过及时反馈将浪费转化为价值。因此，准时化生产（消除生产过多过早的浪费和库存浪费）和自动化提高质量（消除不良品的浪费）就成为必然选择。要实现准时化生产，需从客户订货开始实行拉动生产（消除生产过多过早的浪费），而拉动的基础是物流和生产的均衡（消除库存浪费、等待浪费、生产过多过早的浪费以及不良品浪费)。要保证均衡生产,就必须保证小批量生产及生产节拍的同步化生产(消除生产过多过早的浪费、等待浪费)。实现小批量生产和传送以及同步化生产的前提是机器设备的快速换模和工艺设备、物流的合理布局(消除等待浪费、搬运浪费和库存浪费)以及少人化和标准作业(消除加工浪费、动作浪费以及人员的节省)。

2.1.2.2 精益生产的五大原则

精益思想的核心是定义价值、价值流识别、价值流动、拉动价值、追求尽善尽美等五项原则。

(1) 定义价值。精益生产的关键出发点就是价值,最终客户对价值有决定权。价值分为增值、必要但不增值和浪费三种,客户愿意为之付钱的仅有增值部分,其他两种均是需要减少或消除的部分,因为没有客户愿意为之付钱,尤其是浪费,更应该消除。

(2) 价值流识别。价值流的识别,首先需要了解整个价值流,从客户价值出发,向上一个工序追溯,直到追溯到供应商。通过识别价值流,可以分为三种活动方式:明确增加价值的步骤;不增加价值但现有技术与生产条件下必须保留的步骤;不增加价值可立即去除的步骤。识别价值流的目的就是要发现生产运营步骤中的浪费,并努力消灭它。

(3) 价值流动。识别价值流后,通过消除浪费,使得价值在产生过程流动起来。流动就是要把保留下来的增加价值的各个步骤流动起来,比如减少物料仓储时间、消除在制品库存、缩短产品生产周期、减少成品等待检测时间、减少成品库存时间等。

(4) 拉动价值。拉动是从客户的需求出发,按照客户需要来进行产品的生产,即拥有在客户需要的时候就能生产和制造出客户真正需要的产品的能力。实现拉动的企业,意味着抛开订单预测,直接按照客户的需求按时按量生产,而不是常常生产过多的产品,备有大量库存,不断向客户推销,带来大量库存的浪费甚至产品报废的风险。

(5) 追求尽善尽美。改善永无止境,永远追求尽善尽美。从价值的定义、价值流的识别、价值流动和客户的拉动生产这四个精益思想的原则,展示了每进行这样一次循环,企业的生产运营将会有所进步,使得企业能持续进行改善。

精益生产要求企业通过较少的人力、较少的设备、在较短的时间和较小的场地内找到最佳的方法。确立提供给顾客的价值,明确每一项产品的价值流,使产品在从最初的概念设计到到达顾客的过程中流动顺畅,让顾客成为生产的拉动者,并让公司在生产管理中精益求精、尽善尽美。

2.1.2.3　精益生产活动的三种形式

沃迈克（Womack）和琼斯（Jones）把企业内部的活动沿价值流分为三种形式：（1）明确的创造价值的活动；（2）生产中不创造价值，但在现有技术和生产条件下不可避免的活动，称为Ⅰ型Muda；（3）不创造价值且可以立即去掉的活动，称为Ⅱ型Muda。他们认为企业应该首先沿价值流方向逐步分析、审视生产过程的所有活动，首先努力找出并消除Ⅱ型Muda，包括影响产出的库存和失控因素等非增值环节，使生产过程精益化，处于稳态受控状态。然后使产品价值流在整个生产过程中流动起来，通过连续流动，原先隐藏的许多问题就会显现出来，再进一步消灭浪费和无增值活动（Ⅰ型Muda），优化生产过程。

2.1.3　精益系统的方法

2.1.3.1　产品设计开发过程的并行工程

（1）在产品的设计开发期间，将概念设计、结构设计、工艺设计、最终需求等结合起来，保证以最快的速度按要求的质量完成；

（2）各项工作由与此相关的项目小组完成，进程中小组成员各自安排自身的工作，但可以定期或随时反馈信息并对出现的问题协调解决；

（3）依据适当的信息系统工具，反馈与协调整个项目的进行，利用现代CIM技术，在产品的研制与开发期间，辅助项目进程的并行化。

2.1.3.2　生产计划和过程的准时化

（1）以最终用户的需求为生产起点；

（2）强调物流平衡，追求零库存，要求上一道工序加工完的零件立即可以进入下一道工序；

（3）组织生产线依靠看板的形式，即由看板传递工序间需求信息（看板的形式不限，关键在于能够传递信息）；

（4）生产中的节拍可由人工干预、控制，保证生产中的物流平衡（对于每一道工序来说，即为保证对后工序供应的准时化）；

（5）由于采用拉动式生产，生产中的计划与调度实质上是由各个生产单元自己完成，在形式上只作最终产品的生产计划，过程中各个生产单元自主协调极为必要。

2.1.3.3　质量控制与管理的全面化和全员化

（1）强调质量是生产出来而非检验出来的，由过程质量管理来保证最终质量；

（2）生产过程中对质量的检验与控制在每一道工序都进行，重在培养每位员工的质量意识，保证及时发现质量问题；

（3）如果在生产过程中发现质量问题，根据情况，可以立即停止生产，直至解决问题，从而保证不出现对不合格品的无效加工；

（4）对于出现的质量问题，一般是组织相关的技术与生产人员作为一个小组，一起协作，尽快解决。

2.1.3.4 生产组织的项目化和团队化

（1）每位员工在工作中不仅是执行上级的命令，更重要的是积极地参与，起到决策与辅助决策的作用；

（2）组织团队的原则并不完全按行政组织来划分，而主要根据业务的关系来划分；

（3）团队成员强调一专多能，要求能够比较熟悉团队内其他工作人员的工作，保证工作协调、顺利进行；

（4）团队人员工作业绩的评定受团队内部评价的影响；

（5）团队工作的基本氛围是信任，以一种长期的监督控制为主，而避免对每一步工作的核查，提供工作效率；

（6）团队的组织是变动的，针对不同的事物，建立不同的团队，同一个人可能属于不同的团队。

2.1.4 精益系统的结构体系

精益系统作为一种管理系统，是各种思想和技术方法的集合，并且这些思想和方法都是从各个方面实现其基本目标的。因此，精益系统具有一套实现其目标的结构技术体系，如图 2-1 所示。

（1）看板管理。看板管理是一种生产系统中调节和控制生产与物流、传递指令信息、生产和搬运必要物品的管理工具，它是精益系统的重要支柱之一。看板的作用是触发物料投放和控制在制品的库存数量，是实现精益生产的重要工具。精益生产通过看板管理，成功制止了过量生产，实现了“在必要的时刻生产必要数量的必要产品”，从而彻底消除在制品过量的浪费，以及由此衍生出来的种种间接浪费。

（2）拉动生产。准时化拉动生产要求生产过程中每一个工序单元按时完成加工，并且准时地把完成加工的工件送到下一个工序单元，从而达到生产系统中的原材料、在制品和产成品的存货最少。拉动生产中，前道工序都是根据生产看板的信息进行生产，每次生产的都是被下道工序取走的产品种类和数量，因此，看板式拉动生产多适用于重复性、稳定的生产环境。

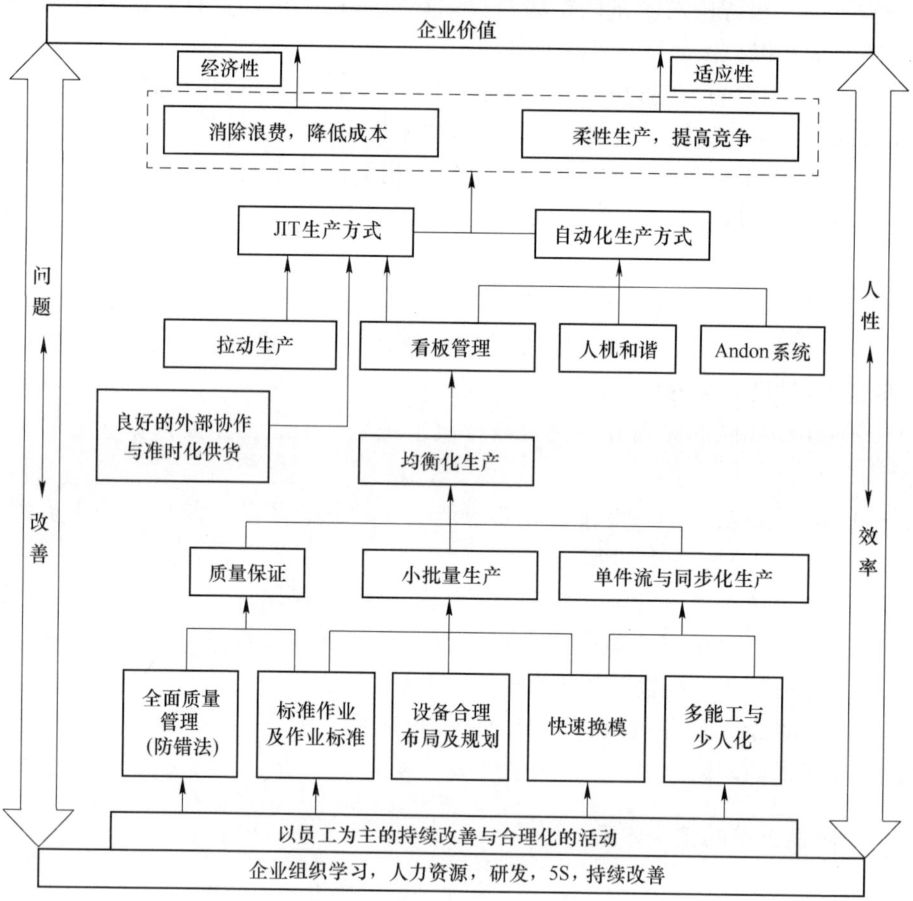

图 2-1　精益系统的结构体系

（3）均衡化生产。均衡化生产就是企业的各个生产环节，按照计划进度，在相等时间内完成大致相等或逐步递增的产量或工作量，从而按照品种、质量、数量和期限均衡地完成生产任务。生产计划要求稳定、均衡、有节奏地生产，但是市场又是波动的、不确定的，变化而难以捉摸，而这必然产生矛盾，因此企业必须实行均衡生产。

丰田公司把均衡化生产作为使生产适应市场需求变化的重要手段。均衡化生产的一个优点是各工序无须改变其生产批量仅需用看板逐渐地调整取料的频率或生产的频率，就能够顺利地适应市场需求的变化。

（4）单件流与同步化生产。单件流生产是指从毛坯投入到成品产出的整个制造加工过程，零件按节拍顺次一个个向前流动的生产方法，实施单件流能够减少生产线在制品库存，减少生产场地占用，提高生产系统柔性和灵活性，还可以避免大批量的质量缺陷，实现各工序并行加工，提高生产系统的利用率和平衡率等优点。

同步化生产，就是工序间不设置库存，前一工序的加工结束后，零部件立即转到下一工序去，使零部件的生产和供应完全同步和并行，整个生产按比例、协调地连续生产出来。由此可见，如果整个生产过程能够按照生产节拍统一安排生产，实现在必要的时刻得到必要的零部件，工序之间按单件流的方式传送，这就是同步化生产。同步化生产要求各工序的在制品不能出现滞后和超前到达，以防止出现零部件等候和积压。

（5）快速换模。设备换模时间又称为设备调整准备时间，是指当生产系统从生产一种产品转换为另一种产品时，从模具、工夹具的卸装、调整准备、加装等直到生产出第一件合格品为止所用的全部时间。缩短换模作业时间是缩短生产提前期、减少在制品库存、组织混流生产和小批量生产不可缺少的条件，尤其对于铸造、冲压等不得不进行大批量生产的环节更是如此。

减少设备换模时间对于提高生产系统的性能来说可能是最好的投资，对于当前的投产品种数和生产量受到换模时间限制的情况时尤其如此。这是因为换模时间的减少引起了品种生产批量的减少以及加工时间的减少，反过来又带来了生产提前期的下降。另一方面，总换模时间的减少相当于系统产能的增加，我们可以在不增加机器设备的情况下生产更多的产品。

（6）少人化与多能工。少人化是指生产系统随着产量的变动弹性地调整生产线上的作业人员的数量，以便尽量用较少的人力完成较多的生产运作。这种方法不同于传统生产运作中的“定员制”，依靠“少人化”技术来降低人力成本。在人工费用越来越高的今天，削减工人人数无疑对降低成本具有非常重要的意义。少人化技术要求工作改善优先于设备改善。少人化需要依靠持续改善来实现，但如果一开始致力于设备改善而忽视工作改善，往往会因为强调购买自动化设备，不仅不能降低成本，反而可能造成更大的浪费。实现少人化的前提是优化设备布局、具备多种技能的多能工和多面手的采用。工人多能工主要通过职务定期轮换来实现，这样工人的工作内容更丰富，有助于增加工人的工作兴趣和热情，提高工作的积极性。

（7）标准作业。标准作业是保持生产率、产品质量和安全处于高水平的工具，它为在某一固定时间内完成任务以及指出工作过程可能的改进措施提供了一个细致的标准和基础。标准作业可以将任何工作中固有的问题重复而清晰地显现出来，使之迅速彻底得到解决。通过标准作业可以合理确定每个作业者所看管的设备和作业程序，并实现各作业者间的作业同步化。标准作业的步骤包括确定生产节拍、确定每项作业的标准时间、确定各作业者所承担的作业及完成作业的程序、确定在制品的占用标准、绘制标准作业图表组织实施。

（8）自动化。精益生产的质量控制系统是一种预防性的异常管理体系，称为带人字旁的自动化，即给机器赋予了人的智能，来保证生产过程的质量。自动化主要由三个组成部分：1）探测异常并自动停止装置。当作业出现异常的时候，机器能够自动监测，识别并立即停机。这使机器具有了人的智慧，大大提高了生产效率，把过去一人操作一台机器改进为一人多机操作，从而实现少人化管理。2）错误预防装置。它是针对不良品或操作失误等不正确现象所采取的预防措施；防错装置可以确保操作者或机械设备不生产不良品，或在出现问题时使机器停下来，赋予操作者在发现异常情况时停止生产线的权利和手段。3）赋予操作者在发现异常情况时停止生产线的权利和手段。通过自动化的实施，能最大限度地保证不生产不良品，不转移不良品，最大限度地保证产品质量。

（9）全面生产维护。全面生产维护（total productive maintenance，TPM）就是全面生产管理或全面设备管理。通过全员参与的设备维修管理过程来保障生产的效率，使生产效益最大化。TPM 认为，事后修理是最消极、最浪费的修理方式，必须转变观念。TPM 管理思想的延伸无疑必须把工作重点转移到预防性维修上来，全员参与，通过预防性的点检与修理，把隐患消除在萌芽中，同时最大限度地减少实施故障。

TPM 的目标是“通过改善人和设备的素质，来改善企业的素质”。所谓人的素质就是要使全体员工都具有敬业的思想和不断改善的意识，同时具备岗位所要求的知识和技能。作为操作人员应具备自主保养的能力；作为维修人员应具备保养机电一体化设备的能力；作为生产技术人员应具备设计出不需保养的设备的能力。所谓设备的素质主要体现在两个方面：一是改善现有设备，提高综合效率。即以很低的投入达到很高的产出。随着自动化程度的不断提高，生产的主体和重点从人的操作技能转向设备，因此消除影响设备效率的各种损耗，使设备更有效率的工作，也便成了 TPM 的目标。二是实现新设备的全生命周期设计和垂直提高。即设备的设计要在充分考虑了设备的整个使用周期所需费用的基础上进行。垂直提高就是指新设备从运转一开始就立即进入稳定的工作状态。

TPM 是消除停机时间最有力的措施，包括例行维修、预测性维修、预防性维修和立即维修四种基本维修方式。

（10）5S 与持续改善。以质量管理小组、设备管理小组等团队为主体、以生产现场为核心的持续改进是实现精益生产的基础。在精益生产中，看板控制的准时生产过程不断暴露出生产系统中存在的各种问题。团队以这些问题为对象开展改进活动，通过持续的改进消除生产系统中任何形式的浪费，达到提高效率、降低成本的目的。人在从事生产作业过程中的活动可分为三类：第一类，明确的创造价值的活动（如装配作业等）；第二类，生产中不创造价值，但在现有技术和生产条件下不可避免的活动（如打开和处理外购件的包装等）；第三类，不创造价值、纯属浪费的活动（等待、整理在制品的堆放作业等不必要的多余的作业）。持续改善活动就是要不断地采取措施，彻底消除第三类作业，尽可能减少第二类作业，增加第一类作业在总作业时间中的比例。在持续改善中一定要强调5S方法的推行，并且强调通过标准作业把改善成果固化下来。

2.1.5 精益系统运作模型

企业总是不断寻求最有效地利用人力、材料、设备、资金和信息的途径，并对生产系统进行设计、改进和设置。企业作为一个系统，按生命周期发展分为五个阶段：系统规划、系统分析、系统设计、系统实施、维护与评价等。其基本运作模型如图2-2所示。

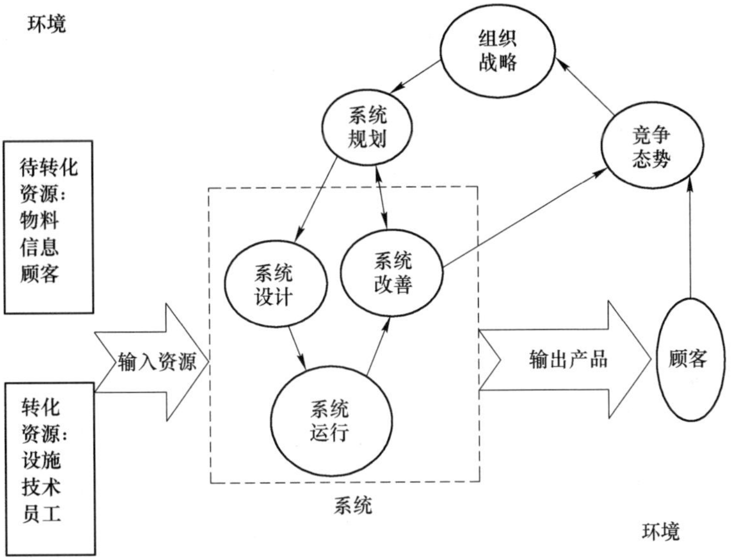

图2-2 企业生产系统运作模型

通常，从系统的角度，从涵盖的功能来看，运用工业工程方法能够对系统进行规划、设计、评价与创新等四个功能或职能进行分析，主要内容如图2-3所示。

2.2 精益化平衡理论

精益化平衡要考虑到各方面的需求，达到最优的目标。所谓精益化平衡，即精益要恰到好处，协调现有的各种资源及限制，做到动态平衡。精益化平衡是动态平衡，开放性的系统平衡，又具有包容性，符合当前低碳环保及可持续发展的趋势。这里，精益化平衡分为生产线上的平衡和整个公司内生产进程的平衡（精益均衡生产）。

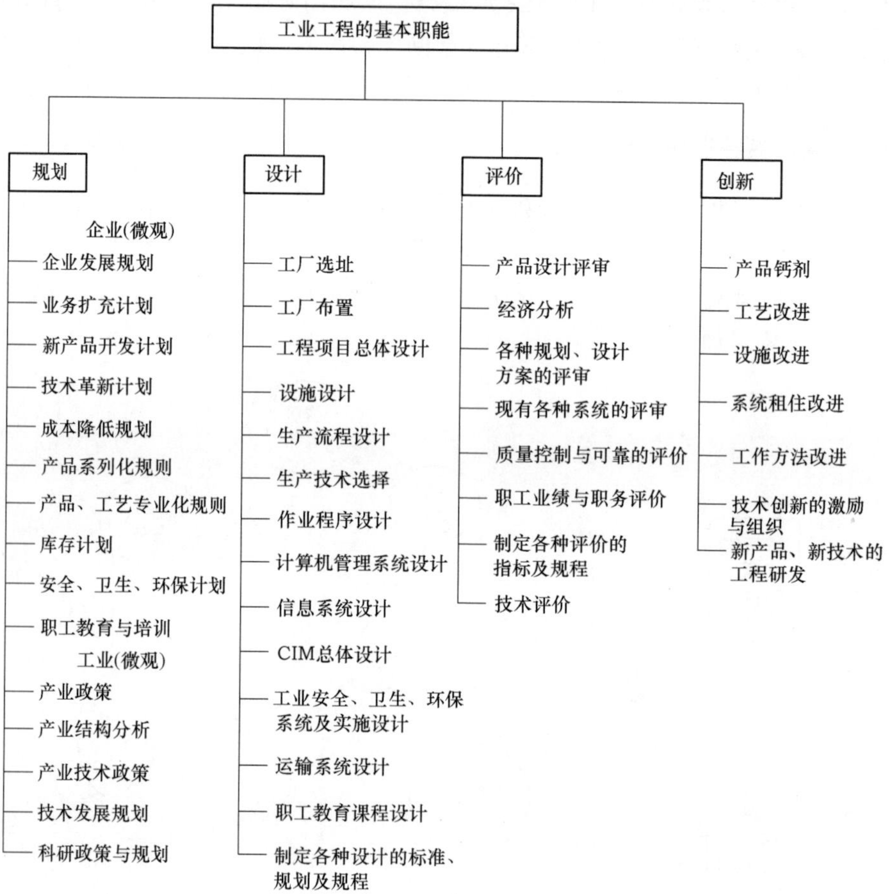

图 2-3 工业工程对精益系统进行分析的规划、设计、评价、创新活动的职能划分

2.2.1 生产线平衡

生产线平衡指的是生产线上的每一个工位的工作时间都进行均衡化，通过改善瓶颈工序和负荷过大工位，以达到每个工位的工作时间都趋于一致的一种方法。它是一种解决工序间的作业负荷不均衡问题的手段和方法，能够使得各工序间的作业时间均衡，通过相关的方法研究使生产线的生产过程更加流畅，生产线平衡时对工艺流程的每道工序的作业时间进行相关研究，运用相关技术手段使得各工序间的工作时间相近，目的是要消除工序间的不平衡而造成的浪费和效率上的损失。

生产线平衡的目标是实现作业工序的合理分配、作业工位的合理布置以及生产节拍最优。由于产品在不同工位的作业强度不同，如果生产线不平衡，将会导致不同工位为了跟上生产节拍而最终影响产品的质量，以及整个生产线的效益。

因此，生产线平衡不仅是实现精益生产的要素，也是实现精益再设计的关键因素。

2.2.1.1 生产线平衡原理

生产线平衡即对生产的全部工序进行平均化，调整作业负荷，以使各作业时间尽可能采用相近的技术手段和方法。生产线平衡直接关系到生产线的正常使用，是生产流程设计及作业标准化中最重要的方法。要衡量生产线平衡状态的好坏，通过计算生产线平衡率或平衡损失率来进行判断。生产线平衡率的计算公式如下：

$$LBT = \frac{ST}{TT} \times 100\% = \frac{T}{N \times PT} \times 100\% = \frac{\sum T_i}{N \times PT} \times 100\%$$

式中，LBT 为生产线平衡率；ST 为标准工时；TT 为实际总工时；T 为各工序时间总和；i 为工序的序号；N 为工位数；$PT = 3600/Q$，Q 为每小时产量。

2.2.1.2 生产线平衡的改善原则

（1）利用精益生产消除各工位上的空闲时间和不合理的作业时间，提高生产线的生产效率，改善生产节拍。

（2）对生产线上的工序进行合理分配，保证整个生产线工位负荷强度均衡，提高生产线的平衡率。

2.2.1.3 生产线平衡的评价

生产线平衡优化是企业实现精益生产的核心目标，实现生产线平衡可以消除一切不合理的浪费，降低生产成本，提高生产线平衡率，提高生产效率。在进行生产线平衡优化中，需要选择相应的评价标准对优化后的生产线效益进行评价分析。

（1）通过分析生产线上的瓶颈工序来评价生产线的平衡情况；

（2）通过分析各工位上负荷强度是否均衡来评价生产线的平衡情况；

（3）通过分析生产线在单位时间内的产量来评价生产线的平衡情况；

（4）在生产线平衡优化中，分析作业人员的数量，并计算出单位时间内每人的生产量，用人均单位时间产量来评价生产线平衡的效果。

2.2.2 精益均衡生产

均衡生产是指在完成生产计划的前提下，在均衡周期内每天的生产数量和顺序基本相等。它是为了平衡生产数量与生产种类的关系，减小生产周期内需求的波动，帮助企业建立一个有规律、有节奏的生产计划。这有两方面的含义：一方面是企业必须按计划规定的品种、质量、数量和交货期限，均衡地生产产品；另一方面，要求生产过程中各个生产环节都按规定的时间周期，完成等量的或递增的产品产量或工作量。均衡市场有利于充分地发挥企业及其每个环节的生产能力、技术能力、物料供应能力和设备能力。

企业理想的状态是生产计划能与客户需求保持一致。然而客户需求、市场需求是随时间变化的，所以生产计划难以与客户的实际需求同步，均衡生产是解决上述问题的方法之一。其基本原理是将生产计划与客户需求分离开，建立了一个有规律且重复的生产计划，这个生产计划不受到客户需求的影响。这样一个有规律且重复的生产计划确保了生产过程中持续的物流与信息流，使标准化作业成为了可能，减少了库存水平，缩短了流程时间，增加了生产的灵活性。

从供应链的层面来看，均衡生产就是实现即需即供，即从采购、生产到发货任何阶段的每个环节都要跟市场同步，实现企业按照市场需求量每天均衡地生产出市场需求的产品。从制造的层面来看，是指组装线在从前工序获取半成品产品时，必须合理调整半成品的使用频次及逻辑，促使生产高潮尽量减少，并且也要使生产低潮尽量增多，以保证组装线生产的均衡化。从工序的层面来看，均衡生产是对生产线上的所有工位进行平均化，调整各个工位工作负荷量，促使各工序的节拍能接近，最终提升生产线平衡率。从生产计划的层面来看，均衡生产就是对生产线生产量、种类、交期等各方面信息的均衡的基础上组织生产，将不同型号产品的生产均衡地分布在指定的生产周期上，达到生产部门忙闲均匀，企业内各个生产环节在指定的周期内完成预定生产计划，完成生产任务。

均衡生产包括总量均衡和按品种的数量均衡。

2.2.2.1 总量均衡

总量均衡，就是将连续两个时间段之间总生产量的波动控制到最小程度，每个时间段（一般指一天）都生产相同的数量。

市场需求会呈现阶段性或季节性波动，导致月与月之间生产量的波动不可避免。但是在一个月当中，消除天与天之间生产量的波动是可以实现的：首先按照月预测需求量制定以月为单位的生产数量计划，然后用月劳动天数去除月生产数量，求出每天的生产辆数，即可计划出每天定量生产的平均辆数，实现总量均衡。

但对于某个特定月份，前半月产品需求量大，后半月需求量很可能变小，在这种情况下，如果每天生产相同的数量，就会形成上半月库存紧张，下半月库存浪费。因此，在实施总量均衡时，尽量制定短期的以市场预测需求量为依据的基本生产计划。表 2-1 为某汽车生产企业以两周为周期的基本生产计划。

表 2-1 某汽车生产企业基本生产计划

日期	1	2	3	…	14	15	16	…	30	31
生产计划/辆	250	245	245	…	250	250	200	…	205	205
总人数	54	54	54	…	54	54	44	…	44	44
当日人数	52	52	53	…	51	52	43	…	42	41
生产线停车时间/min	80	80	53	…	90	87	75	…	84	78
节拍时间/（s/辆）	121	120	120	…	121	121	144	…	140	140

然而，如果基本生产计划时间周期越短，实现“总量均衡”就越困难。在市场订单需求处于波动阶段时，为确保按时、保质、保量地完成订单，可以采取应急预案：第一，通过提前上班或加班的方法提升日产量；第二，雇佣短期操作人员，在非重点岗位进行生产作业，而实行该类工艺调整的前提是被调整人员为多技能工人，当订单需求减少时可以解雇临时工。

2.2.2.2 按品种的数量均衡

按品种的数量均衡，是指每种产品在各自的生产周期（通常指每天）内尽可能不波动，即要求由该类产品在市场上销售的速度来预测生产，称之为“产品销售构成比例的均衡化”。

（1）按品种的数量均衡化的实现——量的均衡化。量的均衡化的实现，主要通过产品投入顺序计划的调整，即用节拍时间制造所有的品种，每种产品都要用全部产品的平均节拍时间制造，而每种产品的节拍时间在编排各种产品的顺序时考虑即可。与此相对比的是批量生产，批量生产方式下，各种产品不是按当天能够销售的平均速度生产，而是按照生产线固有速度生产，导致的不良后果是所需要的各种零部件的交货量时而形成高峰，时而形成低谷，变得很不稳定。

（2）按品种的数量均衡化的实现——装配工时的均衡化。装配工时的均衡化是指，由于同一条装配线上流转的产品会出现装配工时不一致的情况，需把在同一条生产线上流动的各种车的装配工时分开层次，按工时分成大、中、小三组，进而将所需工时多的产品、所需工时一般的产品、所需工时少的产品合理搭配，均衡地进行流水生产。

由于特定产品的装配作业时间有可能比预定的节拍时间长，即各产品各自不同数量加重了负荷的各工序上每一辆车的作业时间。要使混流装配线实现真正同步化，则实际最大平均装配时间要小于节拍时间，可用下式表示：

$$\max_n = \frac{\sum_{i=1}^{n} Q_i T_{ih}}{\sum_{i=1}^{n} Q_i} \leqslant C$$

$$C = \frac{T}{\sum_{i=1}^{n} Q_i}$$

式中，Q_i 为产品 A_i（$i=1$，2，…，n）的计划产量；T_{ih} 为工序 h 中产品 A_i 的每件作业时间；C 为节拍时间；T 为一天的总作业时间。

若作业时间相对长的产品投入装配线，产品完成就会出现延迟，有时因为某个工序在节拍时间内作业没有完成，可能会引起装配线停车。

2.3　精益化提升与整体精益化理论

2.3.1　精益化提升理论

企业依托 PDCA 循环对企业的活动进行持续改善，然后标准化，建立了一系列精益管理工具，这些使得日本的精益发展到了极致。PDCA 循环是能使任何一项活动有效进行的一种合乎逻辑的工作程序，特别是在质量管理中得到了最广泛的应用。其中，P、D、C、A 所代表的含义如下：

P（plan）——策划或计划，确定方针和目标，制定活动计划；

D（do）——执行具体操作，贯彻计划中的内容；

C（check）——检查、总结执行计划的结果，注意效果，找出问题；

A（act）——行动或处理，对正确的经验进行标准化，对错误的教训进行总结，防止再犯。

PDCA 作为推动工作、发现问题和解决问题的有效工具，其典型的模式被称为“四个阶段”“八个步骤”和“七种工具”。四个阶段是 P、D、C、A。通常，七种工具是指在质量管理中广泛应用的直方图、控制图、因果图、排列图、相关图、分层法和统计分析表等。八个步骤如图 2-4 所示。

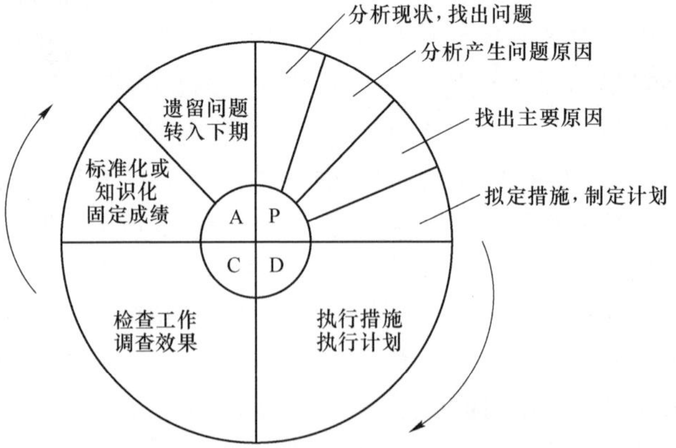

图 2-4　PDCA 循环及其步骤

基于 PDCA 循环的上述特点，企业在精益化持续改善的过程，大量成功的经验会被标准化，这些标准反过来会促进企业的精益提升，称之为精益的标准化。

然而 PDCA 循环不是运行一次就可完结，而是周而复始的运行。一个循环结束，解决一些问题，可能还有问题没有解决，或者又出现了新的问题，再进行下一个 PDCA 循环。而被标准化的经验，同时也加入到了 PDCA 循环中用以改善企业的精益现状。这个标准化命名为 Standardzation，而原有的 PDCA 循环经标准化后，可表述为 SDCA，如图 2-5 所示。

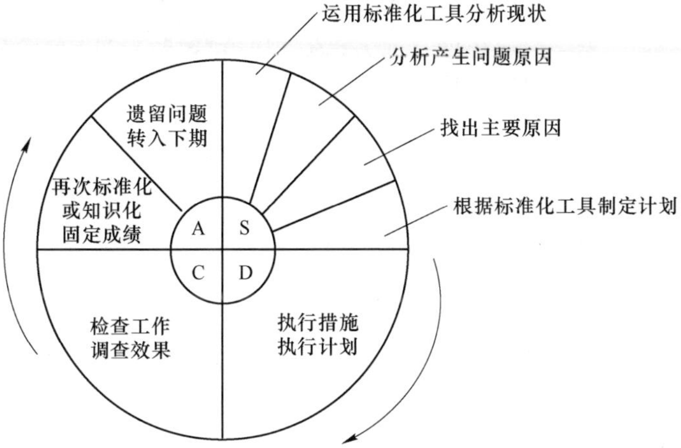

图 2-5 SDCA 循环及其步骤

同时，在改善过程中，如何进行改善，什么时候进行改善，用什么工具进行改善，为什么进行改善，改善的标准在哪里，这一系列的问题也会在改善中被解决。因此，在进行 PDCA 和 SDCA 的过程中，不仅产生了标准，更产生了经验，产生了知识，这些知识为后续的改善提供了经验，可推动精益的不断改善。这些经验、工具在运用形成知识的过程称之为知识化，即 Knowledgeable，而原有的 PDCA、SDCA 循环经知识化后，可表述为 KDCA，如图 2-6 所示。

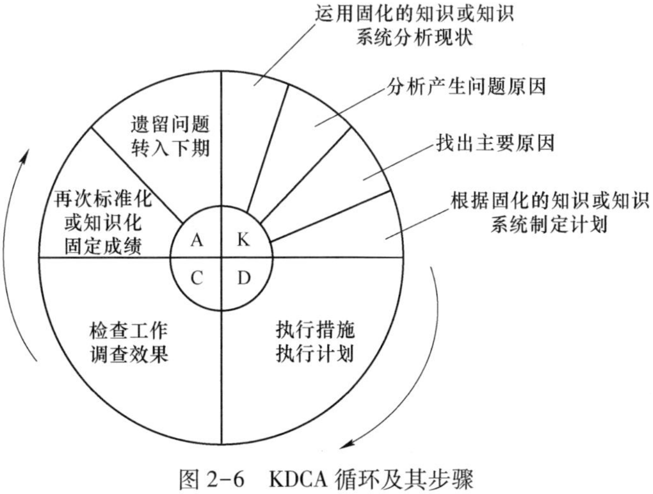

图 2-6 KDCA 循环及其步骤

同时，KDCA 的内涵可进一步表示为精益知识的管理系统。在大量的企业活动中，不可避免地会产生大量的经验及知识，这些知识有显性、隐性等不同的属性，企业可建立精益知识管理系统，通过知识管理的方法对企业的生产改善进行指导，可实现对知识的充分利用与共享。这些对加强企业在全球化的核心竞争力具有重要意义。

精益化提升理论是在 PDCA 循环的启发下，将 PDCA 中的改善计划，转变为 SDCA 及 KDCA，完整的精益化提升理论包括 PDCA+KDCA+SDCA，这三者又相互促进，不断循环推进企业精益的改善。精益化提升理论的提升过程如图 2-7 所示。

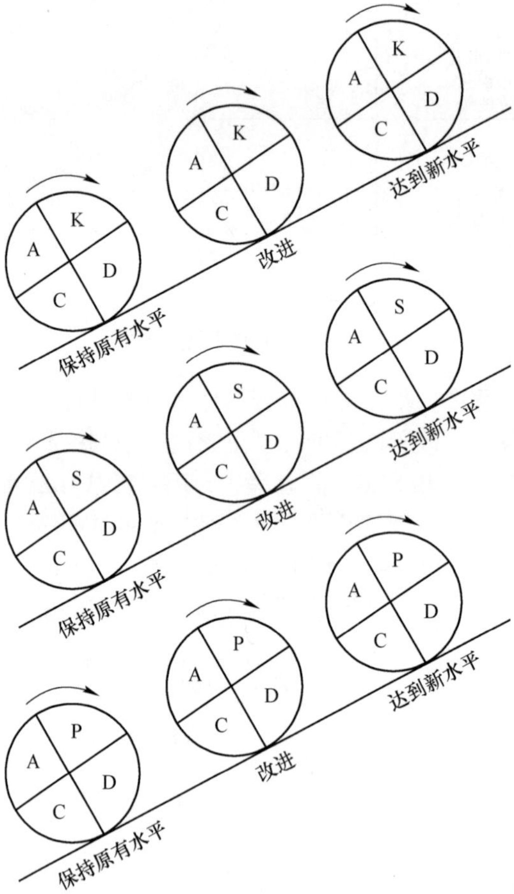

图 2-7　PDCA-SDCA-KDCA 循环提升

2.3.2　整体精益化理论

对企业的精益生产实施精益化平衡和精益化提升后，这些理论从企业的侧面或某些点对企业的精益进行了改善指导，但是面对一个复杂多变的企业，仅仅使用精益化平衡、精益化提升，是远远满足不了企业向上发展的需求的。总体上，一个企业的发展是需要各个部门协调发展，各个生产部门、相关职能部门等都可以进行精益化平衡、进行精益化提升，但企业作为一个整体，应该将各部门、各环节综合起来，结合环境因素，从企业的整体视角，对企业的整体进行精益化提升，图 2-8 是整体精益化的框架图。

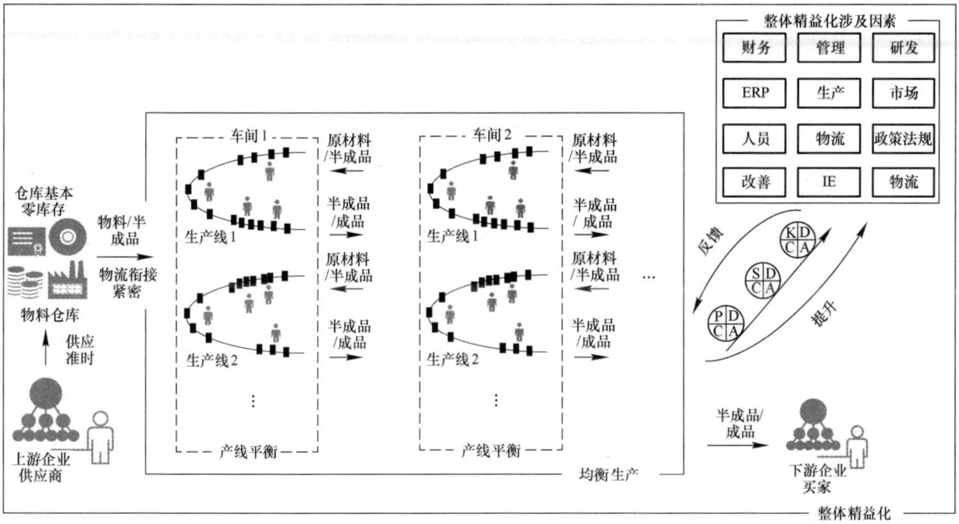

图 2-8 整体精益化框架图

企业要实现生产线平衡是相对容易的，只需要保证物流的紧密衔接和人员的精准操作即可。要实现企业的均衡生产则较难，均衡生产是基于生产线平衡的基础上，对生产相关的要素进行整顿，其中需要各相关部门人员相互配合，如财务、销售、计划人员、管理人员、各车间的协调一致、库存的保证等，需要企业内部多方合作，紧密衔接才有达到的可能。而整体精益化面临的情况则是，企业内部包括多条生产线、多个车间；生产线上的材料不同、工艺不同、人员不同、生产节拍不同；各个车间之间的联系也是亲疏有别，各部门之间的联系、交流信息可能存在局部化、不完整，交流中信息缺失、人员缺乏耐心，组织工作不到位等情况；企业外部，与上下游企业间良好的组织关系，行业的动态性、市场的变化、政策法规的变化等都是需要考虑的问题。

整体精益化就是以企业为中心，将影响企业运行的外部因素（上下游企业、行业环境、政策等）和内部因素（企业内各部门、人员、文化等）进行综合考虑，将整个流程看成一个整体，将流程中的各个要素看成是整体的一部分，大而化小，从全局层面诊断整个流程中企业竞争力的短板，也就是精益化的薄弱点，通过精益化提升企业的竞争力，以实现企业的价值。

2.4　考虑环境动态性的精益系统设计理论

环境动态性是指市场动态性和技术动态性两个方面。由于环境变化频率、无固定模式可循以及不可预测性等特性，以往研究认为环境变化速度与环境变化是不可预测的，而事实并非总是如此。利用模糊理论对环境动态性的高度做了有效判定。当企业处于稳定的市场需求和技术发展环境之中时，可以比较容易地根据自身已有的经验或重新制定精益方案，寻找有别于竞争对手的适应外部环境状况的创新战略，会较少地主动去寻找额外的知识、资源以及机会，或较少的以主动出击的方式开发新产品，打破变化速度缓慢的环境，这种情况下的动态环境我们称之为低动态性环境。

当市场需求变动和技术发展速度变化急剧时，企业依靠于已有知识、资源已不能支撑自身制定和实施创新与市场战略的需要，原有的精益方案在高速变化的环境下很难实现创新的目标，此时的动态环境我们称之为高动态环境。而对于高低不同的动态环境，通过制定合适的精益设计方案来满足市场动态变化与技术动态变化。

市场动态性的分析呈现变化对象、变化数量、变化速度以及变化方向难以预测等方面的特征，将企业面临的市场动态性概括为竞争市场动态性以及需求市场动态性。竞争市场环境呈现动态性是因为竞争对手呈现动态性，竞争对手的产品价格、产品质量、服务态度以及营销模式的变化都形成了竞争环境的变化。需求市场环境呈动态性主要是因为受政策、经济以及营销传播等因素的影响，导致消费者对于产品的需求可能会出现不可预期的变化。

消费者的需求变化包括需求多样性、需求量的多样性以及消费者对于产品价格承受能力的多样性。需求市场的动态性的另一个重要因素是由于市场规模的难以预测性，导致企业生产计划、先进计划以及人品配备计划也出现不确定性，无法准确估计未来市场的发展。在消费品市场中存在较多的替代品和模仿品，导致消费者的选择以及市场的需求更加难以预测，从而导致原有产品的市场前景难以预测。面对市场动态性的精益设计需要通过调整营销策略，分析预判已有竞争对手及潜在竞争对手，并做出快速有效的应对，在不同类型企业与不同阶段中采用不同市场策略，使得企业利益取得持续上升。考虑市场动态性的精益设计策略如图 2-9 所示。

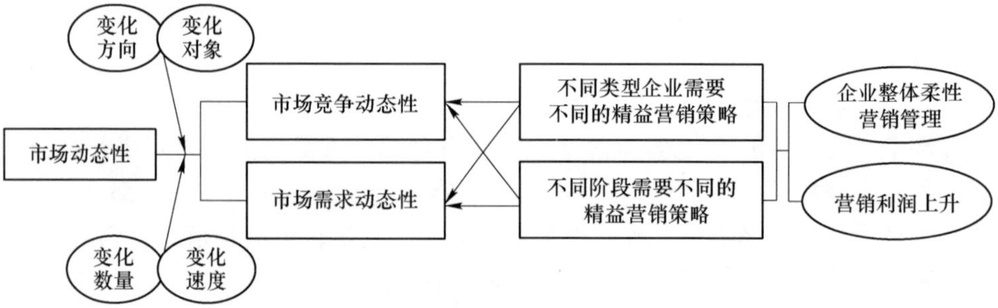

图 2-9　考虑市场动态性精益系统设计策略

技术动态性是由于日新月异的技术发展，无法预测新技术的存在有多长时间，可能在短时间内过时，缩短了技术更新的生命周期。企业家难以掌握技术市场的发展形势，不同行业新产品的开发更新时间存在较大的差异性，有些开发时间比预期的短很多，而有些产品的开发时间比预期长很多，导致新技术的应用难以达到理想状态，存在较多的不确定性。从企业实践上看，技术创新可以为企业节省成本、提高员工的工作效率、开拓新的市场、增强企业的竞争能力等。技术创新带来的优势必然会有助于企业建立其核心竞争力，从而获得比竞争对手更高的利润率。

因此，考虑技术动态性的精益设计过程中，研究技术动态性与精益水平关系，实施有效的精益策略，准确的把握技术更新的周期点，是在复杂的技术环境中，提升企业整体价值关键所在。参照国内外学者的相关研究，秉承不同行业企业研发投入的可比性原则，研发投入强度是衡量企业技术动态性的关键指标。考虑技术性的精益设计策略如图 2-10 所示。

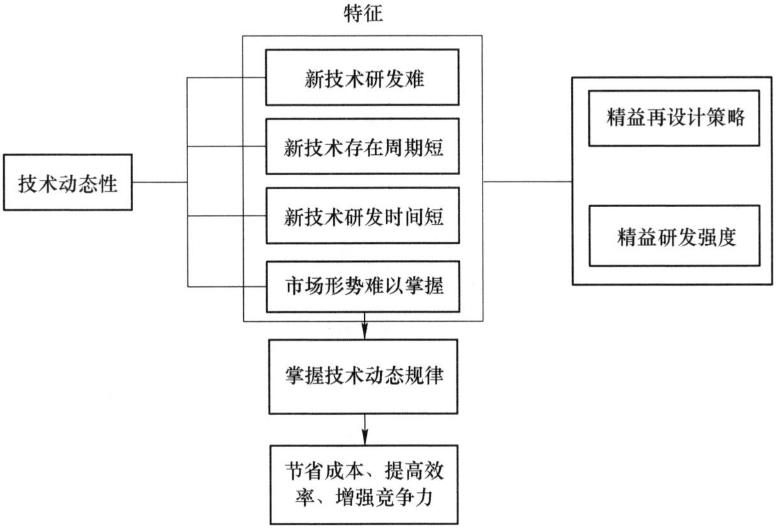

图 2-10 考虑技术动态性的精益系统设计策略

2.5 中国式精益思想

如果按照精益思想的理念来看，中国其实很早就有精益思想的智慧。以 20 世纪 50~60 年代为例，我国为了提高劳动生产率，创造出了立足本职工作的一些好的工作方法，如“郝建秀作业法”“倪志福技术革新”以及“毛泽东号机车组作业法”等，都能得到充分体现，事实上，日本人的生产模式，在早期还有向中国学习的影子。最明显的例证，就是日本提出的质量小组（QC）是得益于向中国学习。

借鉴精益生产模式，我们提出了中国式精益思想 CLP（China Lean Production），即将传统精益生产在我国不断实践、应用与创新，从而形成我们独有的、适应本土的中国式精益思想。这对于我国不少企业和组织有更好的指导意义。

随着我国社会分工越来越细和专业化程度越来越高，企业生产实施精细化管理已经成为做强、做大的根本途径。各种各样精益生产理论有效指导实践。精益化平衡理论考虑各方面的需求从而达到一种动态的平衡，既具有包容性也符合当前的发展趋势；精益化提升理论利用 PDCA 循环对产品质量、企业经营管理方法等持续的改善，使得质量保证体系的运转。整体精益化理论则从整体上考虑精益，不仅涉及生产企业内部，还涉及供应链的上游供应商与下游的销售或客户。利用物流一体化的理念来实现供应链上的协作，促使各部分都达到最好的精益状态，从而使整体达到精益。总结下来，这些理论最大的共同点就是都涉及“精、准、细、严”的要求，通过不断提高产品质量，提升企业员工素质，加强内部控制，强化协作管理；构建人、价值、创新和绿色等方面集成的企业生态系统，从而达到在整体上提升企业效益的目的，如图 2-11 所示。

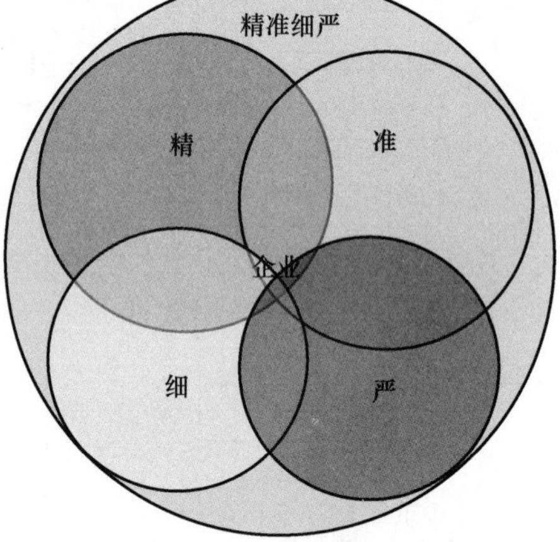

图 2-11　CLP 主要思想内涵

“精”是做精、精益求精，专业化，按照优化、提升的要求追求目标和状态的最佳与最优。企业生产精细化管理是永续精进的过程，它的基础就是要有清晰、明确的工作目标，通过系统结构、人员组织、运行方式和市场供求等方面的变革，使生产系统能很快适应用户需求不断变化，并能使生产过程中一切无用、多余的东西被精简，最终达到包括市场供销在内的生产的各方面最好结果的一种生产管理方式。

“准”是准时，准确，代表了企业规范、认真的规则意识。企业精细化管理应是先有规则，再强调管理。建立各种标准是开展精细化的出发点和落脚点，要深入一线和现场，经过全面科学的事实论证，制定出可实施、可执行的规格、技术、服务和操作标准，通过落实岗位职责，将责、权具体化、明确化。标准建立后，企业应将经营运作流程建立在完整的检查监督平台上，紧抓考核这个核心内容，按照计划规则、工作实施、检查总结、改进完善的PDCA改进循环机制，对在执行标准中发现的偏离预期方向和薄弱环节及时纠正并提出解决方案，尽可能让员工在实践中学习和应用更多的管理操作工具和方法。通过树立科学质量管理意识，调动和组织全员去管理企业一切活动，最大限度地发挥员工的主观能动性和科技创新性，真正实现企业“人人都管事，事事有人管，事事能做好”的良好局面。“准时”是针对中国企业普遍不守时的特点，特别强调要信守承诺。表现在上班准时，承诺完成的任务，要准时完成，及时汇报。这与精益生产环节中Just in time的要求是一致的。

“细”是细致、细微，细节决定成败，“细”体现在系统中各岗位、链条间全过程环与环的合理衔接和相互咬合。精细化管理是一个全员参与的过程，每一位员工既是精细化管理的对象、载体和参与者，也是精细化管理的主体和实施者。要让员工认可和接受企业愿景、职业操守、价值追求、信念作风等优秀企业文化，使之入耳、入脑、入心。要在换位思考和体验中，侧重于整体合力运作，建立并夯实企业内部关系部门间的协作配合机制，完善企业外部相关联的机构、客户、消费者间的信息沟通机制，让员工在潜意识中提高职业修养，自觉把个人进步、团队成绩和企业发展紧密联系起来，将精细化细节管理落到实处，发挥成效，为企业形成核心竞争力和创建优质品牌奠定基础。

“严”是严格、严谨、严苛（严的极致，极致优化），体现在对制度的执行和过程的控制。企业精细化管理是一项长期、细致的工作，要由浅入深，循序渐进，不能一蹴而就。要将制度管理渗透到日常行为里，融会于生产经营中，重基础、重细节、重执行、重具体、重落实、重质量、重效果，通过建立科学、规范的制度体系，努力打造“容许失败的工作存在，但不能容许无所事事的行为存在”“谁让问题过得去，问题就让他过不去”的企业制度理念。同时，企业应在实践中针对发生的新情况、新变化不断完善、补充、评估各项管理工作制度，以明确要发扬哪些宝贵的经验和制度，放弃那些过时或错误的举措，时时将制度的前瞻性、预见性和计划性全面纳入企业生产经营的全过程，努力为企业的研、产、供、销寻找新的增长点。

众所周知，精益生产方式可以适应于任何地方、任何行业的企业。精益生产能消耗较少的企业资源，制造出最少缺陷的产品，以准确地满足客户的需要。随着精益生产思想的不断发展，越来越多的现代企业开始应用这项管理技术，精益生产被业界看作是现代运营和供应链管理的黄金准则。但成功实施的企业却不多。一个主要的原因是这些实施精益企业往往无法长期维持其成果。具体来看：

第一，企业的转变观念意识不强，对精益生产的观念没有足够的重视和认识；第二，生产产品在市场分析上定位不够准确；第三，企业精益生产的环境建设力度不够，缺乏优化生产体系的动力；第四，精益生产各个模块的认识和借鉴程度存在问题；第五，企业员工的精益知识的培训力度不够，企业精益文化培养力度不够。因此需要从整体精益化的角度，以 CLP 思想为核心、以客户和问题为关注焦点，去杜绝企业内部的一切不增值的环节，对精益理论和精益技术进行一个重新的设计，也称为精益再设计，如图 2-12 所示。

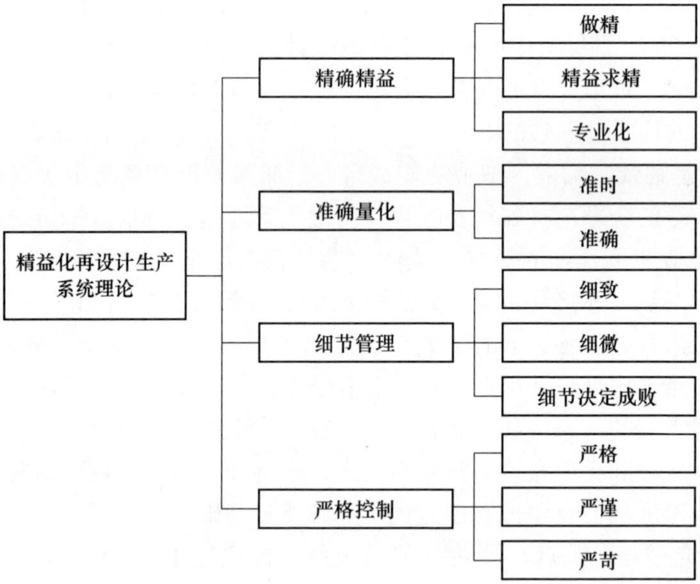

图 2-12　CLP 系统思想框架

3 精益系统效率—成本—质量

3.1 精益系统生产效率

企业是一个组织，也是一个系统，如果按照精益化理念实施系统化管理，就是一个精益化的系统或精益系统。从系统的角度，精益系统的目标本质上与效率、成本、质量直接相关，其影响因素本身相互依存、相互交叉融合，是一个集合效率—成本—质量的集成系统。可分别从效率、成本、质量的角度来研究精益系统。

3.1.1 生产效率与生产效率管理

有关生产效率概念有不同的解释。《韦氏大辞典》给生产效率下的定义是每单位生产劳动的实物产出。工业管理上使用生产设施的有效程度、使用劳动力和设备的有效程度来描述生产效率。在《辞海》中生产效率被认为是衡量生产技术的先进性、生产组织的合理性和工人劳动积极性的重要指标。

从经济学角度给生产效率下定义，也有许多不同的表达方式。其中最简单的定义是：生产效率是产出与投入之比。如果把生产组织看作一个精益系统，也是一个生产效率的转换系统，可用图 3-1 来表示精益系统生产效率的概念。

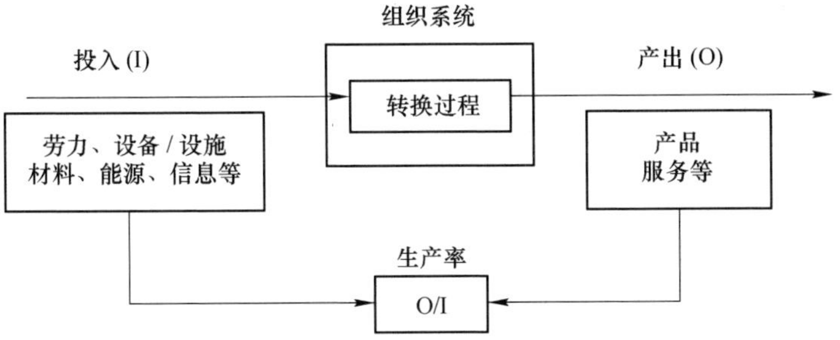

图 3-1 生产效率的概念

生产效率的定义可适用于各种层次和规模的系统，既可用于一个企业，也可用于一个行业、一个地区以至整个国民经济系统，以衡量生产效益和经济效益。无论一个国家还是具体企业，其竞争力都必须以持续改进的生产效率作为坚实基础。生产效率也称为生产系统综合效率，并可进而分为技术效率、资源配置效率以及组织效率这三种效率，而组织效率是最重要并影响其他两种效率的关键因素。

管理科学家德鲁克指出：生产效率是一切经济价值的源泉。所以，它成为一切生产组织、一个企业、一个行业、一个地区乃至一个国家的经济系统最为关注的目标。工业工程的功能就是规划、设计、管理和不断改善生产系统，使之更有效地运行，取得更好的效果。所以，生产效率是衡量工业工程应用效果的基本指标，是工业工程必须掌握的一个重要尺度和准则。

关于生产效率管理的含义，引用美国生产效率问题专家辛克（D. S. Sink）所下的定义，即生产效率管理是一个较大的管理过程中的一个子系统，其内容包括根据系统的产出和投入之间的关系来进行规划、组织、领导、控制和调节。因此，它必须包括生产效率测定和生产效率改善。由此可见，生产效率管理就是对一个生产系统的生产效率进行规划、测定、评价、控制和改善的系统管理过程。其实质是以不断提高生产率为目标和动力，对生产系统进行积极的维护和改善。生产效率管理的系统框架，如图 3-2 所示。

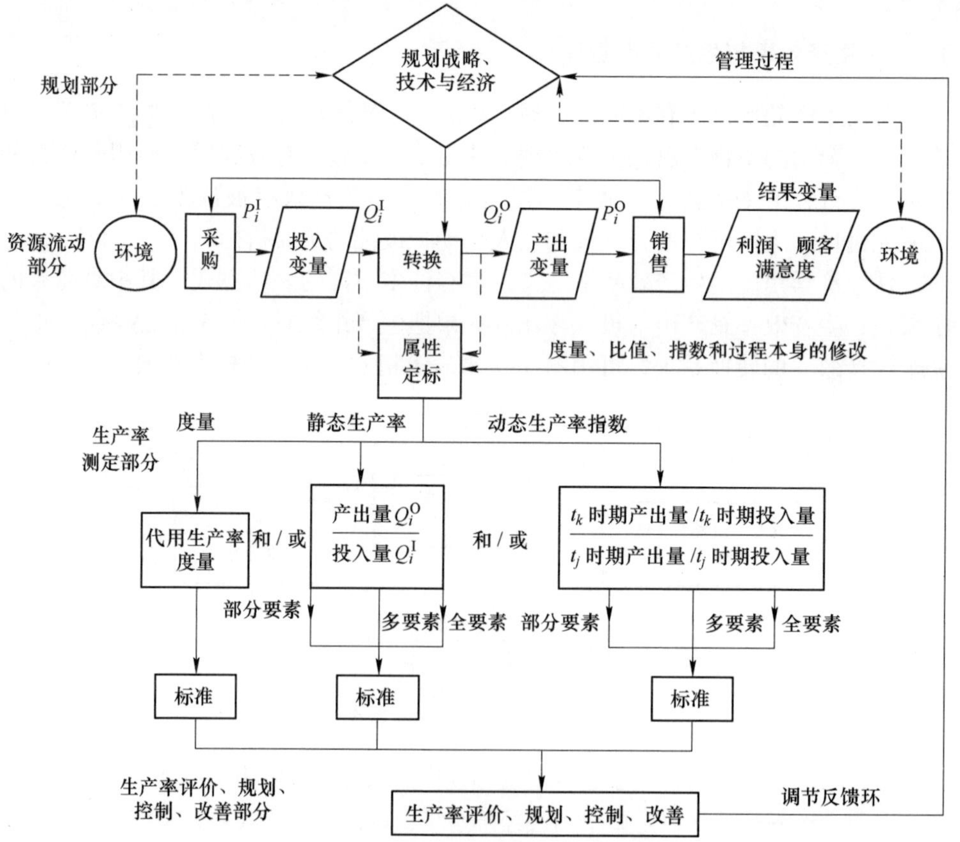

图 3-2　生产效率管理的系统框架

P_i^I—投入因素的价格；Q_i^I—投入因素的数量；P_i^O—产出因素的价格；

Q_i^O—产出因素的数量；t_k—第 k 时期（基准期）；t_j—第 j 时期（测定期）

生产效率的改进和管理不仅需要分析、评价、控制这样一类技术性方法，而且更应该注重对组织的系统性和创新性思考，进而围绕技术效率、资源配置效率及组织效率三层结构，以组织变革为重点，以过程为导向，用创新方法来提高生产效率。生产效率管理就是创新的生产效率改善的技术、手段和过程，以及创造性解决生产效率管理问题的模式、方式和方法。

3.1.2 影响生产效率的因素

按企业是否可控，所有影响生产效率的因素分为外部因素和内部因素。

3.1.2.1 影响企业生产效率的内部因素

影响企业生产效率的内部因素又可分为硬因素和软因素。

其中硬因素包括：

（1）产品。产品因素指产品符合产出要求的程度。产品的类型，品种，产品的质量、数量，产品间的组合结构，都会影响生产效率。

（2）厂房、设备。厂房和设备的维修保养程度，工作地、设备平面布置状况，设备生产能力，使用年限、投资成本等，都影响生产效率。

（3）技术。技术是构成生产效率的一个主要来源。产品和劳务数量的增加、质量的改进，新的工艺流程、工艺方法等，都能够通过高的自动化和信息技术来获得。

（4）材料和能源。材料和能源是为获得产出而投入的重要因素。降低材料和能源消耗能直接提高生产效率。材料选择、质量，生产流程控制和废品的利用管理，存货周期率，库存管理，以国产材料代替进口材料等，都对成本有影响进而影响生产效率。

软因素包括：

（1）人员。人是生产效率的重要资源和主要因素。设备、技术都是人类思维的产物，只有通过人才能生产，任何提高生产效率的措施必须依靠人才能实施。人的价值观、工作动机，人的工作方法、技术，个人技巧、知识、工作态度和才能，都会影响生产效率。

（2）组织和机构。为使生产系统正常运转，需要一个内部协调、目标一致的企业组织机构，这个组织机构必须及时对市场信息进行反应，横向联系密切。

（3）工作方法。改进工作方法是生产效率提高的最有希望的途径。

（4）管理方式。管理方法和方式影响着组织设计、人事政策、工作设计、工作计划和控制、资本费用和资金来源、成本控制技术等各方面。

3.1.2.2 影响企业生产效率的外部因素

影响企业生产效率的外部因素，在短期内企业无法控制它，但在社会结构和制度较高层次上可得到控制，由此影响单个企业和生产行为、管理行为，从而影响企业的生产效率。

（1）人力资源。人是最宝贵的自然资源。在人的因素上投资，能提高管理和劳动力的质量。对健康和余暇时间的重视可使疾病减少，精神和体力充沛，从而提高劳动力的质量。

（2）科技水平。科技水平直接影响企业的生产效率。从某种意义上讲，生产效率是反映一个国家科技实力和水平的重要指标。工业发达国家之所以具有比不发达国家高得多的生产效率，一个重要的原因在于居于世界领先地位的科学技术和装备。不断提高生产效率主要依靠科技进步，依靠加强研究开发。

（3）政府政策。政府的政策、战略和计划主要通过政府机构的实际工作、法规、交通通信、动力、财政措施和经济杠杆等极大地影响着生产效率。

通过对企业内部和外部影响生产效率因素的分析，可以分清哪些是企业管理控制之下的因素，是企业范围内可以改善的领域，以便设计最佳的提高生产效率的政策、计划。但也应该了解和分析所有的外部因素，只有这样，才能使企业提高生产效率的政策、计划切实可行，内部行为和外部环境协调一致。

3.1.3　生产效率评价

生产效率评价，就是对某一生产系统生产效率进行测定、评价及分析的活动和过程。生产效率测定主要是根据生产效率的定义，比较客观地度量和计算对象系统或组织当前生产效率的实际水平，为生产效率分析提供基本素材和数量依据。生产效率评价是在将对象系统生产效率实际水平的测算结果与既定目标、历史发展状况或同类系统水平进行比较的基础上，对生产效率状况及存在的问题等所进行的系统评价和分析，它能为生产效率的改善与提高提供比较全面、系统和有实用价值的信息。

生产效率作为生产系统产出与投入比较的结果，依所考察的不同对象、范围和要素，可具有各种不同的表现形式，其种类如图 3-3 所示，因而有不同类型的生产效率及相应的测评方法。

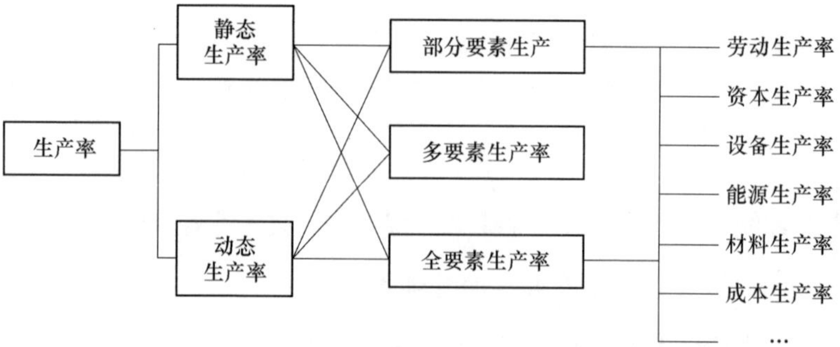

图 3-3　生产效率的种类

3.1.3.1 按投入资源或要素范围分类

按生产系统投入资源或要素范围分类，生产效率可分为：

(1) 部分要素生产效率或要素生产效率是生产过程的总产出与某一种资源(要素)的投入之比。这对各种资源投入而言可有不同的生产效率度量。例如，各种生产组织最常见的部分要素生产效率包括：

1) 劳动生产效率：只考虑劳动力（人数、工时等）投入所计算的生产效率；

2) 资本生产效率：用固定资产账面值或折旧费作为投入计算的生产率；

3) 设备生产效率：投入资源为设备额定产出能力或可利用工时的生产效率；

4) 能源生产效率：用能源这一项资源（通常以千瓦为单位）作为投入的生产效率；

5) 原材料生产效率：以投入生产过程的原材料重量或价值来测算的生产效率；

6) 成本生产效率：将所有资源的成本总计作为投入，是一种比较特殊的要素生产效率。

另外，还有工资生产效率、投资生产效率、信息生产效率等要素生产效率。

在我国，目前也有将要素生产效率划分为：关于活劳动与物化劳动类投入要素生产效率，如劳动生产效率、设备生产效率、物耗（含能耗）生产效率等；关于货币资本类投入要素生产效率，如成本生产效率、资金生产效率、投资生产效率等。

部分要素生产效率的测定一般根据生产效率的定义，采用直接求产出量与投入量之比或其指数之比的算术方法（比值法）来比较简单的实现。

(2) 多要素生产效率是生产过程或系统的总产出与某几种生产要素的实际投入量之比，它表明几种要素的综合使用效果。

(3) 总生产效率或全要素生产效率是生产过程或系统的总产出与全部资源(生产要素) 投入总量之比。

全要素生产效率的定量测评比较复杂，应按照系统评价的原理和定量与定性分析相结合的基本方法来进行。通常采用各种系统评价方法及效用函数、数据包络分析（DEA）方法和生产函数法，在经过适当简化处理后，也可直接采用比值法。采用比值法所建立的全要素生产效率简化测算模型在许多场合仍是简单实用的。

3.1.3.2 按生产系统运作结果分类

按生产系统运作结果分类，可将生产效率及其测评分为狭义和广义两类：

(1) 狭义生产效率：只考虑直接的资源（要素）投入产出结果的各种要素

生产效率，其测评方法如上所述。

（2）广义生产效率：生产系统从投入到产出转换过程的总绩效或效能。通常可用如下指标来测评：

1）效益或效果。生产系统实现既定目标的程度。该目标应是充分考虑系统内外部环境条件的适宜目标。

2）效率。系统对资源的利用程度。该指标更强调对资源（时间、资本、劳力等）的节约和有效使用。

3）质量。生产系统的行为及结果符合用户要求或技术规格的程度。

4）生产效率。生产系统的投入量与产出量之间的关系。

5）获利能力。衡量生产系统在一定时期中盈利性的指标，如利润、利润率。

6）工作生活质量。指生产系统的设备、工具、设施和环境等方面对促进劳动者健康、安全、舒适、高效率工作的条件好坏，反映系统在一定时期内维持正常运作与保持发展的能力与水平。它与系统运行过程中各方面的协作与配合程度等有很大关系。

7）创新。生产系统的创造性和在较长时期内不断改善与持续发展的能力。

以上七个绩效指标是密切相关的，它们之间的因果关系如图 3-4 所示。

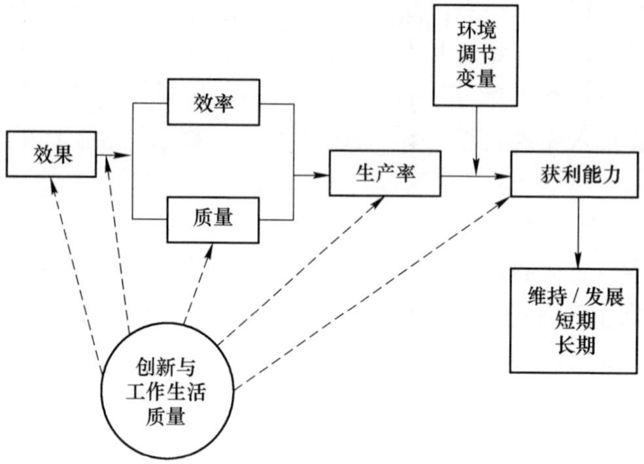

图 3-4　生产系统基本绩效指标的因果关系

（资料来源：D. Scott Sink Productivity Management）

在图 3-4 中，创新和工作生活质量（两者都直接涉及人的因素）是其他各指标的基础，也是系统得以维持和发展的原动力。因此，它们是测评广义生产效率的重要指标。广义生产效率较好体现了生产系统活动所追求的多重目标和系统化评判准则。

对广义生产效率的测评只能是一项系统评价工作，需要建立适宜的系统效能评价指标体系，采用以多指标为基础，定性与定量相结合的系统评价方法来进行综合评析。

3.1.3.3 按生产效率测评层次和对象分类

按生产效率测评层次和对象分类，大体上有国民经济生产效率、部门（或行业）生产效率、地区经济生产效率、组织（企业等）生产效率等。组织生产效率测评又可分为对营利组织（企业等）和非营利组织（政府和公共机构等）等不同类型组织生产效率的测评，以生产企业为代表的营利组织的生产效率测评更具代表性和现实意义，测评方法也相对比较规范和成熟。

3.1.3.4 按生产效率测评方式分类

按生产效率测评方式分类，可将生产效率及其测评指标分为如下两类：

（1）静态生产效率。某一给定时期的产出量与投入量之比，也就是一个测评期的绝对生产效率。比值法和系统评价方法等是对其测评的基本和有效的方法。

（2）动态生产效率指数。一个时期（测评期）的静态生产效率被以前某个时期（基准期）静态生产效率相除所得的商。它反映了不同时期生产效率的变化。比值法、基于统计学和计量经济学原理的各种方法等，是对其测评的基本方法和常用技术。

此外，从对生产系统投入与产出的计量形态看，可分为实物形态和价值形态生产效率等两种不同表达方式。一般来说，只要产品比价和物价指数等没有问题，以价值形态表示的生产效率指标比较准确和更易加总与综合。

根据生产效率测算的基本指标及其具体数量关系，有如下测定生产效率的基本关系和相应的测算公式：

$$\text{静态生产率}=\frac{\text{测定期内产出量}}{\text{测定期内要素投入量}}$$

$$\text{部分要素生产率指数 PP}=\frac{\sum_{i=1}^{q} Q_i^{0}}{Q_i^{\mathrm{I}}}$$

$$\text{多要素或全要素生产率 IP}=\frac{\sum_{i=1}^{q} Q_i^{0}}{\sum_{i=1}^{m} Q_i^{\mathrm{I}}}$$

$$\text{动态生产率指数}=\frac{k\,\text{时期产出量}/k\,\text{时期投入量}}{j\,\text{时期产出量}/j\,\text{时期投入量}}$$

$$全要素生产率指数\ TPI = \frac{\sum_{i=1}^{q} Q_{ik}^{0} / \sum_{i=1}^{q} Q_{ik}^{0}}{\sum_{i=1}^{m} Q_{ij}^{0} / \sum_{i=1}^{m} Q_{ij}^{I}}$$

式中 Q_i^0，Q_i^I——分别为测定期内第 i 种产出量与投入量；

Q_{ik}^0，Q_{ik}^I——分别为现测定期 k 内第 i 种产出量与投入量；

Q_{ij}^0，Q_{ij}^I——分别为基准期 j 内第 i 种产出量与投入量。

生产效率测算的基本公式应基于生产效率的定义，是测算各种生产效率指标的基础，且对部分要素生产效率的测算是比较方便和实用的。然而，在考虑多种资源（或生产要素）综合投入及具有多种不同产出（产品和/或服务）、生产系统及其环境状况动态变化（如产品结构和服务领域的调整、价格及成本的变动、各种广义生产效率指标的出现）等实际情况时，对生产效率的科学测算就比较复杂，甚至有些困难。首先，对于多种不同类型的要素（人力、材料、设备等）如何统一其度量单位，准确地反映投入、产出的真实量度；其次，如何确定系统或被分析单元的边界，哪些是产出，哪些是投入；第三，各种要素对生产效率的作用大小或权重的确定。最主要的问题还在于各要素之间的相互作用，这对总生产效率的影响常常是随机的。

3.1.4 提高生产效率的方法

影响生产效率提高的因素很多，也很复杂。既有人的因素，也有物的因素；既有宏观的因素，也有微观的因素；既有客观的因素，也有主观的因素；既有历史的因素，也有现实的因素；既有技术的因素，也有管理和政策的因素；还有教育、文化的因素。这些因素中，有的是生产系统本身的构成要素，有的则是生产系统外部环境因素。在提高生产效率的过程中，它们相互影响，相互制约，共同发挥作用。

对于国家和行业这样的宏观经济系统来说，影响生产效率提高的主要因素有：人力资源、经济结构、科技水平、宏观管理政策等。企业是微观生产系统，除了上述因素影响其生产效率以外，还有几个直接的影响因素，包括产品结构及设计、生产系统规划与设计、生产规模、组织合理性、职工素质、管理及激励等。人力资源开发与管理、组织变革与管理、技术创新与进步等，是影响和提高生产效率至关重要的因素。

基于影响因素的归纳，综合出提高生产效率的主要因素可以从内部要素和外部要素两方面来分析。

在外部要素方面，提高生产效率的方法有：

（1）全社会管理者和职工对提高生产效率的态度。

（2）提高生产效率的经济和环境方面的要素/方法：

1）市场规模及稳定性；

2）产（行）业结构；

3）社会服务功能及政策环境；

4）生产要素的品质及可用性；

5）有效的培训设施；

6）研究信息交换与技术革新；

7）原材料的质量和适用性；

8）资金和信贷的可利用性；

9）税收结构。

在内部要素方面，提高生产效率的方法有：

（1）工厂布置、机器和设备：

1）产品系统结构；

2）物料搬运；

3）设备水平及机器的维修保养；

4）工厂布置；

5）人-机-环境系统设计。

（2）成本会计和降低成本的技术。

（3）生产的组织、计划和控制：

1）企业及生产系统合理组织；

2）生产计划和控制；

3）简化、标准化和专业化（包括更好的产品系统设计）；

4）作业研究；

5）库存控制；

6）质量控制；

7）信息系统；

8）其他方法：例如运筹学、抽样、模拟、排队、网络技术。

（4）人事策略：

1）管理者与工人的合作；

2）工人的选择与安排；

3）职业培训；

4）职务分析、功绩评价和晋升；

5）督促与纪律；

6）工资激励和利润分成计划；

7）工作条件和福利；

8）劳动方法；

9）作业时间；

10）轮班数。

由此可见，提高精益系统生产效率是一项系统性工作，其要素和方法涉及精益系统方方面面的所有内容。因此，提高生产效率的基本方法，实质上就是广义的生产效率管理。

3.2　精益系统成本分析

对成本进行有效管理是精益系统管理中的一项重要内容，也是企业提高效率和效益的有效手段。凡是和企业经营过程相关的资金消耗都属于成本管理的范围。

3.2.1　成本与费用

首先要明确界定支出、费用和成本概念以及三者之间的关系。

企业的一切开支及耗费都属于支出，因此支出是耗费的最大概念。支出中凡是与本企业的生产经营有关的部分称为费用，费用中符合规定的部分才构成成本。因此，三者之间的关系如图 3-5 所示。支出与费用的关系如图 3-6 所示。

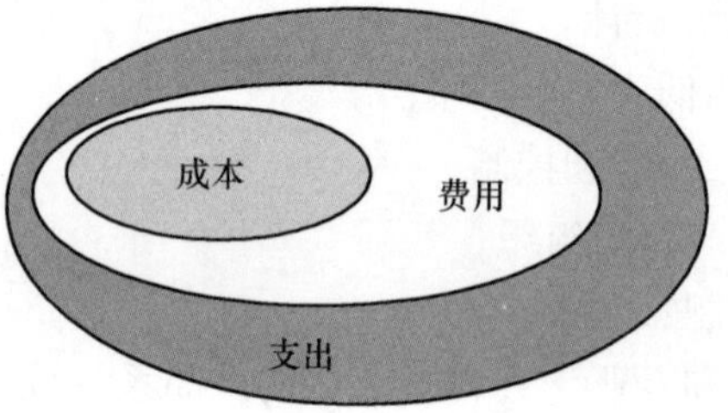

图 3-5　支出、费用与成本之间的关系图

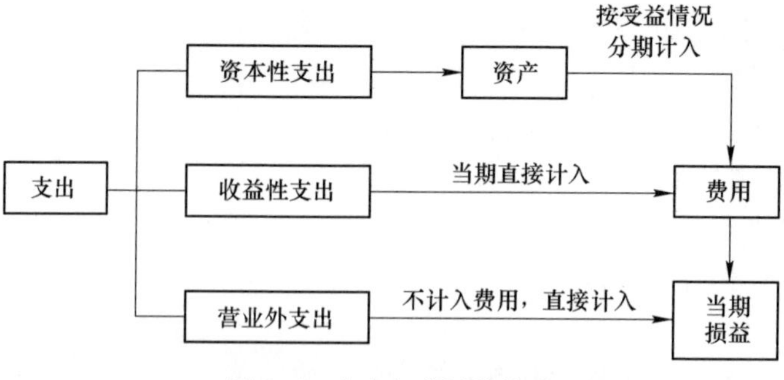

图 3-6　支出与费用的关系

费用是企业生产经营过程中发生的各种耗费，成本是企业为了取得某项资产所做出的价值牺牲。二者的联系是费用与成本都是企业在生产经营过程中所发生

的耗费；费用是计算成本的前提和基础；成本是一种对象化的费用，即将费用按一定范围归集到某一个成本对象上，也就是该对象的成本。

费用和成本的区别是：

（1）费用强调的是一定利益主体（企业、集团）的耗费，成本强调的是为特定目的（某件或某批产品）所发生的耗费。

（2）费用按时期来归集计算，成本按对象来归集计算。

（3）费用不一定计入成本，要看是否列入成本开支范围。

（4）生产费用不包括期初在产品成本，也不剔除期末在产品成本，而产品成本计算刚好相反。

（5）先有费用发生，后有成本计算。成本计算是费用核算过程中的一个环节。

因此，研究企业成本和进行成本管理有重要的意义，同时成本管理也是提高生产效率的有效方法。

3.2.2　成本的分类

成本的分类很多，主要按职能与收益相配比的时间和性态等进行分类。

成本是为实现某一特定目标而发生或将要发生的，以货币计量的代价，按职能分类其具体内容如图 3-7 所示。

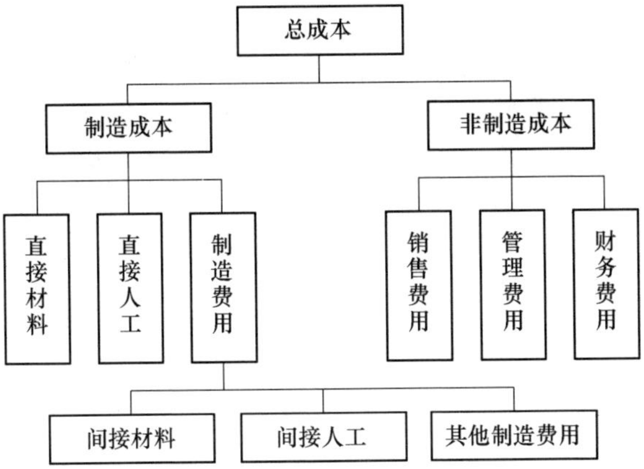

图 3-7　成本按职能分类图

按与收益相配比的时间分类，成本分为（图 3-8）：

（1）期间成本：联系一定会计期间而发生，并由一定产品或劳务负担而直接从当期收入中扣除的成本。

（2）产品成本：联系一定种类和数量的产品或劳务，由这一定数量的产品或劳务负担的成本。

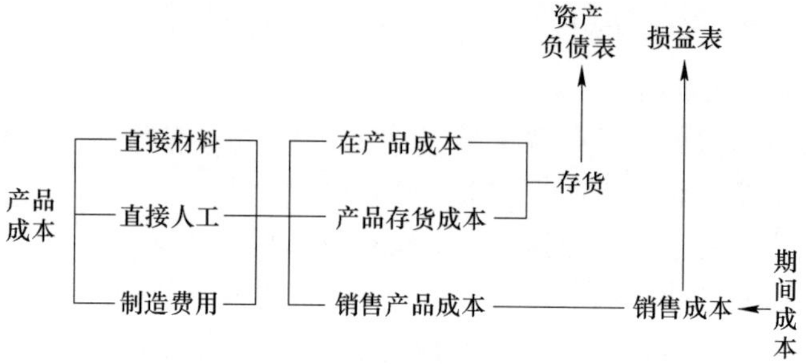

图 3-8　成本按与收益相配比的时间分类图

成本性态是指成本总额对业务量总数之间的依存关系。按成本性态分类，成本分为：

（1）固定成本。固定成本是指在一定期间和一定业务量范围之内，成本总额不随业务量的变动而改变的成本。还可进一步细分为：约束性固定成本（如厂房、设备折旧、待摊费）和酌量固定成本（如职工培训费、技术开发费）。

（2）变动成本。变动成本是指在一定期间和一定业务量范围内其总额随着业务量的变动而变成比例变动的成本。变动成本的控制应强调于控制单位业务量上的消耗，而不是消耗总量。决策必须保证业务量的收入高于这部分成本，进而补偿固定成本。

（3）半变动成本，如水电费、电话费。如租入设备一台，合同规定租金支付办法为每月固定支付 2000 元，另外，设备每运行 1 小时再支付 5 元，则总支付租金为：$y=2000+5x$（其中，y 为费用，x 为运转小时）。

（4）半固定成本，如推销员工资，一半固定，一半变动。

（5）延期变动成本，如工人基本工资，到一定业务量后奖励工资（计件）。这里，半变动成本、半固定成本和延期变动成本称为混合成本。

3.2.3　成本预测与成本预算

3.2.3.1　成本预测

成本预测是确定目标成本和选择达到目标成本的最佳途径的重要手段。成本预测主要包括：新建和扩建企业低成本预测；确定技术措施方案的成本预测；新产品的成本预测；在新的条件下对原有产品的成本预测。

从预测的期限来看，成本预测可分为长期预测（五年）和短期预测（月、季、年）。比较普遍的是在编制年度成本计划时预测年度成本计划指标。

3.2.3.2　目标成本预测

制定目标成本，一般采用以下方法：

（1）根据产品价格、成本和利润三者之间相互制约的关系，来确定产品的成本目标。其计算公式如下：

预测目标成本=预测单位产品售价-单位产品应纳税金-预测单位产品目标利润

或：　$$\text{单位产品目标成本}=\text{预测单位售价}\times(1-\text{税率})-\frac{\text{目标利润额}}{\text{预测销售量}}$$

（2）选择某一先进成本作为目标成本；

（3）根据本企业上年实际平均单位成本和实现企业经营目标要求的成本降低预期来测算。这种方法只适用于可比产品。其计算公式为：

单位产品目标成本

=上年实际平均单位成本×(1-计划期预期成本降低百分比)

3.2.3.3　目标成本预测分析

对成本进行预测分析一般都是根据成本的历史数据，运用数理统计的方法来进行。具体做法是将成本发展趋势用 $y=a+bx$ 的直线方程式来表示。在这个方程式中，只要求出 a 与 b 的值，就可以从这个直线方程中预测在任何产量（x）下的产品总成本（y）。目标成本预测分析主要有高低点法、加权平均法和回归分析法。

A　高低点法

选用一定时期历史资料中的最高业务量与最低业务量的总成本之差（Δy）与两者业务量之差（Δx）进行对比，先求出单位变动成本 b，然后再求得固定成本总额 a 的方法。其计算公式如下：

$$y = a + bx;\ \Delta y = b \times \Delta x;\ b = \Delta y/\Delta x$$

再以 b 的值代入高点（H）或低点（L）业务量的成本方程式即可求得 a：$a=y_H-bx_H$ 或 $a=y_L-bx_L$，b 与 a 的值求得后，再代入计划期（P）的总成本方程式即可预测出计划期的产品总成本和单位成本：

$$\text{预测计划期产品总成本} = y_P = a + bx_P$$

$$\text{预测计划期产品单位成本} = \frac{y_P}{x_P}$$

例　假如某公司只生产一种产品，从它最近一年的历史成本数据中获悉该公司产量最高的月份为 12 月，共生产 10000 件，其总成本为 250000 元。若计划年度一月份的产量为 20000 件，预测其总成本与单位成本各为多少？

解：将上述有关资料列入表 3-1。

表 3-1　某公司成本历史数据

摘要	高点（12 月份）	低点（4 月份）	差异（Δ）
业务量 x/件	10000	6000	$\Delta x=4000$
总成本 y/元	370000	250000	$\Delta y=120000$

$$b = \Delta y/\Delta x = 30 \text{ 元/件}$$

代入高点：$a=y_H-bx_H=370000-(30\times10000)=70000$ 元

代入低点：$a=y_L-bx_L=250000-(30\times6000)=70000$ 元

预测计划年度一月份产品的总成本 $y=a+bx_P=70000+(30\times20000)=670000$ 元

预测计划年度一月份产品的单位成本 = 33. 50 元

B　加权平均法

加权平均法，即根据过去若干时期的固定成本总额及单位变动成本的历史资料，按其距计划期越近，对计划期的影响越大，故所加权数就应大些；反之距离计划期越远，对计划期影响越小，所加权数就应越小。它的计算公式如下：

$$y = a + bx$$

预测计划期间总成本：

$$y = \frac{\sum aw}{\sum w} + \frac{\sum bw}{\sum w}x \quad （w \text{ 代表权数}）$$

此法适用于企业的历史成本资料具有详细的固定成本总额与单位变动成本的数据，否则就只能采用上述的高低点法，或后面即将介绍的回归分析法。

C　回归分析法

由线性方程 $y=a+bx$ 可推导：

$$a = \frac{\sum y - b\sum x}{n}$$

$$b = \frac{n\sum xy - \sum x\sum y}{n\sum x^2 - (\sum x)^2}$$

将 a、b 值代入 $y=a+bx$，求得总成本。

3. 2. 3. 4　成本预算

成本预算分制造费用计算和期间费用计算。制造费用预算指除直接材料和直接人工预算以外的一切生产费用的预算，列示了所有间接制造项目的成本。这一预算的编制基础也是生产预算，但是，它比材料预算和直接人工预算的编制要复杂，主要是由于制造费用中既有固定费用，也有变动费用；既有付现成本，也有沉入成本。表 3-2 为某公司某年度直接人工预算表。

表 3-2 某公司某年度直接人工预算

项 目	第 1 季度	第 2 季度	第 3 季度	第 4 季度	年度合计
生产量/件	2400	6000	5600	2000	16000
单位产品直接人工小时/h	0.015	0.015	0.015	0.015	0.015
总需用小时数/h	36	90	84	30	240
每小时平均工资/元	10	10	10	10	10
人工成本合计/元	360	900	840	300	2400

期间费用包括企业行政管理部门为组织和管理生产经营活动而发生的管理费用，为筹集资金而发生的财务费用，以及为销售产品或提供劳务而发生的销售费用等。在实行制造成本法的条件下，这些费用不计入产品成本，应直接计入当期损益。表 3-3 为某企业年度销售及管理预算表。

表 3-3 某企业年度销售及管理预算表

项 目	第 1 季度	第 2 季度	第 3 季度	第 4 季度	年度合计
预计销售量/件	2000	6000	6000	2000	16000
单位变动性销售及管理费用/千元	0.05	0.05	0.05	0.05	0.05
总变动费用/千元	100	300	300	100	800
固定性销售及管理费用					
1. 工资/千元					
2. 广告费/千元	10	10	10	10	40
3. 折旧费/千元	15	15	15	15	15
4. 保险费/千元	0	0	15	0	15
5. 差旅费/千元	5	5	5	5	20
固定费用合计/千元	65	65	80	65	275
销售及管理费用合计/千元	165	365	380	165	1075

3.2.4 标准成本与成本控制

3.2.4.1 标准成本

标准成本是指以在产品设计阶段所选定的最优设计和工艺方案为基础，根据料、工、费的合理耗费，在企业现有的生产工艺技术水平条件下，进行经营所发生的成本。标准成本计算流程为：

（1）制定单位产品的标准成本。可用计算公式如下：

单位产品标准成本=直接材料标准成本+直接人工标准成本+制造费用标准成本

（2）计算某种产品的标准成本。按照产品的实际产量和单位产品标准成本计算出的该种产品的标准成本。其计算公式如下：

某种产品标准成本=产品的实际产量×单位产品标准成本

（3）汇总计算实际成本。按照一般的成本核算程序，归集产品生产和制造过程中实际发生的直接材料、直接人工和制造费用，以此计算出实际成本的发生额。

（4）计算成本差异。成本差异指产品实际成本与产品标准成本之间的差额。可用计算公式如下：

成本差异=实际成本-标准成本

实际成本大于标准成本的差异，通常称为不利差异，可反映在成本差异账户的借方，因此又称借差；实际成本小于标准成本的差额称为有利差异，通常反映在成本差异账户的贷方，因此又称贷差。

（5）分析成本差异。对成本差异进行分析，一般要分三步：

1）分析成本差异的类型，并确定其数额；

2）追根溯源，分析成本差异产生的具体原因；

3）明确有关责任人员的责任。

产品的标准成本是由生产产品所消耗的直接材料、直接人工和制造费用构成，其基本公式是以数量标准乘以价格标准，包含直接材料、直接工人和制造费用的三种标准成本。根据各项标准成本，通常要为每一种产品设置一个标准成本计算单，并在该计算单中分别列明各项成本的价格标准和用量标准，通过直接汇总的方法得出单位产品的标准成本。

例：某产品标准成本计算见表 3-4。

表 3-4　某产品标准成本计算

项　目	单价标准	用量标准	标准成本/元·件$^{-1}$
直接材料			
甲材料	26.8 元/kg	2.8kg/件	75.04
直接人工	1.80 元/h	7h/件	12.60
变动性制造费用	1.5 元/h	7h	10.50
固定性制造费用	0.55 元/h	7h	3.85
制造费用小计			14.35
单位产品标准成本			101.99

实际发生的成本数额与预定的标准成本出现差额，这种差额就叫成本差异。

实际成本低于标准成本的节约额称为有利差异，一般用 F 表示，而实际成本高于标准成本的超支额称为不利差异，用 U 表示。成本差异包括直接材料、直接人工、制造费用成本差异的计算与分析。

3.2.4.2 成本控制

成本控制是指在企业生产经营过程中，按照既定的成本目标，对构成产品成本费用的一切耗费进行严格的计算、调节和监督，及时揭示偏差，并采取有效措施纠正不利差异，发展有利差异，使产品实际成本被限制在预定的目标范围之内。

A 成本控制的程序

成本控制一般包括以下几项基本程序：

（1）制定成本控制标准，并据以制定各项节约措施；

（2）执行标准，即对成本的形成过程进行具体的监督；

（3）确定差异；

（4）消除差异。

B 成本控制的标准

成本控制的标准有四个：

（1）目标成本。目标成本是在预测价格的基础上，以实现产品的目标利润为前提而确定的。

（2）计划指标。在编制成本计划后，可以成本计划指标作为成本控制标准。为了便于掌握，还应根据需要将计划指标进行必要的分解。以分解后更加具体的小指标进行控制，可使成本控制工作落实到每个责任单位和各有关具体人员，并把成本控制与成本计划、成本核算紧密结合起来。

（3）消耗定额。在产品生产过程中，可以各项消耗定额作为成本控制的标准。消耗定额是在一定的生产技术条件下，为生产某种产品或零部件而需要耗费人力、物力、财力的数量标准，它包括材料物资消耗定额、工时定额和费用定额等，凡是能制定定额的，都应制定出消耗定额或支出标准。用这些定额或标准控制生产过程中的物质消耗和人力消耗，是保证降低产品成本的必要手段。

（4）费用预算。对企业经营管理费用的开支，一般采用经费预算作为控制标准。特别是对那些与产品生产无直接关系的间接费用，更需编制费用预算。应当指出，企业在一定时期制定的成本控制标准，并不是一成不变的。在执行过程中，要经常注意各种标准的先进性和适用性，以便积累资料，及时加以修正。

C 三级成本控制

为了有效地进行成本控制，企业要建立成本控制组织体系，实行成本分级分口管理。

（1）企业级成本管理。主要包括：制定和组织执行企业成本管理制度，大力宣传有关成本管理的方针、政策，提高广大职工的成本意识；在深入挖掘降低成本潜力的基础上，进行成本预测分析；编制成本计划；加强成本控制，核算产品成本，编制成本报表；检查、考核和综合分析企业成本计划的完成情况和增产节约的经济效果；组织和指导各车间、部门开展成本管理工作，总结和推广先进经验，不断提高企业成本管理水平。企业对成本的管理，是在企业统一领导下，通过财务部门进行的。同时，要按照各职能部门的分工和生产费用发生的地点，分解、落实各职能部门分口管理的成本指标，并在此基础上确定各分管部门的责任、权限和管理内容。

（2）车间级成本管理。主要包括：根据企业下达的成本计划或费用指标，在组织员工讨论的基础上进行试算平衡，编制车间成本计划和增产节约措施计划；根据企业批准的车间成本计划，向各班组下达有关消耗指标和费用指标，并对车间各职能组和人员提出增产节约的要求；组织车间成本核算，按计划控制车间生产费用，并督促和帮助各班组按计划和消耗定额管理生产费用；检查和分析车间成本计划和班组有关指标的完成情况，总结、推广班组管理的先进经验，不断提高车间成本管理水平。车间成本管理工作，是在车间主任领导下，由车间成本组或成本核算员负责组织执行。在车间内部也应实行生产费用的分口管理，按照生产费用的内容规定各有关职能人员分管费用的职责。车间成本组或成本核算员要与其他职能组或职能人员互相配合，密切协作，共同搞好车间成本管理。

（3）班组成本管理。主要包括：讨论企业和车间的成本费用计划，拟定班组各项消耗定额和费用计划；根据费用计划和消耗定额，控制班组所发生的各种消耗和费用开支；核算班组负责执行的计划指标，并及时采用适当的形式向群众公布计划的执行结果；检查和分析各项消耗定额和费用指标的执行情况，组织评比竞赛等。班组成本管理，是在班组长领导下，由核算员负责组织执行，并与其他管理员密切配合，共同努力，降低生产消耗。

3.2.5　成本分析评价

成本分析评价是对企业成本水平和成本管理工作的总结和鉴定。成本分析评价要通过一系列的经济指标进行，目前常用的指标有：

（1）主要产品单位成本。单位成本是指每一单位产品的成本，计算公式如下：

$$单位成本=\frac{某产品总成本}{某产品质量}$$

用单位成本指标评价企业的成本水平，最为简单、清晰。

（2）可比产品成本降低率。可比产品成本降低率是指同一产品的两个不同时期成本相比的降低额，与前期成本水平相比的比率。由于企业的可比产品往往不止一种，这就需要把每种可比产品的成本降低额加总起来计算降低率，包括计划降低率和实际降低率。

可比产品成本计划降低率

$$=\frac{\sum(\text{某产品上年预计平均单位成本}-\text{计划单位成本})\times\text{计划产量}}{\sum(\text{上年预计平均单位成本}\times\text{计划产量})}\times 100\%$$

可比产品成本实际降低率

$$=\frac{\sum(\text{某产品上年预计平均单位成本}-\text{实际单位成本})\times\text{实际产量}}{\sum(\text{上年预计平均单位成本}\times\text{实际产量})}\times 100\%$$

可比产品成本降低率，是我国长期以来分析评价工业企业产品成本的重要指标。这个指标有两个特点：一是综合性，它可以把各种可比产品成本的升降情况综合地反映出来；二是可比性，因为它是以可比产品为基础计算的，不仅可以与计划相比较，检查可比产品成本降低完成情况，而且可以与以前年度相比较，研究成本的降低速度和趋势。

但是，这个指标也有不足之处：1）可比产品与不可比产品界限不易划清，特别是在花色品种、技术革新不断发展的情况下，有时即使相同产品，也会有许多不可比因素；2）它只反映可比产品成本，不能反映成本指标的全貌，无法评价企业全面的成本管理工作，尤其是在可比产品比重小的企业，这种局限性就更为明显；3）由于只评价可比产品成本降低率，因此在可比产品与不可比产品之间分摊费用时，往往人为地使可比产品少负担一些，这种情况严重地影响成本降低指标的准确性。

（3）全部产品成本降低额。可比产品所占比重比较低的企业，应分析企业全部产品的实际成本是否超过按实际产量计算的计划总成本。计划成本大于实际成本的差额，为全部产品成本降低额。其计算公式如下：

$$\text{全部产品成本降低额}=\text{本期各种产品的计划单位成本}\times\text{本期各种产品的实际产量}-\text{本期全部产品的实际成本}$$

按上述公式计算出来的成本降低额，只要不是负数，即为完成成本计划。该指标综合反映能力强，既包括可比产品，又包括不可比产品，能够克服可比产品成本降低率指标的某些缺陷。

（4）百元产值成本。可用百分比表示（即产值成本率），也可用绝对额表示（即每百元产值花费的成本）。其计算公式如下：

$$\text{产值成本率}=\frac{\text{总成本}}{\text{总产值（或商品产值）}}\times 100\%$$

$$每百元产值花费的成本=\frac{总成本}{总产值（或商品产值）}\times 100\%$$

（5）行业平均先进成本。将不同企业的产品个别成本与行业平均先进成本进行对比，即可发现本企业的产品成本是节约还是浪费。它可以用节约率来表示，也可以用绝对额来表示。其计算公式为：

全部产品成本节约率

$$=\frac{\sum（某产品行业平均先进单位成本-实际单位成本）\times 实际产量}{按行业平均先进成本计算的总成本}\times 100\%$$

全部产品成本节约额

$$=\sum（某产品行业平均先进单位成本\times 实际产量）-本期全部产品的实际成本$$

在生产经营过程中，产品成本具有重要作用。它是反映和监督劳动耗费的工具，是补偿生产耗费的尺度，是反映企业工作质量、推动企业提高经营管理水平的杠杆和制订产品价格的重要依据。

为了正确地计算产品成本，有效地控制各项开支，必须对企业发生的生产费用进行合理的分类。成本预算中制造费用预算、期间费用预算是其中最基本的预算，应掌握其编制方法。成本预测是成本管理的重要环节，年度成本预测是编制企业成本计划的准备阶段。成本预测包括目标成本预测、功能成本预测分析和成本降低幅度的预测。成本控制是成本管理的实施阶段，是落实成本目标、实现成本计划的有力保证。为了有效地进行成本控制，企业要建立成本控制组织体系，实行成本分级分口管理责任制。成本分析评价是成本管理的总结阶段，它对企业成本计划执行情况做出综合评价。成本分析评价指标有多种，要了解各项指标的特点、适用条件及其计算方法。

3.2.6 作业成本法

随着企业生产过程高度自动化、计算机化，企业经营面临产品成本结构的根本变化，这种变化使得以工时或机时为主的间接费用分配方法已经不能准确提供产品成本信息，无法为管理决策和控制提供有用信息。传统成本计算方法已经越来越表现出成本信息的严重歪曲，传统成本管理体系无法满足企业实行全面成本管理的需要，因此，作业成本法（activity-based costing，ABC）研究在 20 世纪 80 年代开始兴起。1988 年 Robin Cooper 在《成本管理》上发表《论作业基础成本计算的兴起》首次对 ABC 给予明确解释。今天，作业成本已经成为现代企业全面管理的重要手段。

作业成本系统是重要的企业战略支持系统，它所提供的大量相关、准确的成本信息能在很大程度上帮助实施全面管理。作业成本法大致由两部分组成：一是作业成本计算法，二是作业管理（activity-based management，ABM）。因此，先给定关于作业成本法的几个定义。

作业是指企业生产经营过程中相互联系、各自独立的活动。它可以作为企业划分控制和管理的单元。企业经营过程中的每个环节或者生产过程中的每道工序都可以视为一项工作。在作业成本法下，成本被定义为资源的耗用，而不是为获得资源而发生的支出。作业成本法计量的是资源耗费水平的变动，而不是支出水平的变化。前者取决于对资源的需求，后者则取决于现有的资源状况。

传统成本会计是以财务报告的目的对存货进行计量，提供的信息对企业的决策和管理的相关性不大。一个好的成本方法提供的成本信息不仅能满足财务报告的需要，而且还能满足成本管理的需要。作业成本法改变的是成本管理方法的信息基础，而不改变成本管理的方法和模型。换言之，作业成本法是在新的成本信息支持下，对传统成本管理方法进行批判继承，提供更为精确的产品成本。作业成本法可能带来的收益是为定价策略提供相应的成本信息；加强对成本有效的管理和控制；改善市场营销策略；提高产品的营利性；确保可标识的成本动因；产品营利性的有效分析；改善成本控制；提供准确的业绩指标等。

作业成本法认为，“作业耗用资源，成本对象耗用作业”。作业是成本计算的核心，而产品成本则是制造和传递产品所需全部作业的成本总和。

ABC 方法的计算步骤为：

（1）确认和计量各类资源，将资源耗费价值归集到各资源库。资源是执行作业所必需的经济要素。在作业中，企业的各项资源被确认后，要为每类资源设立资源库，并将一定会计期间所耗各类资源成本归集到各资源库中去。

（2）将企业经营过程划分为各项工作。作业的划分不一定与企业的传统职能部门相一致。有时候作业是跨部门的，有时一个部门能完成好几项不同作业。作业的确定应遵循成本—效益原则，即作业的划分应粗细得当。

（3）确定“资源动因”（见表 3-5）。资源动因是资源被各作业消耗的方式和原因，它反映了作业对资源的消耗状况，因而是把资源库价值分解到各作业成本库的依据。确立资源动因的原则是：第一，如果某一项资源耗费能直接地确定为某一特定产品的消耗就直接计入该特定产品成本中，此时资源动因也是作业动因，该动因可以认为是“终结耗费”，材料费往往适用于该原则；第二，如果某项资源耗费可以从发生领域区划为各作业的消耗就直接计入各作业成本库，此时资源动因可以认为是“作业专属耗费”，各作业各自发生的办公费适用于这种原则，各作业按实付工资额核定应负担工资时也适用于这一原则；第三，如果某项资源耗费从最初消耗上呈混合耗费形态就需要选择合适的量化依据将资源耗费分解到各作业，这个量化依据就是资源动因，如动力费一般按各作业实用电力度数分配等。

表 3-5　资源动因

成本要素	资源动因
职工医疗保险	职工人数
人力	消耗劳动时间
动力	消耗电力度数
房屋租金	使用面积
折旧	所有设备价值

（4）根据各项作业所消耗的资源动因数，将各资源库汇集的价值根据资源动因逐项分配到各作业成本库中去，将每个作业成本库中转入的各项资源价值相加就形成了作业成本库价值。

（5）确认各作业的成本动因（见表 3-6），再根据每个成本动因计算相应的作业动因分配率。作业成本动因通常简称为作业动因，它是作业被产品或劳务等成本对象消耗的方式和原因，是作业成本库成本分配到成本对象中的标准。“专属作业”是指为某种特定产品或劳务提供专门服务的作业，专属作业资源耗费价值应该直接由该特定的产品或服务所承担。

（6）根据各项作业所消耗的成本动因数将各作业成本库价值分配计入有关产品或劳务成本计算单，计算完工产品或劳务成本。

表 3-6　作业成本动因

作　业	作业成本动因
订单处理	订单份数
机器调整	调整次数
机器运行	机器小时数
质量检测	检验件数
材料搬运	材料重量

资源动因、作业成本动因与专业成本分配的关系，如图 3-9 所示。

3.3　精益系统质量分析

3.3.1　质量内涵与质量管理

3.3.1.1　质量的内涵

ISO 9000 质量管理体系中给质量做了如下的定义：一组固有特性满足要求的程度。对这一定义可作如下说明。

（1）术语“质量”可使用表示程度的形容词修饰，如好或优秀、差等，例

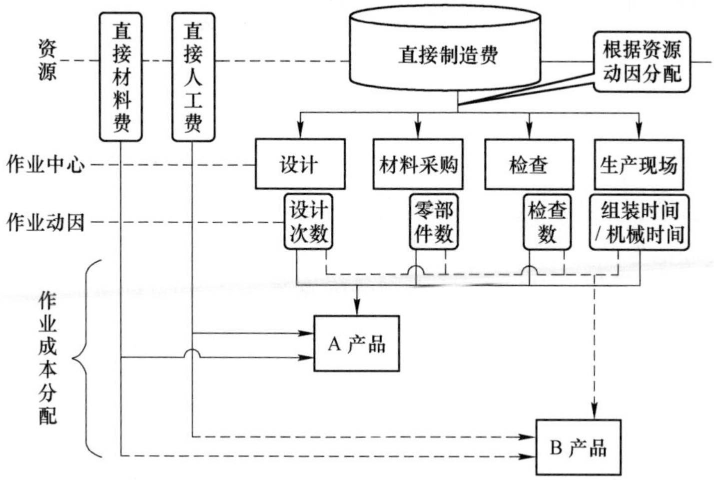

图 3-9 资源动因、作业成本动因与专业成本分配的关系

如可以说一个产品的质量很好。

（2）“固有”是指存在于某事或某物中的，尤其是那种永久的特性，如机器的参数和功能等。

（3）“特性”可以是固有的也可以是赋予的，可以是定性的也可以是定量的。

（4）“要求”是指一个产品或一项服务必须满足的明示的或隐含的需求和期望。

通常，质量是符合要求和规格的，是适用的，是指产品出厂后对社会造成的损失大小，包括由于产品技能变异对顾客造成的损失以及对社会造成的损害等。因此，质量的内涵应包括性能指标、安全性、可靠性、寿命、美感、认同程度和售后服务等。

3.3.1.2 质量管理的内涵

按 ISO 9000 的定义，质量管理的内涵是“质量管理是指导和控制一个组织的与质量有关的相互协调的活动”，这些活动包括质量方针、质量策划、质量控制、质量保证、持续改进。

（1）质量方针。根据 ISO 8402 的定义，质量方针是指“由组织的最高管理者正式发布的该组织的质量宗旨和质量方向。质量方针是企业总方针的一个组成部分，由最高管理者批准”。

（2）质量策划。质量策划致力于设定质量目标并规定必要的作业过程和相关资源的分配，以实现质量目标。

（3）质量控制。质量控制包括设计控制、过程控制、包装贮存和搬运以及售后服务等的控制。

（4）质量保证。质量保证致力于对达到质量要求提供信任，目标在于达到满足顾客要求的目的。

（5）持续改进。质量持续改进的关键在于要有纠正和预防措施，以保证管理体系持续有效，并符合内部（如质量计划和目标）和外部（ISO 9000）要求。

质量管理的原则包括：以顾客为中心、重视领导作用、全员参与过程管理、持续改进、基于事实的决策方法、互利的供求关系。

图 3-10 为 ISO 9000 推荐的质量管理体系模式。

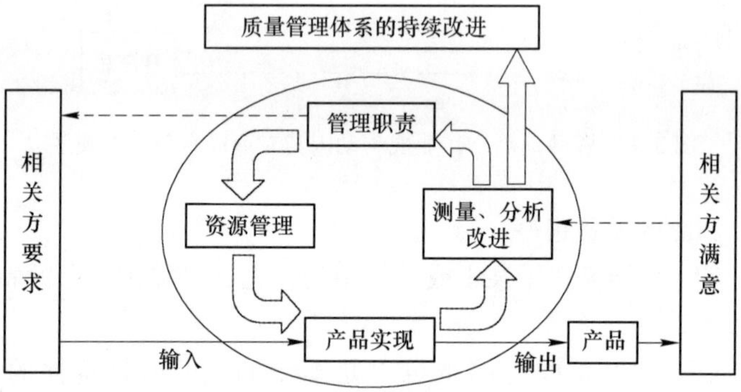

图 3-10　ISO 9000 推荐的质量管理体系模式

3.3.2　质量成本

国家标准 GB/T 6583—94 中对质量成本进行了定义：质量成本是为了确保和保证满意的质量而发生的费用以及没有得到满意质量而造成的损失。

在进行质量成本管理时，常将质量成本划分为两大类：运行质量成本和外部质量成本，如图 3-11 所示。

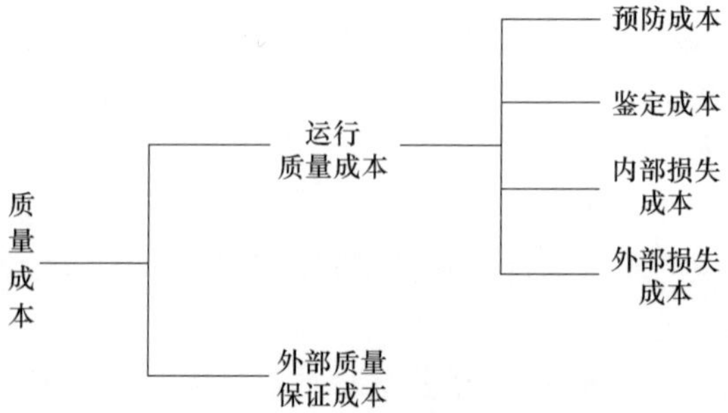

图 3-11　质量成本的分类

3.3.2.1　运行质量成本

（1）预防成本是指用于预防产生不合格品或发生故障而需的各项费用。

（2）鉴定成本是指为评定产品是否符合质量要求而需要的一切费用。

（3）内部损失成本是指产品出厂前因不满足规定的质量要求而花费的一切费用。

（4）外部损失成本是指产品出厂后因为不满足规定的质量要求而支付的有关费用。

3.3.2.2　外部质量保证成本

外部质量保证成本指在合同环境条件下，根据用户的要求而提供客观证据所支付的费用。包括为提供特殊的附加质量保证措施、程序、数据等所支付的费用；产品验证、实验和评定费用；为满足用户要求而进行质量体系认证所支付的费用。

对质量成本的分析常采用质量成本曲线图，如图 3-12 所示。

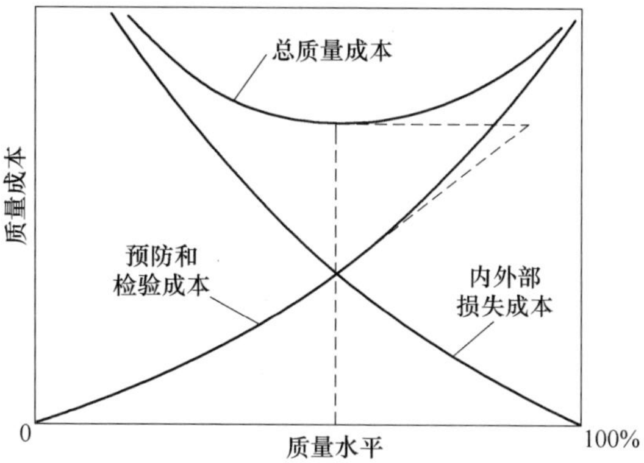

图 3-12　质量成本曲线图

质量成本图是预防成本、鉴定成本、内部损失成本和外部损失成本四种质量成本之间的关系曲线。如图 3-13 所示，质量成本曲线在最低点 *A* 对应的成本为最佳质量水平。

（1）质量控制区：损失成本约为 50%，预防成本约为 10%，如找不出更有利的改进项目，将重点转为控制；

（2）质量改进区：损失成本大于 70%，预防成本小于 10%，确定改进项目并予以实施；

（3）质量过剩区：损失成本小于 40%，鉴定成本大于 50%，此时质量过剩，重新审查标准或放松检验方案。

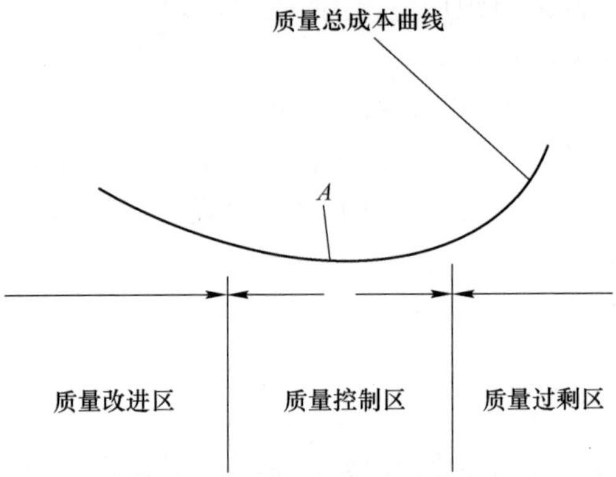

图 3-13　质量控制区域分类

3.3.3　质量的控制

3.3.3.1　研发与设计阶段控制

(1) 研发与设计策划组织应对产品的设计和开发进行策划和控制。

(2) 研发与设计输入应确定与产品要求有关的输入，并保持记录。

(3) 研发与设计输出设计和开发的输出应以能够针对设计和开发的输入进行验证的方式提出，并应在放行前得到批准。

(4) 研发与设计评审在适宜的阶段，应依据所策划的安排设计和开发进行系统评审，评价设计和开发的结果是否满足要求，识别任何问题并提出必要的措施。

(5) 研发与设计验证为确保设计和开发输出能满足输入的要求，应依据所策划的安排对设计和开发进行验证，验证结果及任何必要措施的记录应予保留。

(6) 研发与设计确认为确保产品能够满足规定的使用要求或已知预期用途的要求，应依据所策划的安排对设计和开发进行确认。

(7) 研发与设计更改的控制应识别设计和开发的更改，并保留记录，在适当的时候，应对设计和开发的更改进行评审、验证和确认。

3.3.3.2　采购阶段控制

(1) 采购过程组织应确保采购的产品符合规定的采购要求，对供方及采购的产品控制的类型和程度应取决于采购的产品对随后的产品实现或最终产品的影响。

(2) 采购信息应表述拟采购的产品，其内容包括产品、程序、过程和设备的批准的要求；人员资格的要求；质量管理体系的要求。在与供方沟通前，组织应确保规定的采购要求是充分与适宜的。

（3）采购产品的验证组织应建立并实施检验或其他必要的活动，以确保采购的产品满足规定的采购要求。

3.3.3.3 生产和服务提供控制

（1）生产和服务提供的控制。
（2）生产和服务提供过程的确认。
（3）标识和可追溯性。
（4）顾客财产。
（5）产品防护。
（6）监视和测量装置的控制。

3.3.3.4 不合格品控制

组织应确保不符合产品要求的产品得到识别和控制，以防止非预期的使用或交付，对于不合格品控制及不合格品处置的有关职责和权限应在文件中做出规定。

3.3.3.5 改进控制

（1）持续改进。
（2）纠正措施。
（3）预防措施。

3.3.4 质量分析方法

3.3.4.1 PDCA 质量环

PDCA 循环应用在质量管理活动中就是 PDCA 质量环。PDCA 循环是反映质量管理活动的规律、提高产品质量、保证质量体系运转的基本方式。图 3-14 表明了 PDCA 循环的特点以及质量管理活动的四个阶段，每个阶段又分为若干步骤。

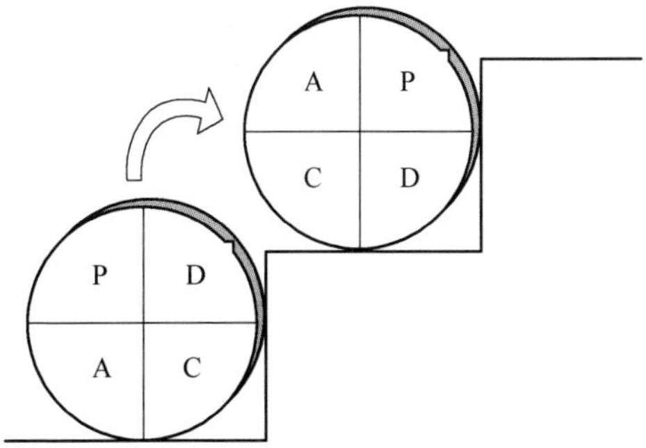

图 3-14 PDCA 质量环示意图

在计划阶段，主要工作是确定质量目标，要通过市场调查、用户访问等，摸清用户对产品质量的要求，确定质量政策、质量目标和质量计划等。它包括现状调查、原因分析、确定要因和制定计划四个步骤。

在执行阶段，要实施上一阶段所规定的内容，如根据质量标准进行产品设计、试制、试验，其中包括计划执行前的人员培训。它只有一个步骤：执行计划。

在检查阶段，主要是在计划执行过程之中或执行之后，检查执行情况，看是否符合计划的预期结果。该阶段也只有一个步骤：效果检查。

在处理阶段，主要是根据检查结果，采取相应的措施。巩固成绩，把成功的经验尽可能纳入标准，进行标准化，遗留问题则转入下一个 PDCA 质量环去解决。

总结起来，PDCA 质量环一定要按顺序进行，它靠系统的力量来推动，像车轮一样向前滚进，周而复始，不断循环。企业系统中每个科室、车间、班组，直至个人的工作，均有一个 PDCA 质量环，这样一层一层地解决问题，而且大环套小环，一环扣一环，小环保大环，推动大循环。

PDCA 质量环有大环与小环的关系，主要是通过质量计划指标连接起来，上一级的管理循环是下一级管理循环的根据，下一级的管理循环又是上一级管理循环的组成部分和具体保证。通过各个小循环的不断转动，推动上一级循环，以至整个系统循环不停转动。通过各方面的循环，把系统各项工作有机地组织起来，纳入企业质量保证体系，实现总的预定质量目标。因此，PDCA 质量环的转动，不是哪一个人的力量，而是组织的力量、集体的力量，是整个企业系统推动的结果。

PDCA 质量环每通过一次，都要进行总结，提出新目标，再进行第二次 PDCA 质量环，使质量管理的车轮滚滚向前。PDCA 每循环一次，质量水平和管理水平均提高一步。

PDCA 质量环不仅是质量管理活动规律的科学总结，是开展质量管理活动的科学程序，也是一种科学管理的工作方法。它同样可以在质量管理活动以外发挥重要效用。

3.3.4.2　质量管理图表法

质量管理中的一项重要内容就是通过搜集整理质量数据，对数据进行分析来找出造成过程产生变异的根本原因，并采取措施消除这些变异。在这个过程中常运用诸如散点图、直方图、因果图、分层法、流程图、调查表、排列图等图表方法对质量进行管理和控制。

A 散点图

散点图是通过分析两种变量之间的关系来控制影响产品质量的相关因素的一种有效方法。散点图的功能为：

（1）判断质量问题与某些因素有无关系；

（2）判断是否有异常状况；

（3）散点图有时表明一种趋势关系；

（4）散点图有时可用来确定作业范围。

B 直方图

直方图是质量管理中应用很广泛的一种工具。它以频率的形式提供数据的分布状况，找出其统计规律以便对总体的分布特性进行推断。

例：某企业产品规格分布情况见表 3-7。对应的直方图表示如图 3-15 所示。

表 3-7 企业产品规格分布

尺寸	从	39.89	39.91	39.93	39.95	39.97
	至	39.91	39.93	39.95	39.97	39.99
分布 a		1	1	3	6	20
分布 b		4	11	11	13	18

尺寸	从	39.99	40.01	40.03	40.05	40.07	40.09
	至	40.01	40.03	40.05	40.07	40.09	40.11
分布 a		39	19	7	2	1	1
分布 b		11	8	8	4	4	6

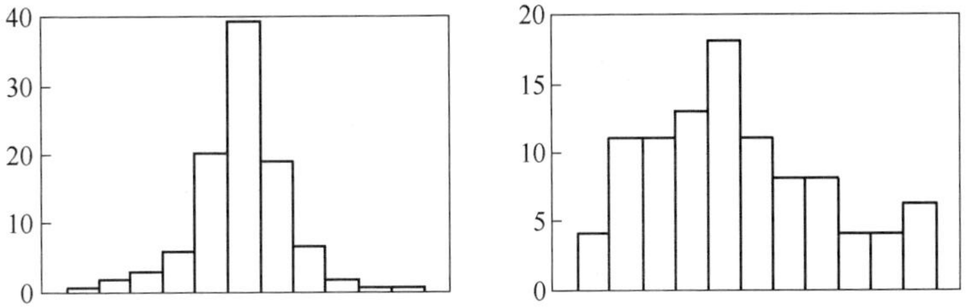

图 3-15 对应的直方图

由直方图可知：

（1）可以看出质量参数的分布；

（2）研究离散或偏离的原因；

（3）可知不符合质量要求的产品所占比例；

（4）比较质量改进措施前后质量水平的变化。

C　因果图

因果图又称特性要因图，是用来展示质量问题产生的原因，分析原因与结果之间关系的一种工具。借助因果图可以将影响质量的各种因素集中反映在一张树状的图中，按照各因素的类别进行归类，由主到次分别找出主要原因、次要原因等，从而确定应采取的措施。

D　分层法

分层法就是把收集到的数据进行合理的分类，将相同性质或同一生产条件下的质量数据归纳为一个组，从而找到根本影响因素的方法。分层的方法包括按生产线、按材料、按班组或工人、按时间、按作业方法分层等。

3.3.4.3　抽样检查

抽样检查是从一批产品中随机抽取少量产品样本进行检验，以判断该批产品是否合格的统计方法，又称为抽样检。它与全面检验的不同之处，在于全面检验需对整批产品逐个进行检验，而抽样检验则根据样本中的产品的检验结果来推断整批产品的质量。

采用抽样检查可以显著地节省工作量。对于破坏性试验，如检验灯泡的使用寿命以及散装产品（如矿产品、粮食等）和连续产品（如棉布、电线等）检验中，一般都只能采用抽样检验。抽样检验是统计质量管理的一个重要组成部分。抽样检验方案是一套规则，依据它去决定如何抽样，即一次抽或分几次抽、抽多少，并根据抽出产品检验的结果决定接收或拒绝该批产品。抽样方案按指标性质分为计数抽样方案与计量抽样方案两类，按抽取样本的方式分为一次、二次、多次及序贯抽样方案。

抽样检验的方法有：

（1）单纯随机抽样：完全随机，无限制；一般多利用乱数表或抽样球。

（2）系统抽样：按一定的时间/数量间隔抽样。

（3）分层抽样：先层别后再抽样。

（4）曲折抽样：是希望减少系统抽样因周期性而发生偏差等缺点所采用的方法。曲折抽样可视为随机抽样，但较复杂，具有规则性。

（5）区域抽样：群体如一大箱物品，箱中有数十个小盒，每一小盒装有若干物品。为抽样方便，可自数十个小盒中随机抽取若干样本盒，然后就各样本盒进行全数检验。

（6）分段抽样：先采用区域抽样，在从样本单位中随机抽样，可有两段、多段之分。

（7）反复抽样：在同一检验批内做一次以上的抽样来推定群体品质的抽样方法。一般用在抽样检验中的双次、多次或逐次抽样。

3.3.4.4 统计过程控制

统计过程控制（statistical process control，SPC），也称为统计工序控制，是利用统计规律判别和控制异常因素造成的质量波动，从而保证工序处于控制状态的手段。

统计过程控制与产品检查有着本质的区别。检查是通过比较产品质量特性测量值与规格要求，达到剔除不合格品的目的，是事后把关。统计过程控制是通过样本数据分布状态估计总体分布状态的变化，从而达到预防异常因素造成的不正常质量波动，消除质量隐患的目的，是事先预防。检查通常通过专门的测量仪器和设备得到测量值，并由检查人员进行判定。而统计过程控制必须使用专门设计的控制图，并按一定的判定规则判定工序状态是否处于正常状态。统计过程控制虽然会带来一定程度的预防成本的提高，但却能及早发现异常，采取措施消除隐患，带来故障成本的大幅度降低。因此对比产品检查，统计工序控制会带来显著的经济效果。

在生产过程中，判别工序是否在受着异常因素的影响可以采取下面的方法：每隔一定的时间间隔，在生产的产品中进行随机抽样，并根据样本数据观察质量特性值的分布状态。若工序分布状态不随时间的推移而变化，说明工序处于稳定状态，只受着偶然因素的影响；若工序分布状态随着时间的推移发生变化，说明工序处于非稳定状态，正在有异常因素影响着它，必须立即采取措施消除异常因素的影响。生产过程的几种形态如图 3-16 所示。

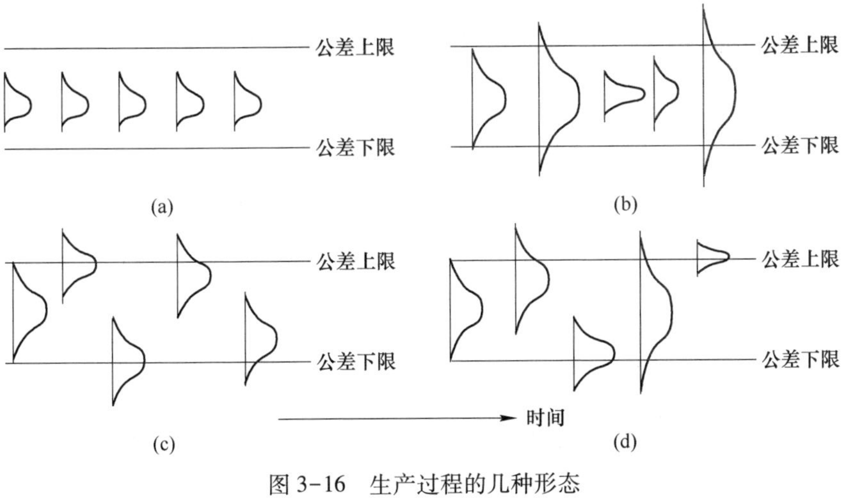

图 3-16 生产过程的几种形态

A 影响质量的因素

一般生产过程中影响质量的因素分为偶然因素和异常因素。

（1）偶然因素（随机因素）。偶然因素指对生产过程一直起作用的因素，如材料成分、规格、硬度等的微小变化；设备的微小震动；刃具的正常磨损；夹具的弹性变形及微小松动；工人作业的微小不均匀性等。

偶然因素的特点为：1）对质量波动的影响并不大，一般来说，并不超出工序规格范围；2）因素的影响在经济上并不值得消除；3）在技术上也是难以测量、难以避免的；4）由偶然因素造成的质量特性值分布状态不随时间的变化而变化。

由偶然因素造成的质量波动称为正常的波动，这种波动一般通过公差加以反映，此时的工序处于稳定状态或受控状态。

（2）异常因素（系统因素）。在一定时间内对生产过程起作用的因素。如材料成分、规格、硬度的显著变化；设备、工夹具安装、调整不当或损坏；刃具的过渡磨损；工人违反作业规程等。

异常因素的特点为：1）因素造成较大的质量波动，常常超出了规格范围或存在超过规格范围的危险；2）因素的影响在经济上是必须消除的；3）在技术上是易于识别、测量并且是可以消除和避免的；4）由异常因素造成的质量特性值分布状态随时间的变化可能发生各种变化。

由异常因素造成的质量波动称为不正常的波动。此时的工序处于不稳定状态或非受控状态，这样的工序必须严加控制。

B　控制图

控制图是反映和控制质量特性值分布状态随时间而发生的变动情况的图表。它是判断工序是否处于稳定状态，保持生产过程始终处于正常状态的有效工具。

图 3-17 以随时间推移而变动的样本号为横坐标、以质量特性值或其统计量为纵坐标建立平面坐标系。从图 3-17 中可以看到三条具有统计意义的控制线：中心线 CL、上控制线 UCL 和下控制线 LCL；图中的曲线是一条质量特性值或其统计量的波动曲线。

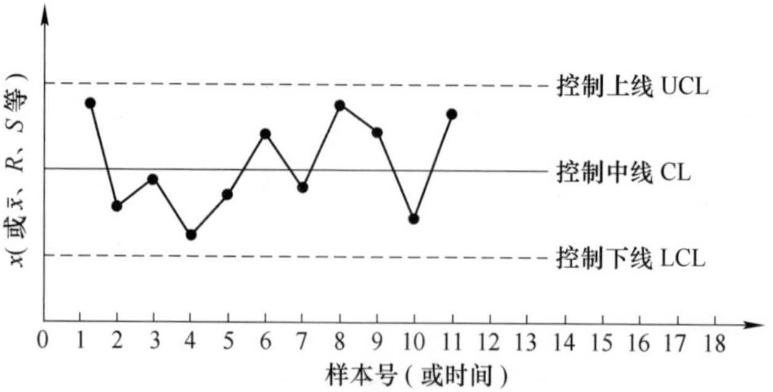

图 3-17　控制图的基本形式

在实际生产过程中，坐标系及三条控制线是由质量管理人员事先经过工序能力调查及其数据的收集与计算绘制好的。工序的作业人员按预先规定好的时间间隔抽取规定数量的样品，将样品的测定值或其统计量在控制图上打点并连接为质量波动曲线，并通过点的位置及排列情况判断工序状态。

C　控制界限的确定原理——3σ 原理

如图 3-18 所示，设工序处于正常状态时，质量特性总体的均值为 μ，标准偏差为 σ，设三条控制线的位置分别为 CL=μ、UCL=$\mu+k\sigma$，LCL=$\mu-k\sigma$。

控制图的两类错误：

当工序正常时，点仍有落在控制界限外面的可能，此时会发生将正常波动判断为非正常波动的错误——误发信号的错误，这种错误称为第一类错误，控制图犯第一类错误的概率记为 α。

设总体均值 μ_0 在异常因素的作用下移至 μ_1，σ 不变。此时，点应落在控制界限外以发出警报。但却也存在点落在控制界限内不发警报的可能。这将导致将非正常波动判断为正常波动的错误——漏发信号的错误，这种错误称为第二类错误，控制图第二类错误的概率记为 β。

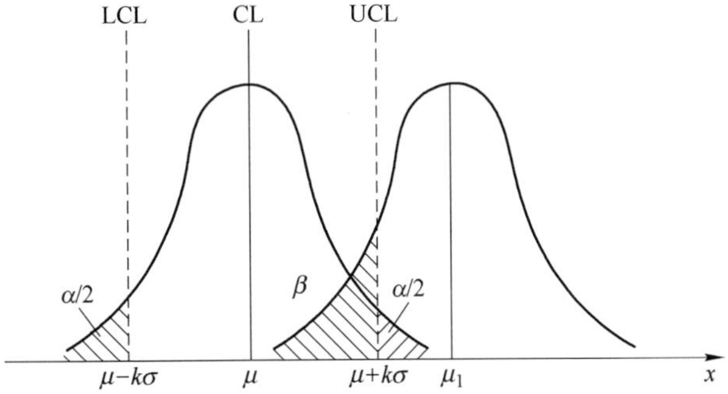

图 3-18　控制图原理及两类错误

放宽控制界限，即 k 越大，第一类错误的概率 α 越小，第二类错误的概率 β 越大；反之，加严控制界限，即 k 越小，第一类错误的概率 α 越大，第二类错误的概率 β 减小。控制界限系数 k 的确定应以两类错误判断的总损失最小为原则。

理论证明，当 $k=3$ 时，即控制图上下界限距中心线 CL 为 $\pm3\sigma$ 时，合计损失为最小。这就是所谓的 3σ 原理。

D　控制图的绘制程序

控制图的绘制程序包括：

（1）确定受控质量特性。

（2）选定控制图种类。

（3）收集预备数据。收集预备数据的目的只为作分析用控制图以判断工序状态。数据采集的方法是间隔随机抽样。为能反映工序总体状况，数据应在 10~15 天内收集，并应详细地记录在事先准备好的调查表内。

（4）计算控制界限。

（5）作分析用控制图并判断工序是否处于稳定状态。在坐标图上画出三条控制线，控制中线一般以细实线表示，控制上下线以虚线表示；将预备数据各样本的参数值在控制图中打点；根据控制图的判断规则判断工序状态是否稳定，若判断工序状态不稳定，应查明原因，消除不稳定因素，重新收集预备数据，直至得到稳定状态下分析用控制图；若判断工序处于稳定状态，继续以下程序。

（6）与规格比较，确定控制用控制图。由分析用控制图得知工序处于稳定状态后，还须与规格要求进行比较。若工序既满足稳定要求，又满足规格要求，则称工序进入正常状态。此时，可将分析用控制图的控制线作为控制用控制图的控制线；若不能满足规格要求，必须对工序进行调整，直至得到正常状态下的控制图。

所谓满足规格要求，并不是指上、下控制线必须在规格上、下限内侧，即 UCL>TU；LCL<TL。而是要看受控工序的工序能力是否满足给定的 Cp 值要求。

（7）应用控制图的控制工序。工序质量特性值分布的变化是通过控制图上点的分布体现出来的，因此工序是否处于稳定状态要依据点的位置和排列来判断。工序处于稳定的控制状态，必须同时满足下述两个条件。

一是控制图的点全部在控制界限内。由于在稳定状态下，控制图也会发生误发信号的错误（第一类错误），因此规定在下述情况下，判定第一个条件，即点全部在控制界限内是满足的。1）至少连续 25 点处于控制界限内；2）连续 35 点中，仅有 1 点超出控制界限；3）连续 100 点中，至多有 2 点超过控制界限。

二是点的排列无缺陷，即点在控制界限内的波动是随机波动，不应有明显的规律性。点排列的明显规律性称为点的排列缺陷。

对控制图上的点，不能仅当作一个“点”来看待，而是一个点代表某时刻某统计量的分布，而点的排列变化说明了分布状态发生的变化。

3.3.4.5 6σ 管理

A 6σ 概念

σ 是希腊字母表里的一个字母，专业术语“Sigma”定义为标准偏差——用来描述特性值相对于过程平均值的偏离程度。对于一个商务或制造过程，Sigma 值是一个度量单位，它显示过程的执行情况。Sigma 值越高说明执行情况越好。Sigma 通过测量过程的能力来追求零缺陷。这里将缺陷定义为可能导致客户不满意的任何要素。在 6σ 中，常用的测量指数是单位缺陷数（defects per unit，DPU），其中单位可以是各种任务或实体，如一个小时的工作、一份文件、一张发票、一个零件、一块材料等。Sigma 值显示了缺陷可能发生的频率。Sigma 值越高，过程产生缺陷的可能性越少。当 Sigma 值增加时，成本下降，工作周期减少，同时客户满意度提高。

20 世纪 80 年代中期，美国摩托罗拉公司确立了以客户完全满意（total customer satisfaction，TCS）为目标的质量方针并实施了 6σ 计划。由于 6σ 质量计划的成功实施，20 世纪 90 年代后，美国各大公司如 GE 等都开始实施 6σ 质量计划，并为这些企业带来了显著效益。事实上，6σ 并不纯粹是一项统计技术，其实施是对企业管理技术的一次变革。目前，6σ 管理已经成为实现企业业务整体改进的一项竞争战略。图 3-19 为 6σ 与 3σ 比较图。

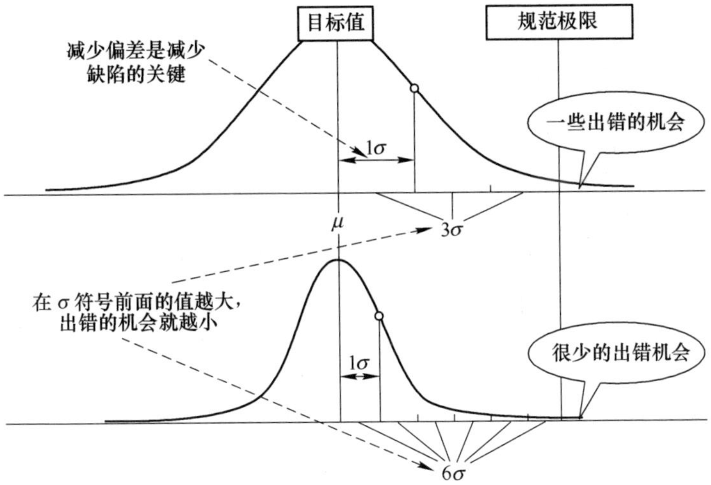

图 3-19　6σ 与 3σ 比较图

B　6σ 计量值的质量特性

对工序处于稳定状态时，工序质量特征值一般服从正态分布，在理想情况下即分布中心和公差中心重合，公差范围为+6σ 到-6σ 之间。

实际上，Sigma 水平是一种反映过程能力的统计度量单位。Sigma 值与单位产品缺陷、百万机会之缺陷和缺陷发生的概率等指标密切相关。随着 Sigma 水平的升高，缺陷水平降低。

6σ 是一种愿景，一种展望，一种基于数据制定决策的方法，一种致力于改善客户质量的承诺。6σ 是产品质量和过程能力的衡量指标，目标是每百万次机会 3.4 个缺陷，即短期 σ 水平达到 6σ。

对计量值质量特性来说，可以用日本著名质量管理专家田口提出的质量损失函数度量其对顾客的影响。通常，质量特性一旦偏离目标值就会对顾客造成损失；质量特性离目标值越远，对顾客造成的损失就越大；顾客的损失是与质量特性与目标值之差的平方成正比的。图 3-20 所示为 6σ 质量与 3σ 质量之比。

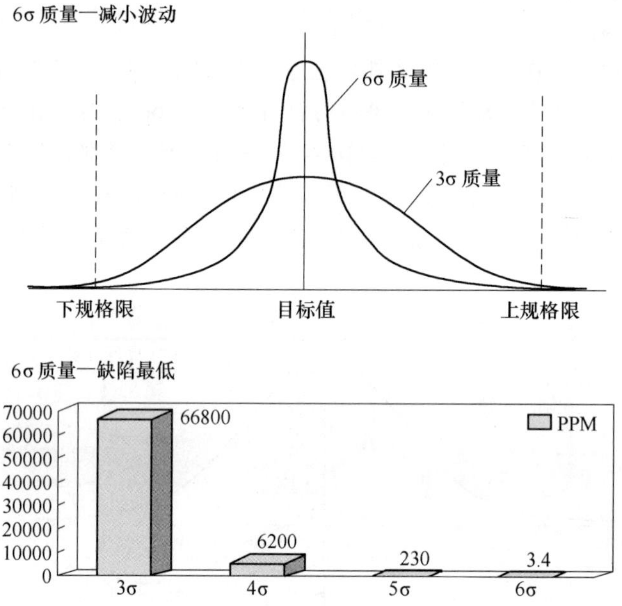

图 3-20　6σ 质量与 3σ 质量之比

做如下假设：

第一批产品的质量特性均匀分布在规格限内且没有超差品（当主要采用检验来控制产品质量时，通常会产生这样的分布）；

第二批产品的质量特性呈倒钟形分布在规格限内（当对过程进行统计控制，且过程具有一定的质量保证能力时，会产生这样的分布）；

第三批产品达到了 6σ 质量，即质量特性呈倒钟形分布，且以目标值为中心分布在 1/2 规格限内（世界级企业按 6σ 原理持续改进获得的质量）；

对同样的质量特性来说，它们给顾客造成的平均损失分别是 12∶4∶1。也就是说，如果从对顾客造成的损失来度量质量的优劣的话，第三批产品的质量，即 6σ 质量比第一批产品的质量优 12 倍，比第二批产品的质量优 4 倍。

对记数值质量特性来说，可以用这样的假设来说明。假如一件由 100 个零部件构成的产品，由 4 个厂家来生产。这四个厂家的质量水平分别是 3σ、4σ、5σ 和 6σ。那么每生产 10000 件产品，交给顾客的无缺陷产品分别是 10 件、5364 件、9970 件、9997 件。在这种情况下，6σ 质量是 3σ 质量的 999. 7 倍，4σ 质量的 1. 86 倍。不仅如此，6σ 质量交付给顾客的仅有 3 件产品带有 1 处缺陷，而 3σ 质量将有 6645 件产品带有 6 处以上的缺陷。这就是为什么有些企业在没有推广 6σ 时，总是为处理质量问题而疲于奔命的原因。表 3-8 为 6σ 系统与 3σ 系统的比较。

表 3-8 6σ 系统与 3σ 系统的比较

3σ 系统	6σ 系统
质量成本耗费 15%~25%的销售额	质量成本耗费 5%的销售额
每百万次机会产生 66807 个缺陷	每百万次机会产生 3.4 个缺陷
依靠检查来发现缺陷	依靠有能力的工序防止缺陷产生
认为高质量是昂贵的	知道高质量制造商就是低成本制造商
没有规范的解决问题的方法	使用定义、测量、分析、改进、控制和定义、测量、分析、设计、验证
以竞争对手作为参照基准进行比较	以世界上最好的公司作为参照基准进行比较
认为 99%已经足够好	认为 99%是无法接受的
从自身内部出发定义关键质量特性（CTQ）	从外部出发定义关键质量特性（CTQ）

C 实施模式 DMAIC 的标准流程

从 20 世纪 80 年代诞生发展至今，6σ 已经演变成为一套行之有效的解决问题和提高企业绩效的系统方法论，而推动企业不断持续改进的 6σ 具体实施模式 DMAIC（如图 3-21 所示），已经成为国际上持续改善的标准流程。

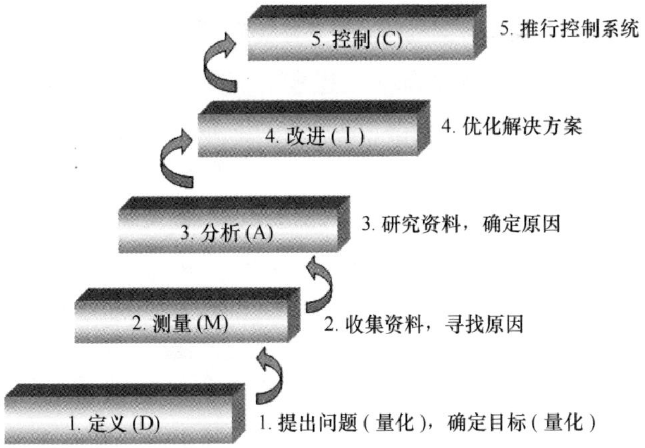

图 3-21 DMAIC 的标准流程

D 为定义：将 VOC 转换成为对内部产品、服务、过程的技术要求，再转换成关键质量因素（CTQ），进而定义项目，决定项目所需资源；定量化地定义问题、设定目标、效益预测；确定高端流程图；制订项目进展计划。

M 为测量：收集现有信息，寻找潜在的关键因素，并进行测量系统分析和过程能力分析。

A 为分析：根据在测量阶段所寻找到的潜在的关键因素设计实验，根据实验数据进行图表分析、假设检验和回归分析。以确定一组按重要程度排列的关键因素。

I 为改进：优化解决方案，并确认该方案能够满足或超过项目改进目标。

C 为控制：制订控制计划，实施 SPC 动态跟踪。确保对过程的改进一经实施就能够持之以恒，不会返回到以前的状态。

4 精益系统管理境界

4.1 管理成效与效率

4.1.1 管理者必须讲效率和效益

什么样的人才算是管理者呢？在现代企业系统中，按照彼特·德鲁克的观点，每个知识工作者依靠地位和知识都可能成为“管理者”，他可能会被推上团队的负责岗位，并能为改善机构的运作能力和获得成果做出自己的贡献。这里所说的运作能力是指企业推出一种新产品的能力，或者是指占领更大市场份额的能力。管理者还必须负责决策，当然不能只是贯彻上司的指令，还必须承担起做出贡献的责任来。管理者因为学识渊博被认为是最适合做决策工作的，当然他的决策也许会被取消，也可能会使他降职或撤职。但是只要他一天处在管理者的位置上，他就必须要坚持自己的目标和标准，必须要做出自己的贡献。

当今社会，许多非经理的人员也正在成为管理者。如我们已经知道的，一些从事半脑力劳动的机构既需要“经理”，也需要能做出贡献的“专业人才”来负责、决策和发号施令。与此相反，一个知识工作者是否是管理者并不取决于他是否管理别人。一家企业的一位市场调研员手下可能会有 200 人，而另一家竞争对手企业的市场调研员却是只身一人，身边只有一名秘书。在为企业做贡献这一点上，他们两者之间不应该存在什么差别。人多人少只是行政工作上的一些细节，有 200 人当然可以比一个人工作做得多，但是这并不等于说 200 人的效益和贡献肯定比一个人的大。

效率和效益向来都是企业追求的目标，二者之间既有联系又有区别。效率是指单位时间内完成的工作量，如工作效率，它强调的是数量、产量；效益是指完成工作所取得的效果和利益，它强调的是结果。

“使某项工作产生效益”与“完成某项工作”含义不尽相同。不管是在什么样的组织里工作；不管是在企业或是在医院，在政府或在大学，作为管理者必须首先要按时做完该做的事情，也就是说他必须要有工作效率。

然而，一些管理者往往缺乏工作上的高效率。他们普遍才智较高、富于想象力，并具有很可观的知识储备。可是这些才智、知识和想象力似乎与一个人的工作效率并没有必然的联系。有些人才华横溢，但他们的工作效率却往往低得令人咋舌。他们不理解对问题的深入观察本身并不算一项了不起的成就；他们也不知道要将一个人的洞察力变成工作效率必须经过系统的艰苦训练。而从另一方面来看，不管在什么组织，人们总能见到一些工作效率颇高的埋头苦干者。就在其他人来来去去忙得不亦乐乎的时候，这些埋头苦干者却一步一个脚印，最终他们先把事情干完，这使我们想起了龟兔赛跑的寓言。

智力、想象力和知识都是重要的资源。但是，只有通过管理者富有成效的工作，才能将这些资源转化为成果。就实现目标而言，所投入的生产要素的资源本身还是有一定局限性的。

为什么需要卓有成效的管理者这个问题可以说是不言而喻的。在我们这个时代里，为什么效率很重要，但很少有人重视管理者的效率问题，这到底是为什么呢？

对体力劳动来说，我们需要的只是效率，即只需要有把事情做好的能力就行，并不需要你去选择该做哪些事情。衡量体力劳动的效率有界线分明的数量和质量标准。过去的医院里从来没有任何“健康服务专业人员”、X 光及化验技术员、营养师、治疗专家以及社会工作者等，而现在的医院需要为每 100 个病人雇用多到 250 个诸如此类的人员。在过去，除了几个护士外，医院只雇用清洁工、厨师及陪护。只有医生是知识工作者，而护士便是他们的助手。换句话说，过去组织的关键便是如何让这些体力劳动者按照要求把活干好，而知识工作者在当时的组织里面只是极少数。然而，今天的情况就不同了，到处都是从事脑力工作的机构，而且都颇有规模。现代社会是个有组织的大社会，在每个大的组织内，重心已转向知识工作者，他们在工作中需要使用更多的知识，而不是发达的肌肉或灵巧的双手。那些受过教育的，懂得如何应用理论、方法和技术的人渐渐地取代了只需提供体力技能的人而成为组织里的主力。当他们在各自的领域里可以为组织做出贡献时，他们往往就很讲效率。

现在，对工作效率问题再也不能采取想当然的态度了，也再也不能继续对其视而不见了。我们为体力劳动者所设立的一套强制性的检测系统——从工程设计到质量控制，对脑力劳动者来说，就显得不大适用了。如果工程部继续不断地为一种销路不好的产品绘出大批漂亮的图纸来，这就是一种浪费了。做该做的事，这才是脑力劳动显得有效的关键。要想用体力劳动的尺码来衡量脑力劳动是绝对行不通的。

我们无法对脑力劳动者进行严密和细致的监督，但是他们必须自己管理自己，自觉地完成任务，自觉地做出贡献，自觉地追求工作效益。我们对脑力劳动者正在考虑什么很难弄得清楚，需要考虑和搞清楚的就是他们要做的工作，或者说他们就是以这种方式来进行工作的。知识工作者的工作动力取决于他的工作效益，取决于他在工作中是否能有所成就。如果一个人的工作缺乏效益，那么他对做好工作和做出贡献的热情很快就会消退，他就会变成每天从上午 8 点到下午 5

点插科打诨，毫无动力，就更不提成效了。

知识工作者并不生产有形的产品（比如一双鞋或某个机器部件），他们生产的是知识、想法和信息。就这些“产品”本身而言，它们并没有用处。只有当另外一个具有知识水平的人将这些“产品”作为自己的输入，并最后把它们转化为输出时，它们才会具有真正的价值。即便是最了不起的智慧，如果不将其应用到实践中去，那也只是毫无意义的一堆资料而已。知识工作者无法使自己的输出产品能像一双制得很好的鞋一样马上就可以被使用，因此他们不得不做一些体力劳动者从来不需要做的事情，知识工作者必须讲工作效率。

知识工作者是一种特殊的“生产因素”，通过这一因素，一些诸如美国、欧洲和日本这样高度发展的社会和经济实体，使自己获得并保持强大的竞争力。

对脑力劳动来说，既不能以数量来衡量，也不能以投入多少来加以判断。鉴别脑力劳动的成果主要应看其结果，而不是看机构的规模有多大或者级别有多高。

让很多人在市场调研部工作也许会产生效益，例如使市场洞察更为深刻、使想象更加丰富、使工作质量进一步提高，这无疑会让公司获得快速发展和取得成功的潜力。事情如果真是这样，那 200 个人工还是相当便宜的。然而也可能会发生另一种情况：由于 200 人在一块工作，就会产生各种问题，如果他们都将问题带到工作中来，那么经理就会被这些问题弄得焦头烂额，成天忙于处理这些问题，而无暇顾及市场调研，因此也就没法做出任何根本性的决策；也可能会成天忙于核对数字，根本没有时间来考虑“我们的市场”到底怎么样了。在这种情况下，经理也许会忽略市场上一些重大变化，而恰恰就是这些变化最终导致了他所在公司的垮台。

当然，单打独斗的市场调研人员也会有效益显著或效益不大的区别。在调研中，工作人员也许能成为丰富知识和想象力的源泉，于是其公司便兴旺发达。或者，调研人员会花很多时间去搜寻一些细节，一些被学者们误认为是研究成果的细节，而对市场本身却采取视而不见、听而不闻的态度，至于开动脑筋考虑问题那就更谈不上了。

在从事脑力劳动的组织里，都有一些虽不管理别人但却是管理者的人。我们可以一位类似在实验室里工作的化学专家为例，他往往根据自己探索的思路做出决定，当他这样做的时候，也许是在做出一个企业决策，而这一决策也许会对他公司的未来起到决定性的影响。他也许是实验室的主任，他也可能只是一个普普通通的技师，不负任何管理责任。同样的道理，如何从财务的角度来对某种产品进行决策，这可以是企业副总的职责，但是年资较浅者也照样可以做这样的决策。在今天的大组织里，这种情况可以说是屡见不鲜的。

一般将这些知识工作者、经理以及专业人员都称之为“管理者”。由于他们的地位或知识，人们期望他们在工作中能做出对现代效益有深远影响的决策。他们在知识工作者中并不占大多数，因为脑力劳动与其他一些领域一样，总还有一部分日常事务性的、不需要什么技能的工作。但在知识工作者中，真正起管理作用的人数的实际比例往往要比以往任何一个机构所公布的比例高得多。

人们已开始认识到这一点，这可以从不少经理和专业人员做出贡献后立即受到重视并得到奖励这一点上充分反映出来，不过到目前为止，对下面这一问题心中有数的人还不是太多。那么在最平常的组织里，到底有多少人正在做着一些重大而又不可逆转的决策？其实，知识的权威与职务的权威同样都是合法的，专业人员做出的决策与最高管理层所做出的决策性质应该是一样的。

我们现在都知道，就是基层经理也可以做与企业总裁或政府机关管理者同样的工作：调动积极性、计划、组织、综合和测定工作成效。基层经理管辖的范围也许相当有限，但在他的职权范围之内，他确确实实就是一位管理者。

同样道理，每一位决策者所做的事与企业总裁或行政机关负责人所做的事的性质是相同的，而不同的只是前者的决策范围也许相当有限。尽管他的名字和管辖范围没有出现在机构图表上，组织内部的电话本上也没有他的信息，但他确实也是一位管理者。因此，无论是第一把手还是初来乍到的新手，都必须要讲究工作效率。

管理者必须面对的现实就是管理者所面临的实际情况有尴尬之处：既要求他称职有效，又让他觉得很难做到这一点。除非他能刻意地在卓有成效上下功夫，否则他所处的环境将会迫使他做不成任何事情。

为了更好地理解这个问题，让我们先来看一下机构之外的知识工作者所处的实际环境。从大体上说，一个内科医生就不会有工作效率的问题。病人来找医生看病时，就已具备了使医生充分发挥知识效用的一切因素。与病人在一起的那段时间里，医生通常可以排除一切干扰，将自己的全部精力都花在病人身上。病人希望医生做什么，是一目了然的，至于事情是否重要，都必须围绕着病因来加以考虑。医生根据病人的自述来决定什么必须先做，什么可以缓一缓。医生的目标十分明确：恢复病人的健康，或者至少必须减轻他的痛苦。内科医生并不需要有什么组织能力，但我们很少听到他们在工作效率上会出什么毛病。

4.1.2 管理者经常遇到的四种效率不高的情况

这些情况是组织内在因素所造成的，与管理者的日常工作是分不开的。管理者出于无奈，不得不与这些不可避免的情况打交道。然而，每种情况都向他施加压力，将工作推向无效，使组织运转不灵。这四种情况是：

（1）管理者的工作时间往往只属于别人，而不属于自己。如果想从业务的角度给“管理者”下个定义，那不得不将管理者定义成“组织的囚徒”。每个人都可以跑来占用他的时间，而管理者本身对此却显得毫无办法。管理者办公桌上的电话铃一响，他就得拿起电话与企业的重要客户通话，要不就与政府的高级官员或自己的上司说话。于是，接下来的半个小时就泡汤了。

（2）管理者往往被迫按照“老一套办法”开展工作，除非他们敢于采取行动来改变他们周围的一切。日常生活中，常常可以听到这样的抱怨：企业老总或者其他高级管理人员仍旧在管销售或工厂的具体业务，他本应将时间花在提高企业的整体效益上。有时候，人们将这一不足之处归咎于如下情况：组织的管理人员通常都是从职能部门的专业人员中提升而来的，他们在担负起综合管理责任后并不能马上丢弃那些长期养成的习惯。其根本的原因还是在于管理者所处的现实环境，除非他刻意想改变这一环境，否则他的面前将会出现一连串要干的事情，这会让他忙得自顾不暇。

管理者会面临一连串事情却很少有人告诉他具体情况，更不必说向他提示真正的问题出在哪里了。管理者所面对的情况有时是非常复杂的，哪些事情是重要的，是管理者必须去做的；哪些事情只会分散他的注意力，并不是一目了然的。如果管理者被迎面而来的一连串事务所左右，一头扎进事务堆里，那他就会把自己的时光消磨在这些具体事务里面。即使管理者是个杰出的人才，但那样一来他的知识和才能肯定不能发挥作用，原本可以取得的一些效率也会丧失殆尽。管理者需要的是一些标准和管理工具，以帮助他识别哪些工作对他真正重要；哪些工作可以帮他提高效率；哪些工作有利于他多做贡献。但是在那一连串事务中间他无法找到这些标准和工具。

（3）第三种让管理者丧失工作效率的现实环境是因为他身处组织之内。这也就是说只有当别人能使用他的贡献时，他的工作才会有效益。组织是使个人力量增值的一种手段，个人的知识一旦被组织所吸收，它就可以成为其他知识工作者做好工作的动力和资源，甚至可以帮助他们开发出新的设想来。知识工作者通常不可能步调一致地在一起工作，因为他们搞的是知识工作，他们各人都有自己的专长，关心自己的事情。有的人也许对税务感兴趣，有的人或者迷恋于细菌学；而就在他隔壁办公的另一位也许只对成本会计中的一些细节感兴趣，要不只对政府所颁布的特许权的合法性问题情有独钟。他们每个人都需要使用别人的成果。

一般说来，与管理者的工作效率关系最密切的人往往不是管理者所能直接控制的人，他们往往是在其他领域里工作的人。从组织的角度看，他们只是“其他部门的人员”，或者他们是管理者的上级。除非管理者能主动地去接触这些人，使自己所做的贡献对他们能发挥某种作用，否则管理者就不会有什么工作效益可谈。

（4）最后，管理者身处组织之内，受到组织之局限。不管他的组织是企业、研究所、政府机关还是大学，管理者总是把组织内部的事看作是最实际和最重要的现实。如果他还要观察外界情况的话，那也只能通过厚厚的一组透镜，得到一些扭曲了的形象。外界正在发生什么，管理者很难得到第一手的情况。管理者了解外界情况往往是通过组织内部的报告，这些报告经过主观加工，已将组织内部的一些标准强加给外界的客观情况，往往变得非常抽象。

组织的成果往往借助外部对象来体现，比如当客户愿意以他的购买力来交换企业的产品或服务时，客户便将你的成本以及企业的努力转化为收入和利润。因此，企业的唯一结果是因客户的需要而产生的。客户是从消费者的立场出发，根据市场的供求关系来做出决策。如果客户是社会主义的政府，那它就会在基本上不考虑经济价值的前提下来调节供求关系，并从这一立场出发进行决策。不管哪一种情况，决策者都是企业外部的，而不是企业内部的人。

在组织内部发生的只是人工、物料等各种成本。我们喜欢谈论企业的“利润中心”或“成本中心”，其中人工成本显得越来越突出。为了实现既定的效果，如果组织不得不做的事情越少，那么它的工作效率就越高。如果要用 10 万人来生产市场需要的汽车或钢铁，这从根本上说是策划上的严重失误。企业的人手越少、规模越小、内部活动越有限，那组织就越接近于完美。组织存在的唯一理由就是为周围环境提供良好的服务。

这一外部环境就是我们今天所面临的真实环境，想从内部对这一环境进行有效控制是很困难的，充其量也只能由内外两方面共同作用才会产生结果。在商业上，人们可能通过促销以及广告等手段来影响顾客的价值观念及对商品的选择。除了出现像战时经济这样商品极端贫乏的局面外，顾客仍然拥有最后的决定权以及最有效的否决权和退货权。可是，对管理者来说，看得最清楚的是机构的内部。内部的事是他首先需要考虑的，诸如内部的关系、交往、问题和挑战，他还可以随时听到内部的不同意见及闲言碎语。除非他能做出特殊的努力，以使自己与外界保持直接的联系，否则他就会在内部事务中越陷越深，考虑问题只从内部事务出发。管理者在机构内的职位越高，就越容易被内部的一些问题和挑战所吸引，就越不容易看到外界的发展情况。

组织是存在于社会之中的一种人工制品，与生物有机体完全不同。然而它同样也要受到支配动、植物生长规律的制约：面积与半径的平方成比例，而体积则与半径的立方成比例。动物的体积越大，它所消耗的资源也就越多。

随着信息技术的快速发展，上述局面正在变得一发不可收拾。计算机只能处理可被量化的资料，且处理起来快速、精确、很少发生错误。因此，它可以向你提供迄今为止尚未获得过的大量信息。但是从总体上说，计算机目前只处理机构内部的信息，诸如成本与生产的数据、培训报告等。而关于外部的有关情况还缺少可用的量化形式，因此未能在计算机上加以处理，而到发现时却往往已为时太晚了。

关于外界情况，真正重要的并不是其发展趋向，而是这一趋向中的一些变化，因为这些变化最终决定了组织及其工作的成败。对这样的变化必须要有所察觉，但它却无法被计算、定义或分类。即便是做出来，结果还是那些数据，但这样的数据与实际情况已不相一致。

计算机及其信息化是潜在的最有用的管理工具和手段，但这种工具和手段只能反映已存在于眼前的情况，而管理者出于无奈不得不在组织内部生活和工作。因此，除非管理者能主动地去了解外界的情况，否则内部的事务会使他忙得无暇顾及外部的现实。

这四种现实环境是管理者无法改变的，它们是管理者赖以生存的必然条件。然而管理者必须明确：除非他能努力地去学习如何提高效率，否则他的工作将会是徒劳无益的。

4.1.3　如何使管理者卓有成效

卓有成效地不断提高效率，也许是大幅度改善管理者工作绩效、取得更大成绩、使工作达到令人满意程度的可行办法。

我们当然可以使用各方面能力更强的人，也可以使用知识面更宽的人。不过我们要承认在这两方面已没有太多的潜力可以挖掘。过不了多久我们就会发现，我们正在试图做一件不可能办到的事，或者是想做一件原本就是无利可图的事。我们不可能为此专门培养出一批新的超人来，我们还得用现有的这些人来管理我们的组织系统。

我们必须学会这样一种建设组织的方式：若某人在某一重要方面有一技之长，那就让他充分发挥这一长处。然而，如果我们一味拔高管理者的能力标准，那是没法提高管理者的工作绩效的。如果把希望寄托在全才上，那更是不会有任何结果。我们只有通过改进他们工作中必须使用的一些管理工具的方法来充分发挥人的能力，而不应该把希望寄托在人的个人能力的重大突破上，这一情况或多或少也适用于知识。不管我们是多么急需更有知识的管理者，但为实现全才管理者而做出的努力往往未能取得应有的效果。

很多年以前，当运筹学刚刚开始出现时，有些年轻有为的业内人士为未来的运筹学者开出了一张必须达到的条件清单。他们提出的要求是：他必须是一位通晓一切的、在各个知识领域都能完成高级和独创性的工作的广见博识者。有一份研究报告认为，运筹学者必须具备大约 62 门先进的自然科学与人文科学方面的知识。要真能找到这样一个人，并让他来做库存水平或生产规划方面的研究，倒真可能是天大的浪费。

经理的培训计划当然不会像培养运筹学者那样的雄心勃勃，但它也要求经理具备会计、人事、营销、价格、经济分析、行为科学等一大堆知识技能，他还要了解从物理学到生物学再到地质学等一系列自然科学方面的知识。我们当然也希望他们还能懂得当代的技术发展动态，了解现代世界经济和政府的复杂性。

其实上述的两个方面都是一个大领域。有些人把他们毕生的精力都花在某个领域后也不见得就能怎么样。一些学者只敢就其中的某一个领域里的某些细小方面从事专门研究，就是他们都不敢自吹自己已经获得了多少这方面的知识。

今天一些受过高等教育的年轻人有一个通病：不管他们是企业界的，还是医院或者是政府部门，他们只精通某项知识面很窄的专业，而对其他领域的知识知之甚少。作为一名会计师，他当然不必详细地了解人际关系学方面的具体做法；一名工程师，也不必去了解如何促销某个新产品，但他至少有责任要了解那些是什么样的领域，为什么要设立那些领域，那些领域想要完成什么任务。

不过这与全才专家可不是一回事。全才专家是没有的，而我们需要学会的恰恰就是如何充分发挥在某个方面有专长的人员的积极性，这就等于提高了工作效率。既然不能增加资源的供应量，那就只得设法增加资源的产出量。提高工作效益就是让能力和知识资源产生出更多更好结果的一种方法。考虑到机构的需要，管理者的卓有成效应该受到高度重视，它也是管理者完成任务，取得好业绩的必要手段。因此，使用6σ绩效评价工具，提高管理者的有效性理应占有更为重要的位置。

假如卓有成效能像音乐或绘画天赋一样是生来就有的话，那么事情就糟了。谁都知道，每个领域里有天赋的人总是极少数。于是我们不得不去找那些在效率方面有很大潜力的神童，对他们加以培养，让他们充分发挥自己的才能。不过以这种方式根本无法找到足够的人才来满足现代社会对管理者的需要。另外，如果卓有成效只是一种天赋的话，那么我们今天的文明社会如果还不至于一触即溃的话，那也一定会是非常脆弱的。大组织系统的文明取决于是否有大批能讲点效益、并有可能成为管理者的人。

假如卓有成效是可以学到的，人们也许会提出这样的问题：卓有成效应该包括哪些方面？我们应该学些什么？怎么一个学法？那是一种必须通过概念才能学到的知识，还是必须通过系统学习才能获得的知识？或是要像学徒那样学习才能学到一门技术？要不就是得通过反复实践来养成习惯？

卓有成效起码有两方面的意义：首先，当顾问只是做智囊，而没有任何权力，所以做事必须要讲效益，要不就会一事无成；其次，最有效益的顾问也得仰仗机构里的人来把事情做好。因此，顾问工作效益的高低就决定了他最终是否能有所贡献，是否能对别人有所帮助，还是只当一名光花钱而不起作用的宫廷小丑而已。

世界上根本没有什么“高效率者的共同个性”，称职的管理者的脾气、能力、业务范围、工作方法、个性、知识以及兴趣都是各不相同的。在他们中间，只有一点是共同的，那就是他们有把该干的事情干好的能力。

在很多卓有成效的管理者中，有的性格外向、善于交际；有的洁身自好、超然离群；有的甚至病态似的害怕陌生人。有些是发散创新，有些则是循规蹈矩者；有些是胖的，有些则很瘦；有些总是忧心忡忡，有些则悠然自得；有些视酒如命，有些则滴酒不沾；有的充满激情和魅力，有的则待人十分冷淡。其中有些人设符合“受欢迎的领袖”的标准，有些人却显得毫无吸引力；有些是学者，有些则几乎没有受过什么教育；有些兴趣十分广泛，有些除了自己的专业领域，对外界的一切一无所知从不过问；有些人虽算不得自私，但考虑问题时总以自己为中心，而有些人却慷慨豁达；有些人将自己的工作放到高于一切的位置，有些人的兴趣却在工作之外——诸如对公益工作、国学诗歌或对现代音乐感兴趣。在他们之中，有些擅长逻辑和分析，有些则相信自己的感觉和直觉；有些人做决策轻而易举，有些人在每次采取行动之前总要经历一番犹豫不决。

卓有成效的管理者有一个共同点，那就是他们在实践中都经历过一段训练，这一训练使他们工作起来都讲效益。不管他们是在企业里，还是在政府机关，还是在医院里或者是在大学里，不管他们是干什么的，这些训练的内容却是一样的。

无论一个人的才智有多高、知识有多广、有多么勤奋以及富于想象力，只要他没有做过这些训练，那么他在工作效益上总是有缺陷的。

从另外一个角度讲，讲究工作效益是一种习惯，是一套练习，是可以学到的。这一套东西看上去很复杂，其实十分简单。不过这些练习要做得好也并不太容易，那需要慢慢地养成习惯。就好像我们背乘法口诀一样，反复背诵，直到 9×9＝81 脱口而出，成为一种条件反射，成为个人的一个根深蒂固的习惯。这些训练就是要通过反复的练习来达到目的。也就是说，没有任何不让普通人通过练习来获得胜任某项工作的能力。若要将什么东西掌握到炉火纯青的地步是不容易的，那也许需要有特殊的天赋。但卓有成效所要求的只是能够胜任，它只需要做钢琴手们通常所做的那种音阶练习。

作为一个卓有成效的管理者，必须在思想上养成如下五种习惯：

（1）卓有成效的管理者必须懂得如何有效地利用他们的时间。他们会利用自己所能控制的点点滴滴的时间开展有条不紊的工作。因此，在绩效模块中有如何利用时间的描述，从侧面也训练了这种能力。

（2）卓有成效的管理者重视对外界的贡献。他们不满足于埋头工作，比较注意如何使自己的努力产生必要的成果。他们开始接手工作，不是立刻一头钻进工作里去，也不是马上考虑工作的办法和手段，而是首先问自己：“别人希望我做出什么样的成果来?”对于上司、平级、下级、跨部门以及社会的贡献描述中体现了这种训练。

（3）卓有成效的管理者善于利用长处，不光善于利用他们自己的长处，而且也知道如何利用上司、同事及下属的长处。他们还善于抓住形势提供的机会做他们想做的事。他们不会把工作建立在自己的短处，甚至相对是弱点的上面，也决不会去做自己做不了的事情。自我学习提升的维度描述体现了这种训练。

（4）卓有成效的管理者知道如何将自己的精力集中在一些重要的领域里。这样一来，上佳的表现便能结出丰硕的成果。他们会按照工作的轻重缓急，制订先后次序，重要的事先做，不重要的事放一放，除此之外也没有别的办法，不这么做必然会一事无成。时间既然是资源，这种资源如何配置最佳，在六个维度的绩效描述中都有具体体现。

讨论管理者的工作任务时，绝大多数都是从工作计划开始的，这听起来似乎很有道理。但是这种说法有一个毛病，就是在实践中不太可行。计划是纸上谈兵，只是美好的向往而已，很少能够真正实现。

研究表明，卓有成效的管理者并不一开始就着手工作，他们往往会从时间安排上着手，而不是从计划入手。他们首先要了解自己的时间到底是怎么使用的，然后再试图来重新安排自己的时间，削减那些花时间而又不产生价值的工作。最后，他们将自己可以支配的断断续续的时间汇合成大块的可以持续的时间单元。卓有成效的管理者懂得，时间是一个限制因素。卓有成效的管理时间工作的三部曲就是记录时间、管理时间、然后统一安排时间。任何流程的输出量都会受到最紧缺资源的制约，而在我们称之为“出绩效”的这条流程里，这一制约因素就是时间。

时间是一种非同一般的资源。在其他一些主要资源中，资金实际上还是很充裕的。不过我们原先并不知道，对经济增长以及经济活动产生制约的并不是资金供应不足，而是对资金的需求量不大。人才是第三种制约因素，但总还是可以雇到人才，尽管要雇到足够的理想人才并不容易。然而，我们的确无法通过租用、雇用、购买或者其他手段来获得更多的时间。

时间的供应是没有伸缩性的。不管需求有多么强烈，时间的供应就是这么多。它没法用价格来进行调节，也没法为它来绘制边际效用曲线。另外，时间稍纵即逝，根本无法储存，昨天的时间已是一去不复返了。所以，时间才是最短缺的东西。时间失掉以后是完全无法补偿的。在一定的范围内，我们可以用一种资源来替代另一种资源。比如，用铜来替代铝，用资金来替代劳动力。我们可以使用更多的智力，也可以使用更多的体力，但是没有任何东西可以替代已经失去的时间。

做任何工作都要耗费时间，完成任何工作都要耗费时间，时间是必须具备的一个条件。可是，绝大多数人都将这独一无二的、失去之后无法补偿的、干任何事情都不可缺少的资源并不太当一回事。要说卓有成效的管理者与其他人有所不同的话，其最大的区别就在于他们对自己的时间十分爱惜。人在如何使用自己的时间问题上往往有许多不足之处。在绩效描述的沉思过程中，恰巧能解决这个问题。

（5）卓有成效的管理者善于做出有效的决策。他们知道，要这样做首先要解决条理和秩序问题，这就是如何按正确的次序采取正确的步骤。同时，有效的决策总是在不同意见讨论的基础上做出的一种判断，它绝不会是“大家意见一致”的产物。他们认为在很短的时间内做出很多的决策，就难免会出现错误。组织真正需要的只是数量不多的决策，但它们却是些根本性的决策。组织真正需要的是正确的战略，而不是声势浩荡，但成果不显那一套。使用管理工具得出的结论辅助决策就是避免出现大的决策失误。

4.1.4　管理者如何有效决策

作为系统，以下五条是决策要素最为重要的特征：

（1）思想明确——如果问题是一般性的，那么就只能通过一项确立规则或原则的决策来加以解决。

（2）划定界限——划定在解决问题时必须要满足的界限，这就是所谓的“界限条件”。

（3）反复推敲——必须反复推敲什么是“对的”，解决问题的方案必须满足哪些条件。只有将这些问题考虑清楚之后，才可以考虑采取适当的妥协、让步以及适度变动等一系列其他措施。采取这些措施的目的，就是为了使决策能被大家所接受。

（4）落实措施——让决策变成可以被贯彻的行动。

（5）重视“反馈”——以验证决策的正确性和有效性。

作为一个卓有成效的决策者，他首先要问自己：“这件事情是属于常例呢，还是特例？这件事是否会引起一系列的其他事件？或者这件事只是一桩与众不同的特殊事件，需要采取特殊的措施来加以处理？”如果是常例的话，那就要用一般的规则或一般的原则来加以解决；如果是特例，那就只能用特殊的方法来加以解决。

严格说来，所发生的事情不只是常例与特例这么两类，往往会有四类。

第一类问题虽然属于常例，但其中所发生的有些事情仅仅只是一种征兆而已。

管理者在日常工作中所遇到的问题绝大部分都属于这一类。比如，企业里的库存决策实际上并不能算作真正的决策，因为那只是些变更性的措施而已，属于一般性的问题。在生产活动方面，这种情况就更为普遍了。一般说来，一个产品的管理和工程小组每个月大约要处理好几百件诸如此类的事情。然而，只要稍做分析，就不难发现其中绝大多数都只是一些表面现象，一些反映基本情况的表面现象。而在企业某个部门工作的流程管理工程师或者负责产品生产的工程师却往往看不到这一点。每个月他们所遇到的或许就是几次热水管或暖气片的接口出毛病而已。只有将几个月来工程小组所遇到的问题综合起来进行分析，他才能看清哪个才是带有共性的问题。只有在那之后，他才能明白设备的温度和压力太高了，一些或是连接各管道的接口需要重新设计，以便能让更大的流量顺利通过。但是，在做这种分析之前，他就没法看清真正的问题所在，于是只好花费大量的时间来修理接口，结果却往往劳而无功。

第二类问题对个别组织来说也许是个特殊性问题，但实际上却是个带有共性的问题。

如果一个企业已经接受与别的大企业合并，那么它就不得不接受其他企业的合并建议了。对这家公司来说，对于其董事会及管理机构而言，接受这种建议只能是一次性的。这就是一种特殊性的问题。但是，就合并这件事本身而言，那只是一种在企业界反复发生的、带有共性的问题。因此，在考虑是否要接受合并建议时，就要考虑某些一般性的规则，那就是要参照别人的许多现有的经验。

第三类问题是真正的例外情况，确实是特殊事件。

最经典的例子是1965年11月发生在美国东北部的停电事件。当时就被解释成一次意外事故，它使从圣劳伦斯到华盛顿整个地区一片漆黑。还有20世纪60年代初孕妇服用沙立多胺导致许多婴儿畸形，对这一悲剧，人们也说是一次意外事件。据说，发生这类事件的概率为千万分之一或亿万分之一，这种事情只要发生过一次，就不太可能再发生第二次。

但是，真正的意外事件是不常发生的。这样的事情一旦发生，那他就得问问自己："这到底是个意外事件呢，还是另外一类新问题的初次表现?"而这种新的一般性问题的初次表现恰恰就是决策程序必须要处理的第四类或者说最后一类问题。

现在我们已经明确，美国东北部的停电事故和沙立多胺药所产生的悲剧，都只是在现代电力技术和现代医药学条件下很可能会反复发生的故障的第一次表现罢了。对这种事故，只有找出某些通用的解决办法，才能有效地防止它们再次发生。

除了确实是特殊事件外，所有其他的事件都需要有一个通用的解决方案。比如一项规则、一项措施或者一种原则。一旦制订出这样的一条正确原则，那么我们对同一类型的问题的各种不同的表现形式，都有了一种有效的处理原则。换句话说，只要将原则运用到各种具体的事件上去就行了。但是，对真正的特殊事件，就必须进行特殊的处理。对特殊事件，仅仅运用原则是不管用的。

卓有成效的决策者往往会花费不少时间来断定自己要处理的问题是属于上述四种类型中的哪一种。如果将问题的类别判断错了，那么他的决策也肯定对不了。

第一类（也是最常见的）判断错误，便是将一般性的事件当作一系列的特殊性问题来处理。这也就是说，当他对问题还缺乏一般性的理解，思想上还没有一条处理问题的原则时，他必然就会采取一种实用主义的态度，而这种做法不可避免地会导致挫折和失败。

第二类经常发生的判断错误便是把一件新事情当作老问题来处理，企图用老规则来解决新问题。

第三类常见的错误就是对某些根本性的问题做似是而非的解释。

第四类错误便是对问题所下的定义不够全面。

以上的例子充分说明，断章取义的解释往往要比完全错误的解释有更大的危险性。所以，讲究效率和效益的决策者一开始总是先将事情当作一般性的问题来加以考虑。他总是觉得，一开始吸引他注意的往往只是事情的表面现象，而他所要寻找的恰恰是现象背后的实质问题。他并不只满足于解决表面现象的这类问题。

如果事件确实与众不同，那么有经验的决策者就会怀疑这件事是否将预示着某个新的潜在的问题，这件看上去与众不同的事件实际上是否只是某个新的一般性问题的首次外在表现。这也解释了为什么卓有成效的决策者总是试图在最高理念水平上去寻求解决办法。

有效的决策还必须对决策所要达到的目的有十分明确的说明。决策要达到什么目的？目标的最低限度是什么？实现目标必须具备哪些条件？这些因素在科学上被称之为“界限条件”。一项有效的决策必须要能满足这些界限条件，能够实现其预定的目标。

界限条件越是清楚和明确，决策有效的可能性就越大，实现其预定目标的机会就越多。相反，如果未能对界限条件做充分的阐述，那么不管决策看上去有多聪明，到头来肯定是效果不佳。

“解决这个问题，至少应该有哪些条件？”这通常就是探索界限条件的一种办法。要找出相应的界限条件并不总是一件容易的事，即使是聪明人对此也不一定会有一致的看法。

卓有成效的管理者心中明白，任何不考虑界限条件的决策，不但是无效的，而且也是不合时宜的。它甚至要比符合错误的界限条件的决策更为有害。当然，这两者都是错误的，但对后者人们往往还可以进行修正，而对前者这种不考虑具体情况的决定，它只能带来麻烦，除此之外它不会给人们带来任何好处。

对界限条件保持清醒的认识，这在实际上是极为必要的，因为它能提醒人们什么时候必须要放弃某个决定。

4.2 管理层次与管理方法

4.2.1 五种层次的企业

企业有五种层次，导入不同规模和模式，值得借鉴分析。

一是自己的企业，自己管理；

二是自己的企业，请人管，没有建立系统；

三是自己的企业，请人管，建立有系统；

四是规模企业，有事业生态圈的群存在；

五是规模企业，有明显的事业“家族”链存在。

企业走现代精益化道路，不同层次的企业应该有相应的社会乃至国际“门槛”，也是进入不同市场的“钥匙”。如下面的十七大质量体系认证的选择，你的企业应该涉及多少以及你了解多少?

（1）ISO 9000 系列的基本质量体系论证。表面看上去是文件的务虚，实际上是企业对于思路的整理。

（2）TWI 基层的督导训练或称为一线主管技能培训。

（3）汽车供应链的 TS 16949。

（4）德国汽车工业联合会的 VDA。

（5）实验室论证 ISO/IEC 17025：2005。

（6）信息安全管理 BS 7799。

（7）职业安全卫生 OHSAS 18001。

（8）ISO 14001 环境论证。

（9）SA 8000 社会责任论证。

（10）测量行业 TL 9000 论证。

（11）AS 9100 航空航天论证。

（12）ASME 核电质量论证。

（13）BRC 英国零售业标准论证。

（14）HACCP1 食品安全论证。

（15）ISO 13485 医疗质量论证。

（16）ISO 27001 信息安全主任审核员论证。

（17）IBR 印度锅炉压力容器论证。

精益化企业接收其中某类论证过程中，需要按照条文理清其核心业务流程和管理业务流程。CEO 通常自觉模范地做好流程中的一个节点，不游荡于流程之外、之上、之下，也不串游。如图 4-1 所示为从客户需求出发，到客户满意为止的操作标准化、业务流程化、管理制度化、流程节点与制度一一对应的可视图片。

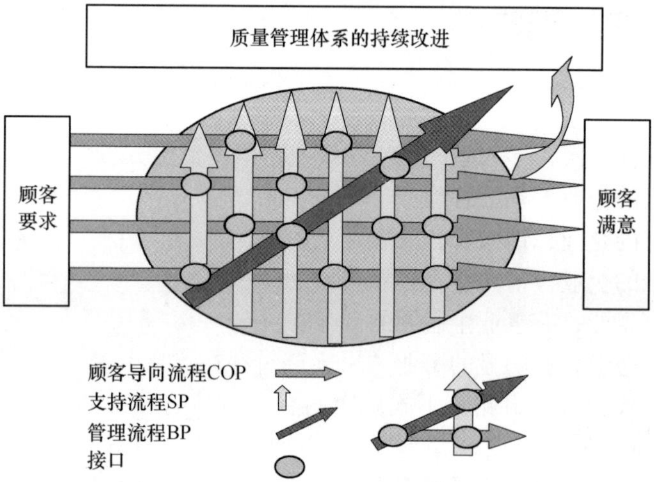

图 4-1 质量导向与认证

质量认证是实施不同层次精益化的典型。质量认证看上去是个文本工程，本质上是精益化企业的管理思路梳理。灵魂上看你是不是按照规矩办，有没有随意性。企业强大的过程就是要在系统体系中训练正规性与科学性。

4.4.2 企业与员工和客户关系的管理

管理大师彼特·德鲁克告诫我们："衡量一个企业是否兴旺发达，只要回头看看其身后的顾客队伍有多长？老员工俱乐部有多少人？老供应商来往人数有多少？就一清二楚了。"每一位企业家就是为其身后源源不断的客户队伍在孜孜不倦地开拓市场。但现实的情况又是怎么样的呢？结识了新朋友，忘记了老朋友；奖励了新客户，冷落了老客户；新客户在流入，老客户在流失。

就像一个"漏斗"，为了保持漏斗的一定盛水量（客户量），要弥补不断流失的老客户就要不断地注入新客户。仅仅堵住"漏斗"是不够的，必须更换经营模式：由以产品为中心转向以客户为中心，由推销产品转向营销产品。

对于现代企业来说，客户的满意和信任，是我们的出发点和归宿点。因此，客户投诉应视为企业资产而不应视为企业负债，高明的企业家应把客户投诉作为重要的资源来经营。如果认为客户不投诉是因为我们服务好那就大错特错了，因为大部分客户吃了亏也不会吭声，没有消息一定就是坏消息，客户早就离你而去。

例如，国内某企业的人力资源也有类似情况，春节期间大量招聘，培训规模宏大，秋季流出的人员比例高达30%，对于流出的员工也没有管理俱乐部，学了本事的员工成为企业的对立面。

现代精益化告诉我们，老客户管理、荣誉员工俱乐部制度、荣誉供应商制度都是企业的财富，企业用一切力量为本企业树立正面口碑，这才是大智慧。

4.4.3　企业顺境与逆境管理

企业管理故事一：

有一位农夫饲养的驴子不小心掉进了一口枯井，井底都是烂泥巴，所以驴子并没有受伤。但是，突然掉进一个黑暗与狭窄的空间，让驴子惊吓得号啕不已。农夫眼看无计可施，想到驴子年纪大了，将来没什么用途，不值得花大钱请人将它救出，于是决定放弃救援。同时，为了避免日后再有其他牲畜掉进井里，决定把这口枯干的井封住。于是他拿起铲子，一铲土、一铲土地开始往井中填。井底的驴子发现大量泥土从天而降，重重落在身上时，它意识到危机临头，自己即将被活埋，开始凄惨地哭嚎起来。农夫听了虽然心酸，仍咬紧牙关继续铲土，过一会儿，驴子的哀号声消失了。

为什么呢？原来每当铲进井里的泥土落入时，驴子立即将泥土抖落一旁，然后就站到泥土堆上。就这样原本要活埋驴子的泥土越堆越高，它就随之升高而离井口越来越近，最后在农夫无意的惊呼中，它成功地跳出井外。

在实际中，企业很有可能就像“井下的驴子”会面对各种各样的逆境。对于顺境和逆境的抉择，换一种方法，要摆脱一种思维，或者说再坚持一下，企业很可能会从逆境转变为顺境。无论如何要打开心智，用精益化的思路跳出困境，是完全有可能摆脱困境的。其实，企业管理者在遇到困难的时候需要有这种能力与心态。关键要打开心智，去坚持，熬到最后一刻钟。

企业管理故事二[1]：

有一个路人在屋檐下躲雨，看见一位和尚撑着伞走过。路人便对和尚说：“大师，请你普度众生一下好吗？请你带我一程。”和尚说：“我正在雨里，你在屋檐下，屋檐下没有雨，你不需要我度。”路人听了之后，立即走出屋檐，站在雨中对和尚说：“现在你在雨中，我也在雨中，你可不可以度我？”

和尚回答说：“我在雨中，你也在雨中，我不会被雨淋湿，因为我有伞遮雨；你会被雨淋湿，因为你没有伞。所以是伞在度我，我是不能度你的。如果你要被度，就请自己找伞吧！”

---

[1] 引用于网络管理故事。

说完，和尚便撑着伞走开了，留下那位路人悻悻然地躲回屋檐下。

和尚为什么这样呢？因为每个人都是自己生命的主人，必须对自己的事情负责。心理学有一个“舒适圈”的概念，是说所有人都活在一个无形的圈圈内，圈里有自己熟悉的人、事、物，做驾轻就熟的事很有安全感，所以感到轻松自在。但是当我们踏出这个熟悉的圈圈，就要面对陌生人事及环境的挑战，缺乏安全感，因此感觉不舒适，自然会想要退回到舒适圈内。

脱离舒适圈虽然很辛苦，但如果不刻意勉强自己跨出舒适圈，让自己有机会克服不同挫折与挑战，进步就会很缓慢，也没有发挥潜力，获得成长的空间。我们如果把那些天天落在自己身上的“泥土”，像工作压力、竞争压力、人际压力、财务压力等，视为帮助自己跨出圈圈的垫脚石，即使掉落最深的井底，也可借助这些“泥土”形成的土堆安然摆脱生于忧患、死于安乐的境地。适度的压力可以帮助人成长，企业经营者应学习善用压力管理来加速自我的成长，也应学习善用压力管理来督促伙伴成长。

企业即使今日无忧，也要步入现代精益化的轨道，不然将与百年老店无缘。现代精益化系统的作用就如同故事中那把可以度人的伞。

4.4.4 企业管理的先人后事

美国商人马歇尔费尔德认为：“那些购买我产品的人是我的支持者；那些夸奖我的人使我高兴；那些向我埋怨的人是我的老师，他们纠正我的错误，让我天天进步；只有那些一走了之的人是伤我最深的人，他们不愿给我一丝机会。”

我们从资料中了解到，在 IBM 公司，40%的技术发明与创造，都是来自客户的意见和建议。要从客户投诉中挖掘出商机，寻找市场新的买点，变废为宝，从中挖掘出金子。对企业来说，客户投诉是一种不可多得的资源。处理客户的投诉是一项相当复杂的系统工程，需要我们每一个客服人员始终秉承“客户就是情人”的理念，并贯彻执行台湾学者谢跃龙先生提出的五点建议：耐心多一点、态度好一点、动作快一点、补偿多一点、层次高一点。

所以，在客户服务的理念方面，建议我们客服人员不妨学习美国的一家汽车修理厂，他们有一条服务宗旨很有意思，叫做“先修理人，后修理车”。什么叫“先修理人，后修理车”呢？一个人的车坏了，他的心情会非常不好，所以我们应该先关注这个人的心情，然后再关注汽车的维修，“先修理人，后修理车”讲的就是这个道理。可是这个简单的道理却常常被许多客服人员所忽略。

企业的员工不培训，业务人员不培训，有劲也使不到一起，企业前进的动力就小。企业现代精益化把全体员工的精力聚集到一起，效果就非同小可，而人气不旺的企业就只有奄奄一息。

我们信服德鲁克的精英管理法则，也不排除戴明的全员管理的群众智能法则，用管理工具操作管理，不是用个人想象去随机管理业务。在企业内部管理业务中保持理性，在资源利用上与资源配置上注意不同的风格才是成功的王道。

4.4.5 企业管理的风险识别与机会

有一个非常经典的故事，说的是1977年美国策略管理学教授在EMBA期末考试时出了道考题，题目是“本田汽车应该跨入全球汽车市场吗?”其实，当时，日本的本田公司尚未开始生产汽车，但已有此企图与规划。而且，全球汽车市场已经呈现饱和状态，整个汽车市场竞争非常激烈，本田既无特殊汽车制造技术，又必须在竞争激烈的市场上，以大量资金和辛苦的过程布建汽车经销体系，实在是让当时的汽车同业与管理学界普遍看衰。所以，教授承认这道考题是“送分题”，明显已经知道答案，只要学生根据学理，将否定的原因推论、分析出来即可得分。相反的，如果有学生的答案是本田应该进入汽车市场，他的考卷将会得到零分。1985年，教授发现自己错了，不但本田汽车已经成功上市，在美国市场占有一席之地，他自己太太所开的车，竟然也就是本田的产品。

怎么回事呢?难道所有的策略管理学说的都错了吗?那些论证、逻辑分析都不管用了吗?还是本田公司有特殊经营能力，能够化不可能为可能吗?

事实上，策略管理学说没有错，错的是应用管理学说的人。运用同样的策略分析方法、工具，不同的人可能会导出不同的结论，差异在于“周边视野”，即企业在技术创新、改善客户体验等方面存在巨大的威胁，而这些威胁最初是从周边的弱信号中发现的。那么企业如何才能感受到这种信号，并对信号做出正确的认知。机会总是躲在风险背后，保守的决策者就像戴着眼罩的马匹，没有周边视野，当然只见风险，不见机会。积极进取的决策者，看机会胜于风险，只要衡量机会大于风险，并且风险是在可以承受的范围内，就会勇于前进，这就是周边视野的价值。

企业目标管理和个人目标管理有所不同。企业目标管理是以看得到的现况去拟订未来的目标。而个人目标管理，则是根据自己心目中的企图、愿景设定目标，然后寻找资源与方法去实现。两者的差异在于是否戴着眼罩，以致遮住周边的视野。任何人或组织，只要有旺盛的企图心、愿景、勇于设定目标，自然就会尽一切努力去寻求方法和资源以实现目标，同时也会有一些可用资源与助力自动向他们靠拢。

策略与宇宙一样神秘，策略中的精益化思想好比太阳系的中心太阳，使用管理工具的专业模块是环绕它的星球。但只有在精益化的道路上，提升自己的竞争能力，无论别人起步有多早，你也能把握机会赶上，甚至超越他们。早与晚不是最后决定因素，机会永远都是存在的。

第二部分　现代精益系统管理方法

现代精益系统由人的绩效导向去改善企业与社会的客观现场和日常行为，可落地的软件平台实施，它包括如下管理内容：（1）基础 6S 及其可视化并相应开展 QC、PM、JK 为主要形式的 OPL、OPS 群众智慧管理；（2）精益 6σ 的绩效导向评价管理；（3）团队建设管理；（4）问题管理；（5）系统可复制与倍增管理；（6）系统维护管理；（7）极限技术能耗管理；（8）微环境与安全管理；（9）成本中心管理；（10）质量管理；（11）项目化管理；（12）知识管理；（13）流程可分析再造管理；（14）TPM 全员设备管理；（15）LP 精益生产管理；（16）合作链管理（供应商与客户关系管理）；（17）决策支持。

软件在云端里，理念在业绩观里，基础在可见的现场里，指导在于因专注而专业的咨询组织。

5　6S 基础链条管理

企业作为现代精益系统是一个系统管理工程，如同一个爬坡的球，受到来自市场竞争和内部员工惰性等因素而形成的压力，如果没有一个制动力，它就会下滑，这个制动力就是基础管理。由此形成斜坡球体理论（图 5-1），该理论表明，企业

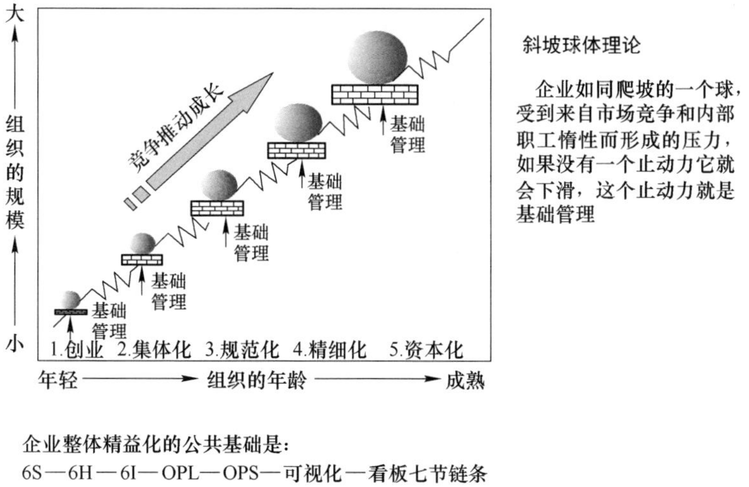

图 5-1　斜坡球体理论图示

成长得越大，基础越要厚实牢固。反之基础不牢，坍塌得越快。因此，企业现代精益系统就是要夯实这个基础，建立以 6S 为基础的链条管理：6S—6H—6I—OPL—OPS—可视化—看板化。这个链条的基本内容包括一些基本的内涵表达。

（1）6S：对应于“整理”“整顿”“清扫”“清洁”“安全”“素养”六个英语单词的首写字母。

（2）6H：对应于故障源、缺陷源、污染源、困难源、浪费源、危险源的六个源查找。

（3）6I：它是与 6H 对应的 6 项改善活动。

（4）O2 有氧活动：OPL 代表一点智慧课，OPS 代表一点好建议的传授活动。

（5）可视化表达：对于 6S 过程的标识、定置区界、堆放、摆放、悬挂影子、消防、管网、开关、人员动态、桌面、过道、仪表、阀门、点检测点、防松、防爆破、液位、弃物（生活、电池、电器、塑料与纸、金属）、逃离、安全微环境等利用彩色表达。

（6）看板化：对于六源查找、六项改善活动、O2 有氧活动的群众智能成果管理的公布性表达方式。

5.1　6S 管理

日本企业为了增强本身在国际上的地位及市场的竞争力，对企业在管理方面，制订了许多操作简单、效果明显的管理办法，其中“5S 活动”就是一例。它最早来源于日本丰田汽车公司在实践生产管理现场总结出来的宝贵经验。5S 是指整理、整顿、清扫、清洁和素养，因为用罗马字拼写其日语单词都为 S 开头，简称为 5S。随后在其他组织得到了广泛普及。因此，5S 活动成为日本企业推广、总结、普遍采用的一种有效的现场管理方法，已在世界许多国家得到推广应用。开展 5S 活动有助于改善生产现场工作环境，增强全体人员素质，是所有企业现场管理的基础所在，对提高工作效率、保证产品质量、降低生产成本、确保产品交货期，具有重要作用。5S 管理理论引入我国后，海尔等企业引入“安全”一词，发展成为 6S 管理理论。

6S 管理即整理（seiri）、整顿（seiton）、清扫（seiso）、安全（safety）、清洁（seiketsu）、素养（shitsuke），其中六个词的第一个日语发音都是 S 打头，总共有 6 个 S，所以称 6S。所谓“6S”管理就是：开展以整理、整顿、清扫、安全、清洁和素养为内容的管理活动。

整理（seiri）：将工作场所的所有物品区分为需要的和不需要的，保持需要的，清除不需要的物品。

整顿（seiton）：对所需要的物品有条理地定置摆放，始终处于所有人都能方便取放的位置。

清扫（seiso）：工作场所始终处于清洁干净，保持亮丽的环境。

安全（safety）：不导致人员伤亡、危害健康及环境，不给设备或财产造成破坏或损失。

清洁（seiketsu）：经常进行整理、整顿、清扫，始终使工作场所保持整洁状态，包括个人清洁。

素养（shitsuke）：自觉执行规则，养成良好习惯。

6S管理对一切生产型企业和服务型行业都适合。当然，能否取得好成绩是取决于许多因素的。如最高管理者是否有决心；推行者是否有经验；执行者是否坚持等。特别是对产品制造、使用和维修等行业，在产品生产、使用、维修现场，开展6S管理活动，对材料、设备、人员等主要要素实施控制和质量管理，对改善现场质量管理和人员的思维方法，提高组织全面质量管理水平，十分有效。

6S管理对于塑造企业的形象、降低成本、准时交货、安全生产、标准化、创造令人心情舒畅的工作场所、现场改善等方面发挥着巨大的作用，是日本生产产品质量得以迅猛提高，行销全球，立于不败之地的成功经验。

5.1.1 6S管理概述

5.1.1.1 6S管理的目标

（1）确保产品质量好，顾客满意，工作效率高；

（2）降低消耗和成本，增润创收；

（3）保证设备正常运转，延长寿命期、减少故障；

（4）创造良好的工作环境，消除安全隐患；

（5）现场目视化管理水平和持续改进的能力高。

5.1.1.2 6S管理的作用

6S管理的作用主要有树立企业形象、增强员工归属感、产品质量有保证、减少浪费、保障安全、保证交货期等。

（1）树立企业形象。整齐、清爽、明朗、洁净的企业环境，员工以此为荣，可以骄傲地向家人、朋友介绍自己的工厂；使大家都愿意到这样的企业来工作；良好的企业环境会有很多人到企业参观，使企业自身成为被学习的对象，提高企业的知名度、形象和口碑；使顾客对企业生产的产品质量放心，顾客乐于下订单，市场占有率相对提高，企业的竞争力也随之增强。因此，6S也被称为最佳的推销员。

（2）增强员工归属感。员工在明朗的环境下工作，心情愉快，有被尊重的感觉，进而提高工作积极性；员工热爱自己的工作岗位，有充实感、满足感，对自己的工作更愿意付出爱心与耐心；人与人之间、主管和部属之间均有良好的互动关系，工作气氛变得和谐；全员参与的6S活动，形成良好的企业文化，对企业以后的发展具有很大的推动作用。

（3）产品质量有保证。质量保障的基础在于做任何事都要认真，不马虎；员工上下形成做事认真的风气，产品质量自然有保障了；员工有了很强的质量意识，能够按照要求生产、按照规定使用设备，就能减少问题的发生；检测用具能够做到正确使用与保养，产品质量的合格也有了保证。发生问题时，立即就可以发现，及早发现异常必然能尽早解决问题，防止事态进一步发展，且所用的调查时间也少，从而节省了人力、物力和财力。

（4）减少浪费。6S活动可以节省消耗品、用具及原材料，减少工作场所的浪费、设备的浪费，可以使物品搬运容易、设备不易发生故障，需要模具、夹具、工具和刃具时，能马上把它们取出来，减少卡板、叉车等搬运工具的使用量；减少不必要的仓库、货架和设备；减少取出、安装、盘点、搬运等无附加价值的活动。减少寻找的浪费，节省工作场所，节省大量宝贵的时间，能缩短工时，提高作业效率。浪费的减少，自然会导致成本降低，利润也就会增加。6S能减少库存量，排除过剩生产；降低机器设备的故障发生率，延长使用寿命，所以6S可被称为“节约家”。

（5）保障安全。6S活动使得企业生产、工作现场舒适亮丽、流程明畅，地上不随意摆放不该放置的物品，全体员工遵守作业标准，遵守堆积限制，不会发生塌垛的事故；走道明确，危险点有保障物和警告，不会造成杂乱情形而影响工作的顺畅，物料一目了然，从而减少了意外事件的发生。同时，6S活动强调危险预防训练，每个人有危险预知能力，安全自然得到保障。

（6）保证交货期。为了遵守产品这种“输出物”的交货期，生产产品的人、物、设备、服务等的“输入”也必须规范地流转；清洁的现场增强劳动欲念，出勤率也会提高；因为购入的零部件是有是无，用眼一看就知道，所以零部件的迟延也没有了；设备故障也因为彻底的事前管理而不再发生；如果模具、工装夹具管理良好，其调试、寻找时间少，综合效率提高；6S能保证生产的正常进行，从而实现按时交货。

5.1.1.3　实施6S管理的要求

（1）最高管理者重视，身体力行开展6S精益管理工作。并从最高管理者、推进委员会开始，继之以中层、管理干部到生产现场，自上而下进行。

（2）6S管理要持之以恒，可成立一个“6S管理推进委员会”，广泛宣传，形成舆论环境，实现良性循环。

（3）6S管理要集中培训，经常教育，提高职工的自律意识。

（4）人人应该自觉遵守、执行规定和规则。

（5）对 6S 管理要定期进行评价和坚持持续改进。

5.1.2　整理

6S 精益管理的理念是：整齐、清洁与制度化的工作现场是制造高质量产品、杜绝浪费以及维持高生产能力的必要条件；也是实现工作现场整齐、清洁的有效工具；目的是要培养全体人员优良的品质、良好的作风、有序的工作；使组织整齐、清洁，工作效率高，产品质量好，安全无事故，实现精益生产。

所谓整理的核心工作就是将 6S 管控区内必需品与非必需品区分开，要的留下来，非必需品坚决果断地清除。

必需品：经常使用的物品，没有它就必须购买代替品，否则会影响正常工作开展的物品。即使是必需物品，也不可保存太多。

非必需品：在这个地方不需要的物品在别的地方或许有用，并不是“完全无用”的意思，当然也有需要报废的物品，应寻找它们合适的位置。

生产过程中经常有一些残余物料、待修品、返修品、报废品等滞留在现场，既占据了场地，又阻碍生产，包括一些已无法使用的工夹具、量具、机器设备，如果不及时清除，会使现场变得凌乱；生产现场摆放不要的物品是一种浪费，即使宽敞的工作场所，将越变窄小，棚架、橱柜等被杂物占据而减少使用价值，增加了寻找工具、零件等必需物品的困难，浪费时间；物品杂乱无章的摆放，增加盘点的困难，成本核算失准。当场地不够时，不要先考虑增加场所，要整理现有的场地，你会发现竟然还很宽绰！然后区分需要与不需要的物品，再对不需要的物品加以处理。在现场工作中，区分需要和不需要的工具及文件等物品，对提高工作效率很有好处，非常必要。舍去不必要的，便能轻装上阵，高速运转。整理要取得成效，需要有决心，不必要的物品应断然地加以处置，这是推行 6S 精益管理成功的第一步。

整理有一定的基准，不需要的物品也有一定的处理准则，在解决实际问题的时候，一定要按照这些准则来处理。

明确工作、生产现场要与不要的基准，基准要非常明确，并通过目视管理进行有效的标志，找出差距，利于改进。所谓明确工作、生产现场的基准，指的是到底在什么地方要与不要的判断标准，不需要的物品——处理掉；不太常用的物品——放在较远的地方，放保管室；偶尔使用的物品——安排专人保管，放保管室；经常使用的物品——放在身旁；拿来拿去十分花时间的物品——只留下必要的数量，多的物品放保管室。

不要的物品处理有三个原则、六个步骤、一个清单、一个处理程序。

处理不要的物品必须坚持三个原则：（1）有利于维护国家和企业利益；（2）

有利于企业管理和产品生产质量；(3) 有利于执行 6S 精益管理的有关要求。

六个步骤是：(1) 物品使用单位提出申请；(2) 技术主管部门确定物品的再使用价值；(3) 其他部门可否能用；(4) 财务、技术、管理部门确定当前市场价格；(5) 主管副职做出处理意见，经最高管理者批准后实施；(6) 由指定部门实施处理，填写“不需要物品”处理清单，并存档备查；

清除不要的物品的前提是要建立大的垃圾站，垃圾分类从这个时候开始，垃圾分类及处理方式包括（图 5-2）：(1) 生活厨房垃圾与庭院有机垃圾（燃烧发电）；(2) 可回收利用垃圾（资源再生）；(3) 厕所用物垃圾与难降解垃圾（掩埋处理）；(4) 废旧电池（独立回收）；(5) 化工有害物质（深埋密封处理）；(6) 废旧家电独立交付（专业处理）。

所谓“整理”的核心工作是要与不要彻底分开！

图 5-2　不要的坚决清除

整理的工期通常在两周内完成，时间长了犹豫不决，做不彻底。整理完成的时候要设问如下内容：(1) 我的区内是否已经没有一寸平面、一寸高度是多余的，也没有保管无用、长期不用、变质不能再使用的物品？(2) 我的区内是否已经不需有人去清点，保护那些无用的物品，每寸地方都是服从 6S 需要的？(3) 我的区内是客户随时到访的地方，需要绝对光明、整洁、通畅，全天候是否都是最规范的文明之地？

做整理的精神状态要求：无条件执行；工作无借口；细节决定成败；以上司为榜样。

做整理的过程会有极大的阻力，这股力量通常以“无端浪费”的理由在老板面前告状，让长期不用的物品无故占用空间。这里必须按照一年只用一次的才够边缘性保留，其他的物品不得占用 6S 管控区域。整理的表面是物品，本质是整体认识、理顺人心、考验老板、测试中层、打开心智、摧毁思维定式。所以说万事开头难，整理是首关。

5.1.3　整顿

整顿是研究提高效率方面的科学。它研究怎样才可以立即取得物品，以及如何能立即放回原位。任意决定物品的存放，并不会让你的工作进度加快，它会让你的寻找时间加倍；必须思考分析怎样拿取物品更快、更方便，建立完整、完善物品存储实施方案，同时让全体干部、职工在进行产品设计、生产、维护和操作过程中，都能理解这套系统，并坚决执行。

所谓整顿，首先需要看看有没有不需要的东西仍然存在你的 6S 管控空间里，确认后进入整顿阶段，工期为三周到一个月之间。就是将需要的物品按照规定的数量、定置、定位摆放整齐，明确地做好标志。

通过整理，工作现场留下的都是必要的物品。但是，如果这些物品毫无规则地乱堆乱放在工作现场，将会导致一些不良后果。如机器设备摆放不当，将造成作业流程不顺畅、增加加工件的搬运距离，耗费工时；原料、半成品、成品、修理品、报废品随意摆放会造成容易混料，产生质量问题；工具乱摆放，就会造成人员寻找时间增加，工具易损坏，使工作现场秩序混乱，降低了工作效率；整顿是提升效率的基础，只有通过整顿，才有可能提高工作效率。因此，6S 的第二步，就是要对通过整理后留在工作现场的必需物品，按便于使用的原则分门别类放置，进行定点、定位摆放，明确数量，并进行有效标志。

图 5-3 表明了整顿的工作内容：（1）对有用的物品进行修理；（2）将用久了的物品进行清洗，刷漆恢复本色或者符合彩色可视化要求的颜色；（3）将每件物品安顿一个家，无一例外；（4）将每个家用可视化手段色彩化、图形化、编码化、直观化；（5）以最方便为原则，在高度和平面上优化设计，首先能够震撼自己，再去震撼别人。

整顿有一定的要求，需要有整顿的位置和顺序：（1）通道。以画线来区分通道及工作区范围，使环境更加明亮整洁，不影响工作，以免堵塞通道，影响防火逃生，影响安全。（2）工具架。在工具架上的工具标明编号、名称，而且在放置位上也同样标明编号和名称，使工具摆设有秩序，并按常用的工具放在最容易拿取的地方，减少时间，减少误用、错用现象。（3）储货区。各种物品摆放整齐，远离通道，并有规定高度和位置，使不发生意外事故。（4）货架。同种材料、同种物品放在一起，并用颜色区分，放置整齐。

不整顿产生的浪费包括：没有标志导致寻找时间的浪费；摆放不合理导致效率低下；认为没有余量导致多买的浪费；现场混乱导致计划变更的浪费；没有定点、定位、定量导致场地的浪费。

整顿可以采取的一些方法：（1）针对物品的主要因素，用 5W1H 方法落实：Why（为什么要制订这个计划）、What（目的是什么）、Where（何时执行）、

图 5-3　安顿有序

Who（由谁负责执行）、When（何时完成任务）、How（结果如何），确定物品放置场所。(2) 合理放置，方便取放，规定摆放方法；作业对象是物流，取出和放回都要方便，提高工作效率。

整顿必须考虑和研究的问题。(1) 对有用的物品进行修理；(2) 要考虑设备、工具的摆放与工作过程、流程之间的关系；(3) 设置工作台、工具箱等，可适当考虑带脚轮可移动式的；(4) 货架、橱柜尽量透明化；(5) 将每件物品安顿一个固定位置；(6) 对重量重、体积大的物品放置在货架、橱柜下层，轻的放置在上层；(7) 使用频率高的物品放在易于取放的位置；(8) 现场的货架、橱柜尽量避免开合门；(9) 将用久的物品清洗，刷漆恢复本色或者符合彩色可视化要求的颜色；(10) 将每个家用可视化手段色彩化、图形化、编码化、直观化。

最后需要补充的是，整顿主要是基于人因工程学的指导，这个期间的效果要基本达到吸引人的有效注意力。因此整顿期间最好引入专业的 6S 团队，指导设计并施工一些自己无法做的内容。图 5-4 所示是班组员工休息室的茶杯及工具摆放方式，由此可见整顿的技巧与艺术性，故由 6S 团队精心设计适合微环境要求的艺术性美观的存放、摆放、挂放工具与方式非常重要。

5.1.4　清扫

通过整理、整顿，现场留下的都是必要的物品，并且这些物品已经按便于使用的原则，进行定点、定位摆放。但如果工作现场环境卫生状况不佳，垃圾、灰尘遍布，不仅会影响工作效率，影响产品质量，增加故障、事故发生的频率，而且会影响员工的工作情绪，影响企业的形象。在整理、整顿的基础上，需要开展

图5-4　茶杯摆放

清扫工作。通过清扫，将工作现场清扫干净，使其始终处于无垃圾、无灰尘的整洁状态。

确定清扫点与清扫周期及每日要清扫的点、每周要擦扫的点、每月要冲洗擦扫的点等。建立清扫制度，描述清扫规范供操作者使用。清洁站的建立、垃圾分类小桶的保洁方式、擦拭清洁跟随小车的使用、挤干桶与滴干拖把的挂放以及表面清洁的具体样貌都要做出规定。

清扫就是清除工作、生产现场内的垃圾、污物、异物，以保持现场应有的状态。也就是说：把工作岗位打扫得干干净净，变得无垃圾、无灰尘；设备保养得锃亮完好；创造一个一尘不染的环境。工厂所有干部、职工（含厂长）都应一起来执行这项工作，经常扫除，保持清洁。清扫并不仅仅是打扫，而且是工作中的重要组成部分，是要用心来做的。清扫要取得成效，关键要做到清扫的责任化、制度化。只有做到责任化，责任落实到人，清扫才能彻底；只有做到制度化，清扫才能持之以恒。

设备质量的好或坏与组织的清洁有着相当密切的关系，在一般人的印象中，“清扫”就是用扫把扫地、用抹布擦拭机器即可。其实，真正的“清扫”应是除了包括上述的最基本动作之外，工作、生产现场的地面、墙壁、天花板以及日光灯的内侧均要清洗干净，除了能消除污秽，确保干部、职工的健康、安全卫生外，还能在早期发现设备的异常、松动等，以达到全员预防保养的目的，借以提高工作效益、降低成本，使设备永远维持在最佳的运转状态下，进而生产出良好质量的产品。因此，可以说清扫就是点检。清扫的过程是清除工作、生产现场内的脏污，防止脏污的发生，保持工作、生产现场干净、明亮，创造一个明快、舒畅的工作环境，以保持安全、优质和高效率。

清扫不是突击性工作。所有人员（含最高管理者）都应一起来执行这个工作，最好能分配每个人应负责清洁的区域。分配区域时必须绝对清楚地划清界限，不能留下没有人负责的区域（即死角）。对自己的责任区域都不肯去认真完成的员工，不要让他担当更重要的工作。到处都干净整洁，顾客感动，员工心情舒畅；在整洁明亮的环境里，任何异常——包括一颗螺丝掉在地上都可马上发现；设备异常在保养中就能发现和得到解决，不会在使用中“罢工”。

（1）通道。通道上一定不能有垃圾、废料和脏污，要按照规定期限清扫，使环境更加明亮、清洁。

（2）工作间。每日清扫和整理工作间，特别是不易发现的墙脚、空调背后的卫生，一定要经常清扫干净，使工作环境清洁卫生，工具摆设有秩序，环境优美，工作心情舒畅。

（3）地面。地面一定不能有垃圾、水和脏污，防止意外事故发生。

（4）货架。要经常清扫和整理货架上的物品，使其清洁、整齐。

6S 精益管理的“清扫”不是指突击性的大扫除、大会战，而是制度化、经常化，每个人从身边做起，然后拓展到现场的每个角落。清扫的步骤如下：

（1）打扫地面、墙壁和窗户。包括清除垃圾、灰尘和油污，保持清爽的作业环境。

（2）标志区域和界限。按整理、整顿阶段的规定，划分作业的场地和通道，标志物品放置的位置。对空闲区域、小件物品区域、危险和贵重物品区域等应分颜色予以区别，按照要求进行清扫。

（3）杜绝污染源。最有效的清扫是发现和清除污染源。

（4）设备的清扫。被污染的设备易出故障，缩短使用寿命，要按规定对设备（包括工、夹、模具）进行清扫和维护。

（5）制订作业现场的清扫规程并实施。清扫可以按照一定的要求：1）清扫不是定期大扫除，而是每天必做的基本工作内容；2）擦拭对象包括工具、垃圾桶、一切栏杆、安全帽等；3）拖拭对象包括安全道、楼梯、走台、过桥板等；4）清扫阶段应建立规范文件并严格实施：工期大约二十天，摸索符合现场特点的清扫规范文件，纳入考核管理；5）划分组织内外的清扫责任区，责任到人，保证无清扫盲区；6）对区域、设备进行彻底的清扫，执行例行扫除，清理脏污；7）强化对污染源的调查、研究，并予以隔离和处理；8）实施点验，检查评比；9）清扫要有合理的清洁站（图 5-5）。

清扫表面是清扫环境，本质是清扫制度，核心是清扫观念。任何事情不做实，最终结果就是返工。6S 管控区，没有哪个地方是清扫规定的遗漏区。图 5-6 所示为美国建筑门口公共区域常见的马路提示。短短几个词，反映了其精神理念——“扔掉的捡起来就是了”。清扫与随手捡起垃圾是公民的基本素养，追求卓越的企业员工更应养成习惯。

图 5-5　清洁站

图 5-6　马路提示

5.1.5　清洁

清洁的主要目的是维持和巩固整理、整顿和清扫的效果，保持生产现场任何时候都处于整齐、干净的状态。也就是将整理、整顿、清扫进行到底，并成为一种制度和习惯；工作环境始终保持清洁、卫生、无污染、无灰尘、无废弃物，环境优美，全体人员工作在既安全又健康的环境中。

如果清扫是现场改善过程的措施，那么清洁就是保持改善成果的措施。总的来说，就是不断保持整理、整顿、清扫、安全的4S成果；使整理、整顿、清扫、安全工作规范化、制度化、经常化，将整理、整顿、清扫和安全进行到底，使全体人员自觉讲清洁、爱卫生，成为一种制度和习惯，并维持成果；同时，必须充分利用环境条件的不断改善和全面标准化，获得坚持和制度化的条件，从而提高工作效率。

清洁要取得成效，关键要做到三点：一是制度化，二是要定期检查，三是坚持。通过制度化，可以使整理、整顿、清扫、安全工作持之以恒；通过定期检查，可以发现存在的问题，实现持续改进；通过坚持，组织可以不断创新发展。实施清洁有相应的办法：

（1）标准化，制订专门的手册、文件和规定。具体包括：1）标准、手册内容明确，便于实施；2）制订工作现场的清扫程序、方法和清扫后状态；3）确立区域和画线的原则；4）设备的清扫、检查程序和完成后的状态；5）设备的动力部分、传动部分、润滑、油压、气压等部位清扫、检查的程序及完成后的状态；6）清扫计划、责任者及日常的检查。

（2）岗位规范化，明确清洁的状态。清洁状态的三要素：干净、高效、安全，具体包括：1）地面的清洁；2）窗户和墙壁的清洁；3）工作台上的清洁；4）工具和工装的清洁；5）设备的清洁；6）货架和放置物资场所的清洁。

清洁的核心是寻找维持整洁的长久性办法，让清扫成果体现得时间长度最大化，其要点包含以下几点：

（1）各种工具、门、窗、设备尽量不要盖盖、关门，以便于目视。

（2）制作各种标志牌，贴在相应部位。

（3）实施了就不能半途而废，否则又回到原来的混乱状态；制订各种检查表，定期检查，维持活动的成果。

（4）生产车间空气要清新，拥有良好的通风系统。

（5）特种工序现场要有抽气系统、防暴系统，确保职工工作安全、身心健康。

（6）设备、设施要有操作使用说明书、要有可视化标识，可视化标识是判断清洁效果的醒目记号。

清洁环境，首先要有最好的保洁措施。拿得出最好保洁措施的人必然是心智高洁、智慧的人。相对比而言，在企业的工人全身脏兮兮的，衣服、安全帽、鞋子都是污垢，全车间随处奔跑的人，不要认为他不怕脏，不怕累，而把他作为先进表扬。这种人本身就是污染源，从外表可以体现其工作的质量与效率都不会太高。一个优秀的员工，活干得漂亮，全身一定不会长时间很脏，因此车间主任一定要心明眼亮。

5.1.6　安全

6S 的第五个指标是安全，强调的是人的不安全行为，物的不安全状态，环境的不安全现象，这些不安全因素需要通过危险源普查的方式查找出清单，逐项进行整改。安全始于整理、整顿。可见推行 6S 精益管理中的整理、整顿，目的在于确保安全生产。企业成功的秘诀在于持续不断地、有系统地全面推行 6S 精益管理，在生产和经营管理过程中，强化安全意识，确保生产安全。现代化企业成功的经验还告诉我们：一个组织要发展，不但设备要精密、产品要优良，更加重要的是环境要优美、生产要安全。

安全即不导致人员伤亡、危害健康，不会给设备或财产造成破坏或损失。也就是说：企业的人员、设备及财产"无危无损"，状态良好。推行 6S 精益管理的目的在于确保作业空间人员、设备的安全；生产管理需求和水准的提高，需要整理、整顿、清扫、清洁、素养，着眼点也在于安全；任何一个组织、系统都必须安全；在安全、卫生的环境下，提高效率、保证质量、降低成本。人与物的"不安全"状态，本质是人机互相的致命影响与标识，容易出现安全事故的地点包括天车、楼梯等。因此，在此列出安全环境的八条概要：

振动噪声惹人烦，空气污染呼吸难；
男女老少体力异，脑力体力区分谈；
身材高矮差异大，作业空间要计算；
人机结合要设计，系统优化必权益。

对于安全工作的组织也提出十条概要：

安全管理要经验，工业工程专业席；
安全技术更重要，8 个专业要齐全；
技术措施是基础，改善环境保条件；
出了问题析主观，客观改进不等闲；
违规违制要严处，环境不良速改变。

为什么有一些安全部门的企业狠抓安全 40 年，仍然事故不断呢？回顾与调查表明：这些企业貌似抓了违章作业，违章指挥，并对其严肃处理，一票否决，周一例会痛哭流涕；班前五分钟，人员多，声势大，大小检查接连不断；人人会背诵安全若干不准的形形色色内容，安全处理人员面极广。这些做法看似很热闹，却没有效果的原因在于，分析主观宏观环境时没有深入分析客观微环境。从来没有人懂得"不注意是因为注意被转移"的科学道理。皮带、天车、惰性气体、跨越、送电等微环境的调查，测量清单从没有见过；隐患收集清单混杂一气；整改措施从无工业工程技术设计论证；40 年的有意识微环境改善活动几乎为零。响锤没有敲在鼓上，敲在了人的肩膀上而已。

6S 中的安全要求企业使用工业工程的技术进行专业的危险源普查，紧密结合岗位的具体人与特定微环境进行观察，分析，设计，调整人机最优配合的有利有效模式，让安全客观上变得有保障起来。

5.1.7　素养

素养（自律）就是干部、职工自觉遵守各项规章制度，并已经形成了习惯；

素养即行为美，工作环境整洁有序，组织风正心齐。也就是说，通过进行上述6S精益管理的活动，提高全员文明、礼貌水准，使每位成员养成整洁有序、自觉执行单位规定或规则的良好习惯，培养积极主动的精神，这就是素养。养成良好的工作习惯，做到“以厂为家、以厂为荣”的思想境界。

素养活动的目标是：培养好习惯、遵守规章制度、做文明礼貌高水准的员工，并营造团队精神。培养素养的要点：

（1）积极参与整理、整顿、清扫活动。

（2）认真贯彻整理、整顿、清扫、清洁状态的标准。

（3）养成遵守作业指导书、手册和规则的良好习惯。

（4）培养“自律”、提高一种素养，可灵活选用合适的辅助工具，如标语、标志、值班图表、进度管理、照片、录像、手册和表格等。

（5）通过“五五”普法教育和“八荣八耻”教育，培养自律，提高素养（通过政策法规教育、职业道德教育，培养自律，提高素养）。

对于规定了的事情，全体人员都要按照要求去执行。工厂应向每一位干部、职工灌输遵守规章制度、工作纪律的意识；同时，要创造一个良好风气的生产、维修工作场所，若绝大多数干部、职工对以上要求付诸实践，个别职工、新人就会抛弃坏的习惯，转而向好的方面发展。通过此过程，有助于人们养成优良作风和遵守规章制度的好习惯。

素养通常被约定为六个基本考核面：

（1）人际交往能力：团队合作、解决矛盾、对事物敏感性；

（2）领导能力：评估、反馈与培训、授权，激励、建立期望、责任管理；

（3）影响力：团队发展、说服力、应变能力、影响能力；

（4）沟通能力：口头沟通、倾听能力、书面沟通能力；

（5）判断和决策能力：战略思考、创新能力、解决问题能力、推断评估能力、决策力；

（6）计划和执行能力：准确性、效率、计划和组织。

素养能提高人的自我信息处理能力，使劳资双方的感觉更良好，在以上六个考核面的基础上，建立以下素养考核基准：

（1）行为规范共计30分。

发现下列情况之一者，扣30分：1）因违反工艺纪律、操作规程造成产品不合格或发生事故。2）发生质量问题或过错时弄虚作假，文过饰非。

每发现一例下列情况扣2~5分，扣完为止：

1）上班或开会迟到、早退，或开会交头接耳，打手机。

2）工作拖拉，不能今日事今日毕。

3）缺乏公德意识，随地吐痰，随手乱扔废弃物。

4）在不允许抽烟的地方抽烟。

5）发生质量问题不及时处理。

（2）团队精神共计30分。

发现下列情况之一者，扣30分：

1）未开展质量信得过的班组活动。

2）未开展QC小组活动和合理化建议活动。

每发现一例下列情况扣2~5分，扣完为止：

1）群众智慧活动不普遍，如QC、JK、EA、PDCA、DMAIC小组活动等。

2）不积极参与合理化建议活动。

3）未参与质量信得过的班组活动。

（3）服装与仪容共计20分。

发现下列情况之一者，扣20分：

1）多人穿着不整洁，不修边幅，或不能按规定穿厂（所）服，佩戴识别牌（证）。

2）多人在工作时间在不适合的场所穿拖鞋、背心以及短裤、超短裙等过于暴露的服装。

（4）日常6S活动与创新共计30分。

发现下列情况之一者，扣30分：

1）没有全面开展6S活动。

2）没有推行广告牌管理和零缺陷管理。

每发现一例下列情况扣2~5分，扣完为止：

1）6S活动缺乏人力、物力或财力资源。

2）6S活动遇到难题时不能解决。

3）看板牌管理和零缺陷管理存在漏洞。

4）6S活动成果不显著。

6S活动是个锻炼素养的平台，在6σ绩效评价中逐步表达素养的提升过程。

以美国垃圾回收中心的常态环境为例，送垃圾的人不用下车，其物品被工作人员分类置入各类小皮带上，自动化计量进度可以达到0.1磅，自己的车开到窗口即可得到现钱。各类物品价格都是高于购买时的成本价格。人人主动分类垃圾，送垃圾，自己不送就存入分类垃圾桶，每周有机械化的工具来自动收走。家庭如此，工厂如此，机关学校都如此，城市焉有不洁？所以在对待垃圾的问题上首先在于净化灵魂，素养在此基础上，再通过群众智能活动去学习使用改善的科学方法与学会使用一些基本的管理工具，人的言谈举止就潜移默化地发生变化。文明程度影响社会风气，一切就会更加美好。

综上，将6S活动的核心与要点归结起来就是六句话：

整理：取舍分开，取留舍弃；

整顿：条理摆放，取用快捷；

清扫：清扫垃圾，不留污物；

清洁：清除污染，维持整洁；

安全：消除隐患，预案在先；

素养：形成制度，养成习惯。

5.2　6H与6I

5.2.1　6源查找、6项清除与改善

6S管理活动是设备现场管理的行为规范，通过可视化和看板管理的支撑手段，将现场管理扩展到6源管理以达到消除隐患的目的，这样最终营造一流的生产现场。而6I就是与6H对应的6项改善活动。

5.2.1.1　6源查找

6H对应于故障源、缺陷源、污染源、困难源、浪费源、危险源的6个源查找。具体如下：

故障源：造成故障的潜在因素，如设备、操作、维护、维修、自然劣化；

缺陷源：影响产品质量的生产或加工环节；

污染源：灰尘、油污、废料、加工材料屑、有害气体、有害液体、噪声、辐射等；

困难源：难以清扫、清洗的部位；

浪费源：泛指任何不产生附加价值的事、物；

危险源：指潜在的事故发生源，对办公而言指影响健康的某些因素。

5.2.1.2　6源清除

清除6源的改善活动（6I）也十分重要，它可以尽量减少系统不安全的6个状态的发生。对于不同的源头一般可以采取针对性不同的办法。

对于故障源来说，由于故障的源头有很多，包括设备固有故障，操作故障，维护不当故障等，因此可以首先分析几种常见的故障源头，采用各种分析方法，了解故障的发生规律，通过合理、适当的手段来预防。

对于缺陷源来说，操作、设备故障、原材料问题、工艺切换等都可以对设备造成影响，因此可以针对不同的问题，采取针对性的措施来预防和避免。

对于污染源来说，可以激励员工自己寻找不同的污染源信息，以合理化的方式逐步清除。

困难源一般指难以清扫的位置，包括空间狭隘位置、污染频繁位置、危险的部位，这种可以采用专业的机器进行清理。

生产现场的浪费有很多种，包括加工浪费、库存浪费、等待浪费、搬运浪费等。这些浪费对于生产的影响十分重要，针对不同的浪费，各个部门都需要提出合理的方案来消除，这样浪费的影响才会得到削减。比如搬运的浪费，可以提出并规划合理的搬运路线。

生产现场的安全极为重要，潜在事故之所以会发生，可能与人的不安全行为、物的不安全状态、管理的缺陷、作业环境的缺陷有关。对于危险源，能够消除的风险一定要消除，确保设备安全，无污染材料的使用；不能够消除的要降低风险，通过安全防护装置，除尘、通风等技术手段减少风险；同时还需要规避风险，要加强管理，宣传安全知识，警示标志。

清除6源和6项改善如图5-7所示。6I可以以正激励为主，以班组为单元，采取竞赛的形式开展。“6源”活动主要以生产和服务性单位为主，各个部门做好活动的推动和6源问题解决的评价工作。按照企业的6源管理制度文件，先应组织学习和动员，激发员工参与查找和清除6源的热情，按PDCA模式实行闭环管理，使职工养成善于发现问题、分析问题、解决问题的工作习惯。活动的周期应定期统计，展示统计结果于企业内部网络平台、视板等。查找6源并能自主解决的，由各部门自定标准奖励；对需要立项解决的，由职能部门报企业审核，再按审批程序批准奖励。最后实施6项相应的改善措施。

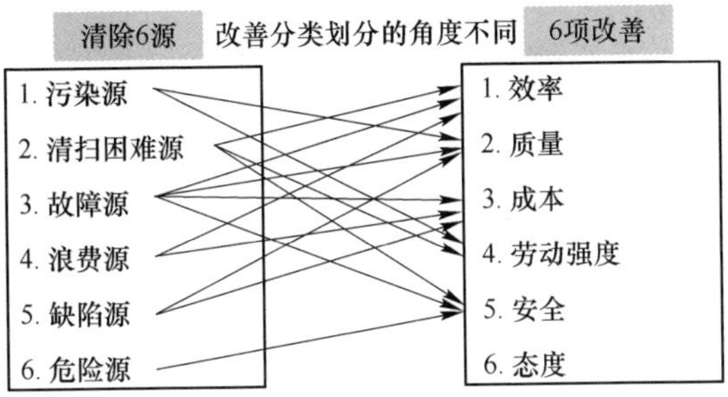

图5-7　清除6源和6项改善

5.2.2　与精益有关的7种浪费

生产现场的浪费是多种多样的，广义的浪费源包括制造过多的浪费、存货的浪费、不合格品重修的浪费、动作的浪费、加工过程的浪费、等待的浪费、搬运的浪费以及时间的浪费。

在生产现场，有“有附加值的”和“没有附加值的”两种活动。例如，当工人监视一台全自动化的设备运行，不管他多么专心地监视，都是“无附加值的”活动。还有一位维修工，走了15min，才到达故障停机现场。而该机器的操作工，从停机、联络维修部门支持，到机器修好，一共等了 45min，这个操作工在这 45min，都做了“无附加值的”活动。维修工对设备的拆卸、修理和安装才算是“有附加值的”活动。无附加价值的事物包括：

（1）制造过多的浪费。除了盲目生产、非订单式的计划，企业之所以会制造过多的产品或中间产品，主要是因为管理者担心设备会出故障、会生产出不良品或有其他意外发生。在准时生产体系中，过多的生产是最严重的浪费，因为它导致原材料、人工、设施、利息、存储空间、搬运以及管理成本的浪费。

（2）存货的浪费。所有的成品、半成品、零件及物料的存货，是不会产生任何附加值的。相反，存货所占的流动资产，存货需要的仓库、搬运、长时间存货造成变质、报废、在运输中的磕碰损坏、仓储、运输所占有的人工、设备（铲车、货车、堆高机），以及一旦遭受任何天灾（火灾、水灾）所造成的存货损失，都构成了浪费。

除了存货本身造成的直接或间接的浪费，重要的是存货让管理者有了“安全感”，从而放松了对生产现场，尤其是设备维护保养和产品质量体系的持续改善。只有存货下降到一定水平，设备故障、精度劣化、操作与维修的不规范以及工艺参数的控制、不良品的缺陷才浮出水面，才会引起管理者的重视。否则，管理者就认为，一切危机可以由存货来解决。

（3）不合格品重修的浪费。不合格品，如果无重修的价值，则经常被丢掉，这种浪费是明显的。如果有重修价值，又要付出重修的工时，虽可挽回部分损失，但浪费仍不可避免。

在当代高速、自动化运行系统中，不合格品主要是因为机器、设备的突发故障或精度的劣化造成的。有时不合格品反过来又会伤害昂贵的机器，产生连续故障。

（4）动作的浪费。所谓动作的浪费，即指无附加值的动作。在员工实施设备点检时，不合理的点检路线设计，既浪费时间，又无谓地消耗员工体力。员工对设备清扫、保养、润滑均应从动作的简化方面减少不产生附加值的浪费。一个设备现场的操作工，从发现故障隐患，到等待维修工来处理完，所需要的时间至少是自己处理时间的 4 倍。这也是实施全员参与生产维修的意义所在。

（5）加工的浪费。加工的浪费主要指无意义的加工环节，不产生附加值的加工环节。例如，一家空调机公司，因为其塑料件与主机装配部分位于不同的车间生产，为避免塑料在搬运过程中的磕碰损坏，先要将塑料件用薄膜包装，装入周转箱，然后运到总装车间生产线上，在上线之前要打开包装箱，从塑料薄膜里取出需要的塑料件。无论是塑料件的包装还是拆包，都属于加工的浪费。在企业里，常用的工具、配件不在现场，员工经常反复到库房领取，也造成了不少时间上的浪费。

（6）等待的浪费。操作者双手停止不动，就是等待的浪费。生产线不平衡、缺料、设备故障、维修时工具不合适、电源不匹配、等待备件，生产线的停水、停电、停汽、停气，等待上道工序、等待质量检查……所有这些等待都是一种浪费。TnPM 的规范要求把减少和避免等待浪费作为自己的目标之一。

（7）搬运的浪费。搬运的浪费是显而易见的，因为它不生产任何附加价值。然而，它几乎随着所有工厂的运营活动产生。之所以有那么多的搬运，是因为物流的分离、生产线的分离或离线作业。还有一些企业沉迷于上上下下起伏跌宕的输送带，这些输送带增加了搬运的浪费，消耗能源、大量轴承和润滑油脂，磨损了设备。不少输送带还不断地搬运着空气。更换设备上的工装、模具、刀具、夹具，由于缺乏优化的定置和规范化的程序，浪费了大量时间，也不断地产生着浪费。更换同一件模具，有的企业从模具搬运到生产现场，到安装、对中、调整、紧固需要两天的时间，在另外一企业因为模具就在现场，加上设计了辅助的安装、对中、调整工具，仅需要两个小时就完成，这就是差异。

5.3　OPL 与 OPS

OPL（one point lesson）即一点课，又名单点教材、一点教案，它是指由员工根据自身工作经验、技术的积累和工作过程中发现并解决了的问题，挖掘 OPL 课题，通过图文形式编写成教材，经评审后对班组人员讲解和培训，并将培训过的教材登记并公开展示，便于大家参考，最后编辑成册，统一管理。

OPL 能将员工隐形的工作经验和技巧，变为显性知识，并与所在相同工作岗位的人员一起分享，相互启发，相互学习，将知识转化为行动，让行动产生价值，以更好地服务于企业的工作，并建立企业知识分享文化，其具体的开展流程如图 5-8 所示。

OPL 类别可以分为：现场改善、操作技巧、设备维护、异常故障处理、其他。OPL 一般包括：设备结构知识、设备污染源控制方法、清扫困难源改善方法、故障隐患及安全隐患的解决方法、设备点检规范、设备保养规范、改善提案或合理化建议等。具体的课程是由岗位员工根据自己的经验技术来编写，并进行培训和评价，内容如图 5-9 所示。

OPS（one point suggestion）即一点建议，又称合理化建议、提案改善等，是指员工在生产（工作）过程中，就现行的工作方法、设备管理、质量及安全管理等向企业提出的有利于企业发展、改进和技术进步的建议。这是员工作为企业的主人参加企业管理，行使民主管理权利的一项创造性活动。图 5-10 所示为员工合理化意见登记表。

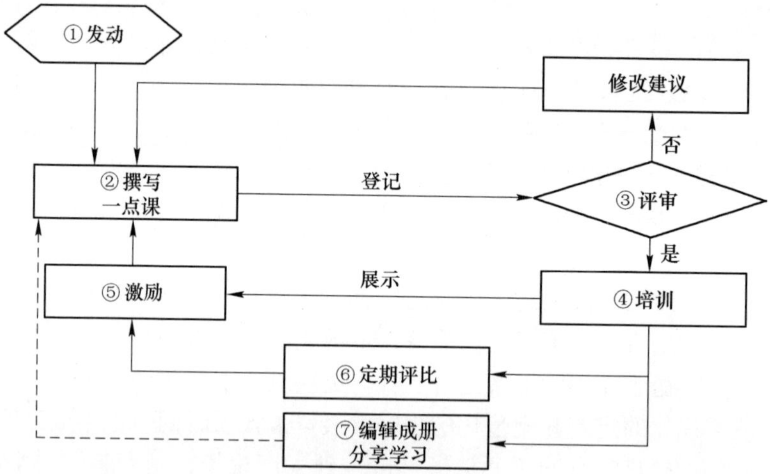

图 5-8　OPL 开展流程

编写日期			教案编号		
课 题			编者		
类 别	○现场改善　○操作技巧　○设备维护　○异常/故障处理　○其他				
部门		班组		岗位	
（课程内容）					
课程审核意见及审批人					
适合培训岗位		培训方式	○面授 ○传阅 ○观看视频	讲师	
受训者签名/培训日期	（提示：位置不足时请在背面签名并注明日期）				
培训评价	抽查　人，　占总培训人数　　%，抽查合格率为　　%。 培训评价结论：○通过；○需再培训；○需督促实施。 评价人员：　　　　评价日期：				

图 5-9　一点课表单实例

5.4　可视化与看板管理

5.4.1　可视化与看板化

通俗来讲，可视化就是将需要管理的对象清楚地表现出来，因此也被称为目视管理。通常使用图形符号、色彩表达或者醒目的安全标志来提示、指令、引导等。

建议人		岗位		提议日期	
存在问题描述					
合理化建议（1.方案/方法；2.所需材料、工具等；3.必要时附图说明，纸张不足请另加附页）					
预计达到的改善效果/效益（如节省多少金额、工时，或提高多少效率等）					
评审小组意见（可行性、实用性、经济性、安全性和时效性等）					
评审结果：□采纳　□不采纳　□保留 评审人/日期：　答复提案人的时间：					
实施日期：　主要实施人：					
实施结果：□达到预期效果　□接近预期效果　□没有达到预期效果					
实施结果描述： 验证人/日期：					
部门领导小组意见： 确认签名/日期：					
接收意见的部门意见： 年　月　日					
合理化管理委员会评审意见： 年　月　日					

图 5-10　员工合理化意见登记表

而看板化就是通过各种不同类型看板对 6 源查找、6 项改善措施以及工人相关信息、有氧活动的群众智能成果管理的公布性表达方式进行合理化的信息公布。可视化的表达有很多种，系统中有各种设定，如管道的可视化表达如图5-11所示。

图 5-11　管路可视化

对于 6S 过程的彩色表达内容（100 分）包括：（1）管控区标识 5 分；（2）定置区界 5 分；（3）堆放表达 5 分；（4）摆放表达 5 分；（5）悬挂影子表达 5 分；（6）消防表达 5 分；（7）管网表达 5 分；（8）开关表达 5 分；（9）人员动态表达 5 分；（10）桌面表达 5 分；（11）过道表达 5 分；（12）仪表表达 5 分；（13）阀门表达 5 分；（14）点检测点表达 5 分，（15）防松表达 5 分；（16）防爆破表达 5 分；（17）液位表达 5 分；（18）弃物表达 5 分（生活、电池、电器、塑料与纸、金属）；（19）逃离表达 5 分；（20）安全微环境表达 5 分。

5.4.2　看板管理

6S 活动中不可或缺的看板管理，也常常被错误的用来贴福利通知、工作通知、告示等。看板是指在 6S 管控区内的看板牌，其内容要求如图 5-12 所示。

要展示什么？

班组	车间	厂或公司
员工新填的6源查找表、明细表		
本班月趋势图（发现与解决件数）	本车间月趋势图（发现与解决件数）	厂月趋势图（发现与解决件数）
	各车间之间的 6 源对比图	
	班组之间的 6 源对比图	各车间的 6 源对比图
本班 6 源查找之星	车间 6 源查找之星	厂 6 源查找之星

图 5-12　看板

6S 活动看板牌作用包括：（1）OPL，OPS 的讲稿典范供大家学习；（2）QC 小组的 PDCA 分析过程材料供大家借鉴；（3）JK 活动的工会成员合理化建议内容供大家考虑；（4）AE 价值工程方法的使用与性价比改善设计的案例供大家参考；（5）6σ 的 DMAIC 定义、测量、分析、改进和控制的好案例供大家参考；（6）6 源查找的清单供大家去伪存真。

6S 活动看板牌可以广泛存放，但是福利相关的通知内容放食堂，工作通知、作息通知放宿舍的限制要坚持。不可使看板牌的重点置于 6S 之外。

5.4.3　6S 管理点问题清单

6S 管控区域的建设重点在软件平台的窗口如图 5-13 所示。

6S 管控区域的建立要抓住重点。核心生产线，核心车间，多层管控，要从建立明星工地、明星车间开始。基层建立的区域码送上层核准。企业要耐心地逐点建立与实施，建立一个，保持一个，不要半途而废。建立 6S 管理活动点的思考问题点列出如下：

（1）我们企业在 6S 管理活动的主要差距有哪些？是地、物的明朗化呢，还是人的规范化呢？

（2）造就我们企业 6S 管理活动效果不够彰显的原因有哪些？

（3）为什么日本企业到今天仍然认为 6S 活动是企业管理的三大支柱？

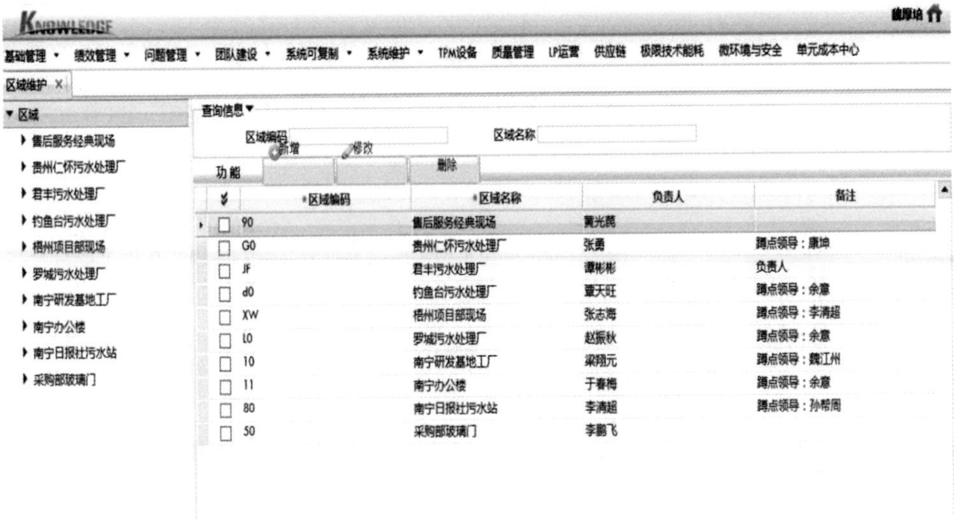

图 5-13　建立管控点的窗口

（4）我们是以怎样的心态、怎样的眼光进行自我现状诊断？

（5）清扫是简单的打扫问题吗？

（6）清扫点检作业指导书有哪些要点？

（7）如何利用“问题清单”帮助我们改善工作？

（8）如何避免 6S 活动成为一阵风潮？

（9）如何建立激励体系？创建改善平台？

（10）为什么说员工具备问题意识是 6S 活动成功的关键？

（11）怎样才能让我们的地、物均处在有形和无形的管理状态之中？

（12）你认为看板牌管理是简单作秀吗？

（13）你对“把现场当客厅”这样的主题活动有哪些感想？

（14）我们在思想上和做法上还有哪些误区吗？

（15）公司如何培养指责高手、被指责高手和感受高手？

（16）作为主管能做到常态自律吗？

（17）员工素养是如何提升的？

（18）你对精细管理、精准管理及精益管理的提升区别有何感想？

（19）现场做得不好是因为我们的素质差吗？

（20）一个连地、物都管不好的企业可能让客户相信它会制造出高品质的产品吗？为什么？

（21）如何将 6S 活动有效地和日常工作结合起来？

（22）我们现阶段能从哪一方面进行突破？

思考这些问题以后，建立 6S 管理活动点的思路必然豁然开朗。

6　精益系统绩效评估管理

绩效描述与评价非常重要，它具有导向功能。把人的思维行为导向何处，完全是绩效评价方法的驱动。我国企业的员工绩效评价还处于初级阶段，还有很多人为因素并不合理。企业从精益系统绩效评估管理出发相对科学和合理。廖建桥教授最早在《管理学报》发表的论文中，归纳总结了中国式绩效管理的四大特征：

（1）绩效至上。员工参与率高，考核频率高，指标高，而且评估后果很严重。

（2）结果重于过程。考核的科学性和准确性较差，对行政和研发的考核大多不尽如人意。

（3）评估重于发展，秋后算账重于指点迷津。对员工进行绩效反馈的企业不到 50%，而美国企业是 99%。

（4）与战略脱节。以偏概全、方法简单粗暴的绩效考核导致急功近利盛行，考核以短期目标为主、过于频繁、标准过高；员工的不公平感增加，导致组织公平行为减少。

依据这些特点，在现代精益化系统中，如果能设计一种方法，总能达到“任何人的业绩是自己日积月累，亲手写就的，不是别的什么人指手画脚下结论的”，那就是一个非常了不起的方法。

6.1　精益系统绩效评估

6.1.1　精益系统评估思想

精益指的是对企业的精益系统再次设计的过程，它的本质是根据评估找出企业实际存在的问题，针对这些问题找到新的设计方向和思想，并能够贴合人对事物的感官态度，发挥人的主观能动性，来探索和发现设计的本质。从一定的角度来说，精益设计不仅仅是对企业的精益化程度进行提升，而是更深层次地从另外的角度和思路进行再创造，使企业达到与原先完全不同的价值高度。

6.1.1.1　企业内部精益再设计

企业内部精益再设计是考虑一般情况下企业内部精益再设计，在企业内部运用精益化平衡理论、整体精益化与提升理论，结合中国式精益管理思想，综合考虑价值、效率及人文等因素，对企业的精益系统进行再设计。

6.1.1.2 企业外部精益再设计

许多企业面临市场不断变化与技术不断更新时，却还未能做出及时准确反应，最后走投无路，破产倒闭。企业外部精益再设计主要是在企业外部环境，在高度不确定的情况下，对环境动态性高低进行判定，在考虑市场与技术的动态性下进行精益设计。

针对精益不足的现象，考虑中国一些中小型企业的精益生产实施状况并不理想，无法长期维持其精益化的成果，提出了精益再设计流程框架。精益再设计流程框架如图 6-1 所示。

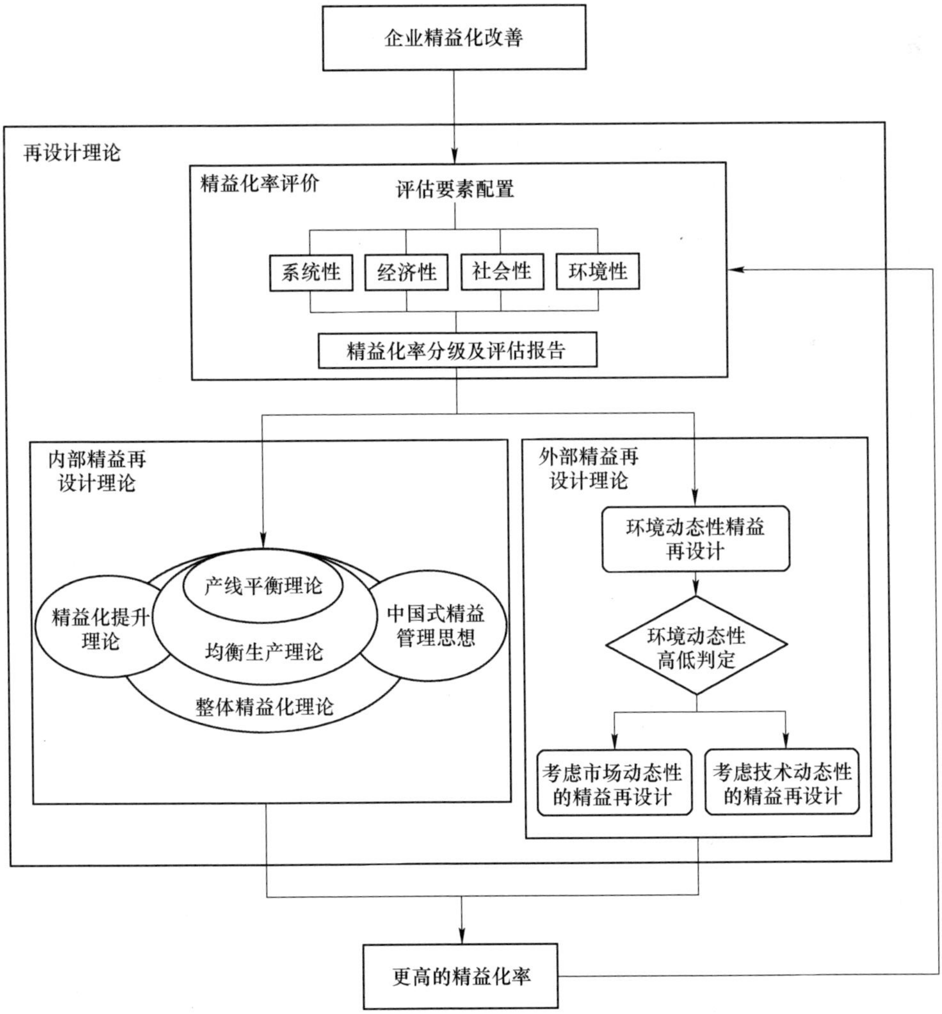

图 6-1 精益再设计流程框架图

6.1.2　精益系统的需求分析与评价工具

企业常用的精益工具，排名靠前的见表6-1。欧美精益化成熟的企业，这15种工具都普遍使用。国内有精益意识的企业已经开始使用5S、标准作业和可视化等精益工具。但仍有相当部分的中小企业还没有精益意识，未使用精益工具。精益发展状态可分为以下四个方面。

表6-1　常用的精益工具

基础工具	5S	Visual management 可视化管理	7 wastes 7大浪费	Problem solving 结构化问题解决	Standard work 标准化设计
运营工具	SMED 快速换型	TPM 全员维护	Jidoka 自动化	Lean clever automation 精巧自动化	Work place design 工作场所设计
管理工具	Policy deployment 策略部署	Genba work 走动管理	Value stream mapping 价值流程图	Material handling 材料流传	Autonomous teams 自主工作小组

（1）欧、美、日等精益化程度比较高的企业，面对全球化的外部环境，竞争压力和生存压力巨大，同时要应对外部的种种突发状况，有精益再设计的需求。目前，在其企业中普遍应用的精益工具多达10~15个，在外部看来，这些企业的精益化程度似乎足以满足企业的要求，过分地追求企业的精益化也不符合企业发展初衷。然而，在面对全球化趋势，市场变化等外部干扰时，整个企业系统的快速适应性显得不够灵活，现有的精益化程度在同行企业中已不具备优势，为了保持企业在市场中的竞争优势，对企业中已有的精益设计、精益生产等精益方式进行再设计就显得尤为必要。

（2）国企、外资等有精益意识的企业，实施了初步的精益化，但仍需要进一步提升企业的精益化程度。国企和外资企业是我国产业结构中支柱型企业，其企业经济效益事关我国经济发展，而企业精益化程度是经济效益的关键。虽然我国的国企和外资企业精益化意识萌发较晚，但经过最近几十年的发展，也具备初步的精益化，精益化工具在企业中的应用达到了5~10个，但就精益工具熟练运用的数量和精益程度方面，还有较大的提升空间。需要进一步提升企业的精益化程度，以确保企业在市场中的竞争优势。

（3）我国一部分中小企业、私企等劳动密集型企业，其精益概念尚未觉醒，技术相对低下，需要精益觉醒。就目前我国中小型企业的发展状况，企业的精益化程度普遍偏低，精益化工具熟练运用的数量严重不足，大量的企业没有实施精益化，甚至有些企业还没有精益化的概念。即使在实施精益化的过程中也存在着各种各样的问题，且企业在不断改变的过程中对自身精益程度重视不足或者判断失误。企业管理和决策者更希望看到的是企业的效益和成绩，其决策上的失误更需要精益再设计的理念来促进企业的发展。

（4）针对我国东南沿海地区经济发达，西北经济薄弱这一现象，不同地域的企业发展需要找到适合自身发展的思想和方法，精益再设计提供了一个很好的借鉴思路。对比可知，投资、出口和消费是东南沿海的发达经济主要动力，其产业形式主要是文化科技型相关产业，而西北经济主要依赖于传统资源型企业，例如煤炭、石油等。其产业形式的不同决定了企业的发展必须依靠不同的思路和方法，精益设计则提供了很好的借鉴。

6.2 精益系统的绩效描述

6.2.1 业绩描述

业绩描述是将核准后的评价分数汇总，由系统自动计算出统计的均值与方差的数值。长期坚持必然会有潜移默化的效果。全体参评人员业绩清单输出如表6-2所示。表6-3为某个人的绩效明细内容。

图6-2所示为业绩模块的界面。

图6-3所示为业绩描述增行界面。

表6-2 绩效汇总

全体参评人员绩效汇总统计表				
开始日期	2015-01-01		结束日期	2015-03-18
序号	工号	姓名	期间次数	期间平均西格玛值
1	001051	pby	5	4.79
2	001052	ks	5	5.10
3	001073	li	10	4.90
4	001074	xb	7	4.95
5	001085	zks	3	4.26
6	001096	xsg	6	4.93
7	001097	ydf	5	4.90
8	001108	q11	4	5.20

表6-3 个人绩效明细

个人明细统计表			
领导批示	整体效果很好，给予在例会上表扬		
姓名	李王伟（057754）	西格玛	5.17
开始日期	2015-02-01	结束日期	2015-03-06

续表 6-3

个人明细统计表		
考评项目	业绩描述	批准人代码姓名
主体流程业务的差错或指标 KPI	1. 下发公司专业工作计划及指标计划 2. 生产系统及部门各项指标均完成 3. 安排并做好节日慰问 4. 安排并做好部内空气、水质等环境监测	Wtyp（099277）
自我学习感悟与提升	1. 公司职代会提出部门作风建设新举措 2. 学习并推进部门职工绩效考评系统建设	Zkszk（022355）
跨部门的贡献	1. 与财务部门协调做好工程转换工作 2. 与股份企划部协调、争取到 2015 年的具体政策	Liuyh（085569）
平级沟通与帮助	1. 与 zuxiang 讨论基础编制相关改进意见 2. 与 sirsir 讨论维修整合	Whky（044166）
对上司的价值贡献	1. 向 zhou 提出减半改造建设获肯定 2. 年前维修组织得到表扬	Weky（085566）
辅导下属的发展	1. 主持开会了解基层对基准编制的意见，提出相应解决办法 2. 对检修文件修订提出指导意见 3. 指导成立技改项目组	Peliayu（007788）

工号	姓名	部门岗位...	部门岗位名称	考评日期	日西格玛值	月度西格玛值	年度西格玛值	出错机会数	状态
900048	冼安	90	桂润售后服务部	2016-03-26				45	待拟准中
900101	江新彦	90	桂润售后服务部	2016-03-25				33	待拟准中
500022	黄文基	50	桂润环保采购部	2016-03-24		4.64	4.61	37	待拟准中
700029	李伟棠	70	桂润环保研究部	2016-03-24		4.49	4.4	26	待拟准中
500020	李鹏飞	50	桂润环保采购部	2016-03-24				40	待拟准中
200010	陈喜艳	20	桂润环保财务部	2016-03-13		4.16	3.79	29	待拟准中
400017	雷华锦	40	桂润环保商务部	2016-03-24		1.8	2.13	17	待拟准中
400018	陈月婷	40	桂润环保商务部	2016-03-24				22	待拟准中
200011	卢航	20	桂润环保财务部	2016-03-14		2.25	1.82	14	待核准中
YF0063	梁翊元	YF	桂润研发基地	2016-03-12		4.6	4.27	21	待拟准中
L00090	赵振秋	LO	桂润罗城基地	2016-03-25				44	待拟准中
300016	秦小萍	30	桂润人事行政部	2016-03-24		4.13	3.92	21	待拟准中
300012	于春梅	30	桂润人事行政部	2016-03-13		2.84	4.23	46	待拟准中
900052	邓振辉	90	桂润售后服务部	2016-03-19				33	待拟准中

图 6-2　业绩模块界面

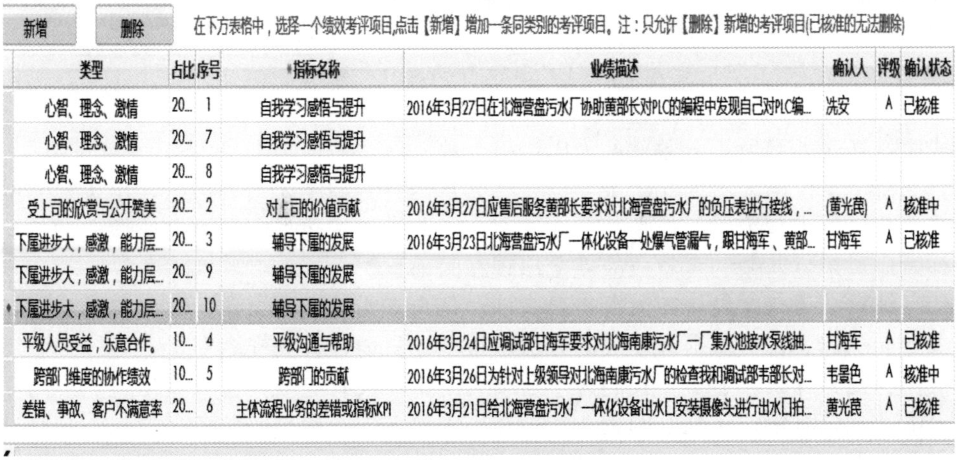

新增 删除 在下方表格中，选择一个绩效考评项目,点击【新增】增加一条同类别的考评项目。注：只允许【删除】新增的考评项目(已核准的无法删除)

类型	占比	序号	*指标名称	业绩描述	确认人	评级	确认状态
心智、理念、激情	20...	1	自我学习感悟与提升	2016年3月27日在北海营盘污水厂协助黄部长对PLC的编程中发现自己对PLC编...	冼安	A	已核准
心智、理念、激情	20...	7	自我学习感悟与提升				
心智、理念、激情	20...	8	自我学习感悟与提升				
受上司的欣赏与公开赞美	20...	2	对上司的价值贡献	2016年3月27日应售后服务黄部长要求对北海营盘污水厂的负压表进行接线，...	(黄光莨)	A	核准中
下属进步大，感激，能力层...	20...	3	辅导下属的发展	2016年3月23日北海营盘污水厂一体化设备一处爆气管漏气，跟甘海军、黄部...	甘海军	A	已核准
下属进步大，感激，能力层...	20...	9	辅导下属的发展				
下属进步大，感激，能力层...	20...	10	辅导下属的发展				
平级人员受益，乐意合作。	10...	4	平级沟通与帮助	2016年3月24日应调试部甘海军要求对北海南康污水厂一厂集水池接水泵线抽...	甘海军	A	已核准
跨部门维度的协作绩效	10...	5	跨部门的贡献	2016年3月26日为针对上级领导对北海南康污水厂的检查我和调试部韦部长对...	韦昙色	A	核准中
差错、事故、客户不满意率	20...	6	主体流程业务的差错或指标KPI	2016年3月21日给北海营盘污水厂一体化设备出水口安装摄像头进行出水口拍...	黄光莨	A	已核准

图 6-3 业绩描述增行界面

6.2.2 业绩描述维度

彼特·德鲁克分析企业的业绩和绩效的方法值得借鉴。他根据每个岗位的复杂程度不同，利用出错机会数作为分母项，利用 360 度的 6 个维度，环视范围内常态化确认下的业绩描述所得分数作为分子项，系统自动计算每个人的日、周、月的 6σ 数值来供人事部门使用。

指标名称中的 6 个维度包括：自我学习提升的维度；辅导下属发展维度；对于上司有价值的贡献维度；平级人员沟通维度；跨部门的贡献维度；KPI 关键绩效指标的维度。

一个大单位的全体员工每天都在系统中有排序位置，这对于劳资双方来说都是不言而喻的促进。

个人描述业绩的要求：自我学习的提高与日日新的感悟心得描述，有一条写一条，没有就空着。有多条，就利用系统的增行功能，在增行中写入多条。写好后，提交给能见证你这一进步的人去评价与核准。在见证人核准前，系统的智能功能已经为你的业绩做了预判，打出了分数，智能功能隐藏在通用代码库中，见证人证明情况属实就核准即可。若认为有出入就给予加分与减分的处理。系统在自动分数的基础上纳入人工的调整分数，最后的分数和就是计算 σ 值的分子项。其余五个维度均如此类推。

六个维度的权数配置通过实践推荐为：第一维占 15%，第二维占 20%，第三维占 20%，第四维占 20%，第五维占 10%，第六维占 15%。每个维度的维度分满分按 100 分制度。自我评价为优秀 A 时，分数区域为 99.9~90；自我评价为良好 B 时，分数区域为 89.9~80；自我评价为中等 C 时，分数区域为 79.9~70；自我评价为较差 D 时，分数区域为 69.9~60；自我评价为劣等 E 时，分数区域为 59.9 以下。系统的智能因子会根据你业绩的描述内容来实际判断其重复性、关键性、认真性、重要度并在本档区域内选择一个很确定的具体分数供计算 σ 值应用。

$$DPMO = M/N \times 10^6$$

$$M = 100\% - 评价分数\%$$

式中，M 为业绩所得分数；N 为出错机会数。

每个单位的人员如此记录业绩，那么自然就有顺序名次表可以输出了。它的绝对公平性出自绝对的规则性。大家都会为业绩去奋斗，于是西方所谓白领的电梯效应，东方蓝领的食堂效应就会出现在眼前。

绩效结果自己最先知道，符合人性。每个人为绩效而工作，不仅仅是为讨好领导而工作。每个人提升绩效的方法也很多，只要你肯去提高它。

我们为什么去上班，我们为了业绩去上班。没有业绩，怎么拿工资。混时间上的考勤只有精益化很差的企业才存在。因为它的待遇是按照考勤发的，全勤奖最为典型。

6.2.3 业绩描述模块的后台维护

绩效评价工作过程的维护问题，首先看平台系统维护中的三大菜单：资讯管理、用户管理、DC 系统，其窗口如图 6-4 所示。

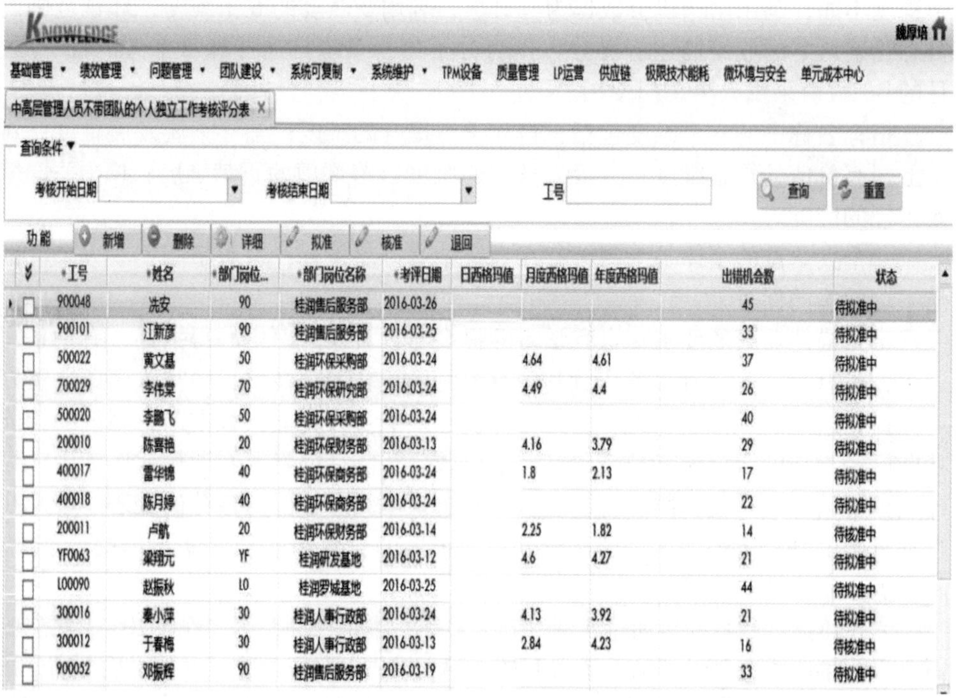

图 6-4 业绩描述窗口

资讯管理菜单中有14个子菜单：管理相关、角色管理、资源管理、资源维护、人员权限明细、群组管理、安全群组管理、程序关闭历史、权限分布表、权限转移向导、资讯使用统计、系统使用状态分析、BO方法分析、安全群组属性。

用户管理菜单中有4个子菜单：使用者账号管理、密码管理、部门组织管理、职位管理。

DC系统菜单中有一个子菜单：通用代码档（内容要保密），其中要定义出的东西有智能因子，A、B、C、D、E的定义维护，评价意见的标准可选用语言条目，其他供选择器用的自定义内容。软件工程师在这里要特别注意用法技巧。

岗位缺陷机会数明细由本人在导师培训指导下录入，通过增行、保存、删除页签完成。

总缺陷数提交后由拟准，核准，退回页签完成。撤销核准页签备用。

业绩描述通过新增行实现，在运行详细命令后，按照提示的维度内容描述，选择知情的评价见证人向他提交。

每个人描述自己业绩的同时最好处理完别人提交来的业绩见证意见。及时答复处理别人的提交也是职场美德。

这些流程彻底将绩效评价是人力资源部门的事情改变为全员和纵横交错，无人为边界的事情。人力资源部门只要从系统中打印需要的结果表来利用即可。这里就显示出了无矩阵的层级束缚管理特点，取代他的是人人均为主动态的辐射状管理，无束缚的一对一，高度扁平化，高度柔性。

6.2.4 出错机会数

出错机会数的登记思路为：如果你负责信息系统的登入指标，其中由你输入与登录的数据个数为A1；你需要阅读审理的数据以百为单位的个数为A2（物料号以千为单位的个数为A2）；你直接管理的人数为A3；你直接管理的生产分厂数为A4；你直接管理的生产线数为A5；你必须负责的检测设备台套数为A6；你必须参加的有规律的例会个数为A7；你必须收阅的文件、报表种类为A8；你必须长期保管的资料档案种类为A9；你必须按时报出的报告、报表种类为A10；你必须负责清扫的6S区域个数为A11；你必须负责准备的公共活动种类为A12；你负责领导的团队个数为A13；你必须负责长期需要统计的系统外的报表中的数据个数为A14；你必须面对的管辖你的直接上级领导的人数为A15；临时交办工作每人都记为A16=1。

总之，人、机、料、法、环、测这六个方面都做具体分析测算，把上述系列的全部加起来，就是你本人的出错机会数N。将上述逐项填入系统平台的电子表中，提交到上层接受咨询指导后，进行拟准、核准，原件存档保管。

6.3 企业员工绩效描述实例

以美国某企业员工绩效描述为例。职业兴趣和职业目标是主要的关注点，如图 6-5 所示。职业兴趣包括近年职场规划、主要拓展的技能、达成时间等，这对应于系统中的自我学习提升维度。

<table>
<tr><td>Line Manager Salila Agbayani</td><td colspan="2">Organizational Unit MDGSAE7D1000</td><td>22.08.2016</td></tr>
<tr><td>Development Goals</td><td>Actions</td><td>Complete By</td><td>Status</td></tr>
<tr><td>To look for ways to build technical knowledge as a SSUS in addition to expending my knowledge in the area of quality and compliance so i can grow an develop within this role and Share that knowledge with US CCO community</td><td>1. lean SOPs, GCP and regulations to capitalize good practice to clinical operations
2. Communicate with APTS to learn more on quality maintenance
3. Strengthen awareness of clinical quality control by self</td><td>31.12.2018</td><td>In Process</td></tr>
<tr><td colspan="4">Linked Commitment</td></tr>
<tr><td colspan="4">Employee Comments:
1. I review company SOPs, read FDA regulation and ICH-GCP to better understand the requirements towards clinical trials and best practices. I spend 1-2 hours on this reading per week
2. I go to complete the reading of two books regarding Quality Assurance during my maternity leave.</td></tr>
<tr><td colspan="4">Manager Comments</td></tr>
</table>

图 6-5　职业兴趣

发展目标包括采取的行动、完成时间、目前状态等，见表 6-4，这同样对应于系统中的自我学习提升维度。

表 6-4　发展目标

<table>
<tr><td colspan="4">发表目标表</td></tr>
<tr><td>姓名</td><td>李冬冬</td><td>领导批示</td><td></td></tr>
<tr><td>开始时间</td><td></td><td>结束时间</td><td></td></tr>
<tr><td>项目</td><td colspan="3">具体事项</td></tr>
<tr><td>公司要求</td><td colspan="3">1. 项目启动协调运行
2. 项目中要不断学习，提高自己的综合能力
3. 积极主动，富有思考
4. 团队意识，合作默契</td></tr>
<tr><td>当前状况</td><td colspan="3">1. 逐步学习，缓慢适应
2. 努力完成新的项目要求</td></tr>
</table>

续表 6-4

发表目标表	
采取的行动	1. 培养团队意识 2. 学习新的项目知识，和上司沟通，和下属交流
自我评价	1. 项目能够完美启动运行

在实例中还应对于工作表现、项目启动及完成状况和年度总体评估进行适当的描述。这样员工能够全面地反映自己的工作状态和能力，企业也能够加深对员工的深入了解和管理。

工作表现的描述要求需要根据针对工作职责中公司的要求，具体应该包括：对应于系统的跨部门贡献维度；新研究中心的认定与创新对应于为上司提供有价值的贡献维度；招募受试者的情况对应于辅导下属的贡献维度；合同谈判与预算情况对应于 KPI 维度。

实际中每一种客观的描述都对应有不同的维度。包括客观目标数据中含培训与依从性情况对应于感悟与提高维度；项目启动与完成情况对应于 KPI 维度；项目具体成绩（试验中的筛选情况）对应于 KPI 维度；年度表现总体评估描述对应于绩效表中的总体评估。这样，企业就做到从不同的维度对员工进行系统全面的绩效描述。

相比之下，中国的制造企业面临诸多问题，如产品种类多、定制化程度高、需求波动大、交期短，不具备一般精益的大环境；供应商基础薄弱，制造工程和工艺力量不足，导致生产输入不稳定；中层管理人员短缺，队伍年轻，能力参差不齐。一线工人的流动性高，经验不足，基本职业素养尚在培养之中；基本制度和流程不健全，管理工作无法细化，改善缺乏固化的载体等。总结国内外关于精益评价或精益实施绩效研究，对我国企业精益绩效描述与评价有借鉴意义。

7　团队管理

7.1　团队的分工与合作

先讲一个故事：

深山里住着一位猎人，养了三只动物，分别是老鹰、猎犬和马，每次出去狩猎时都带着它们同行。这三只动物分工明确，老鹰负责从空中寻找猎物，猎犬负责追逐猎物，马则负责载着主人追赶猎物，然后将猎物驮回家里。

它们一向表现优秀，彼此合作无间，从来没有失误过。猎人也按照它们的表现每天发给食物犒赏，日子就这样一天一天过去。有一回，猎人在狩猎过程中受了伤，需要休养一段时间，于是将三只动物叫到自己床前，说："我这阵子不能出去打猎了，但我们还要生活下去。我看你们已经配合了很多年，今天就自己出去打猎，也不用找大型的动物，找一些野兔、狐狸之类的小动物就行了。还是和以往一样，老鹰负责寻找猎物，猎犬负责捕捉猎物，马将猎物驮回家。你们各自做好自己的工作就可以了，回来后我会按照你们的表现奖赏食物。"

三只动物出发了，由于它们之间一向分工明确，所以也不用多说，按照各自的方式开始行动。老鹰飞上天空后，发现丛林中有一只兔子，立刻告诉猎犬，猎犬按照老鹰指引的方向飞奔而去，马跟随在猎犬后面。老鹰仔细观察，发现兔子向西跑去，就提醒猎犬说："注意！注意！兔子向西跑了！"猎犬向西追去。"兔子向南跑了！"猎犬又向南追去。兔子不断变换奔跑的方向，猎犬距离兔子越来越远。老鹰想："这样哪能抓得到呀！"于是，一个俯冲，将猎物抓住带上天空，再使劲从空中摔下来，猎犬一下子冲过去，咬住兔子，叼着回家了。

猎人很高兴，也没有询问打猎的过程，就按照出发前的承诺发放了食物。晚上，三只动物相互埋怨起来。猎犬说："老鹰，你的工作是寻找目标，用不着管我的事，你去抓兔子岂不多管闲事？要是主人知道了，会觉得我没有做好呢。"

马说："猎犬，运送猎物是我的工作，你干嘛自己把兔子叼回来呢？"

老鹰说："我好心才帮你的，要不然你怎么抓得到兔子？"猎犬又说："我的事不用你管，要是出了问题，你负责？"马接着说："猎犬，这也是我想要对你说的。"老鹰说："好，那我们各司其职，我负责发现猎物与指引方向。"猎犬说："我负责抓猎物。"

马说："我负责运回猎物。"

咱们谁也别管谁。幸好主人没有问我们怎么抓到兔子的，要是知道了，你老鹰发两份食物，猎犬发一份，而我却什么也没有，只有看你们吃的份了。

第二天，三只动物又出去打猎了，大家互相不说话，按照前一天晚上的约定开始工作。老鹰飞上天空，发现树林里有一只兔子，就向猎犬发出信号。猎犬按照老鹰的指示去抓兔子。

就在要抓到的那一刻，突然旁边窜出一只狼，和猎犬扭打起来，猎犬身上顿时伤痕累累。老鹰想：要不要去帮猎犬呢？帮它，说不定会被骂；不帮，不但抓不到兔子，猎犬可能还会受伤。可是一想到昨晚的怨气，老鹰决定还是不要去管“闲事”。

马这时候也看见了，心想要不要去帮猎犬助阵呢？但一想起昨晚的事，它也决定不去“趟那池浑水”。于是，猎犬独自和狼奋战，最后虽然胜利地赶走狼，却也伤得不轻，因此当天三只动物空手回到了家。

主人见它们没有带猎物回来，加上猎犬伤痕累累，问明原因后，把它们三个家伙痛骂一顿，还罚它们挨饿一晚，不给任何食物吃。三只动物难以理解地摸着自己的脑袋，心里开始嘀咕：“各司其职，明确分工很好嘛。”

分析：老鹰错了吗？它以前主动帮助过猎犬，但猎犬不领情，老鹰好像没有错。猎犬错了吗？它觉得自己的工作应该自行负责，如果他人帮忙，出了问题，自己还是要负责，猎犬好像没有错。马错了吗？它完全遵守自己的职责，也没有错。那是猎人的错误吗？他给每只动物适当的分工，要它们各司其职，并且按照它们的工作成绩发放食物，鼓励它们做得更好，应该也没有错啊！那如果大家都没有错，问题究竟出在哪里呢？

这个故事告诉我们，法规无法清楚界定分工与合作的界限与情境，而有赖于当事人发挥高度自觉，主动判断自己应有的作为，这就牵涉到个人的态度。

至于正确态度的养成，应是奠基于个人天生的人格特质，以及后天的团队文化潜移默化，加上领导人以身作则带动部属而效法的作用，绝非教育训练、规章条文、政令倡导等显性的作为所能奏效的。

团队是创造价值的唯一途径，唯有团队力量才能让企业效能得以完整发挥，创造高价值的企业竞争力。

IT 业的实践如此，制造业的道理也是如此。个人劳模的活动虽然有影响效果，但 QC 小组的群众团队智慧在日本的实践效果有目共睹。而美国的 6σ 方法主要是发挥精英团队的作用，在精英团队中的人文关怀是一般人不可想象的，早年如“baby shower”这类的活动，大陆闻所未闻。因此，个人的智能放在团队中应该调配使用，达到效果最佳。有时个人要超水平发挥，有时个人要收敛水平去配合团队以确保效果。

7.2　团队管理模块应用举例

图 7-1 引用某个特大型企业关于对于员工的认知图片，来说明企业现代精益化系统将会更加重视对于人的培训与人的智慧管理与调配。

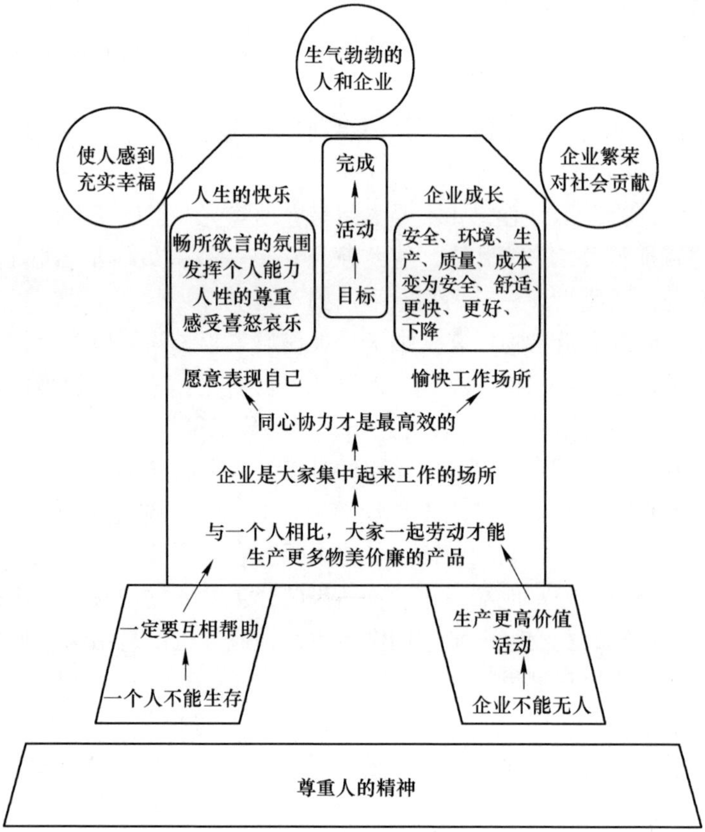

图 7-1　人的作用

团队建设是企业这个篱笆中的桩。企业的种种高难度事情都需要特别的集体去攻克完成。这些团队由发起人和志愿者组合，他们志趣相投，目标一致，分阶段一个一个地去解决企业发展过程中的大难度问题，如 QC 小组注册就是团队建设的范畴。形形色色的攻坚小组在系统中注册后，按照类似于个人绩效的管理办法进行团队绩效管理，绩效好的团队不言而喻地会得到可观的奖励。图 7-2 所示为团队建设使用的画面，绩效记录则在绩效模块中去完成。

团队建立是非机构编制内的组织结构，在业绩上使用的流程与个人绩效流程类似，描述与计算都相同，不重复介绍。

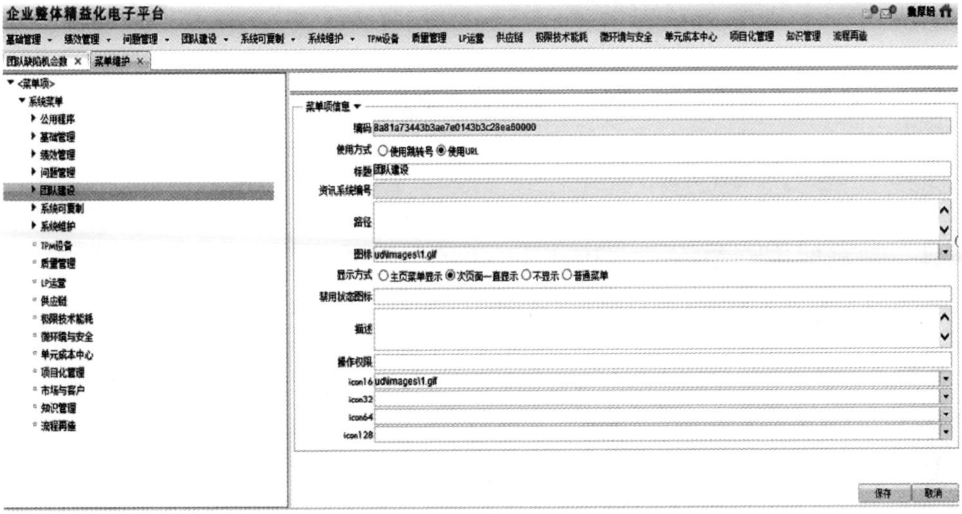
企业整体精益化电子平台
基础管理
绩效管理
问题管理
团队建设
系统可复制
系统维护
TPM设备
质量管理
LP运营
供应链
极限技术能耗
微环境与安全
单元成本中心
项目化管理
知识管理
流程再造
团队缺陷机会数
菜单维护
<菜单项>
系统菜单
公用程序
市场与客户
菜单项信息
编码 8a81a73443b3ae7e0143b3c28ea60000
使用方式 使用跳转号 使用URL
标题 团队建设
资讯系统编号
路径
图标 ud\images\1.gif
显示方式 主页菜单显示 次页面一直显示 不显示 普通菜单
禁用状态图标
描述
操作权限
icon16 ud\images\1.gif
icon32
icon64
icon128
保存
取消

图 7-2 团队注册界面

8　问题管理

8.1　问题框架的方法

问题框架本体包含3部分内容：问题框架方法的概念层次、问题框架概念之间的关联以及关于问题框架概念和关联的约束。

8.1.1　问题框架本体的概念层次

采用问题框架方法进行需求建模首先需要描述问题。问题是要完成的一个任务，分为两类：一类是基本问题，它通常存在已知的问题求解模式，存在基本问题框架或者其变体与之对应。目前人们总结出11种基本问题框架，它们分别是需求式行为框架、命令式行为框架、信息显示框架、简单工件框架、变换问题框架、环境效应框架、简单控制框架、简单查询框架、简单信息回答框架、四变量框架、用户交互框架；另一类是组介问题，这类问题目前还小，存在标准的问题求解模式，需要分解为子问题进行问题求解。

8.1.2　问题框架本体的概念关联

问题框架本体中的概念是孤立存在的，但它们之间存在联系，这些概念以及概念之间的联系构成了问题框架方法的概念体系图，展示了问题框架概念之间的关联。

8.1.3　问题框架本体的约束

问题框架本体中的概念实例和概念实例之间的关联的出现必须满足一些约束，作为问题框架本体的约束在用问题框架方法进行需求建模时这些约束用来检测应用需求描述的一致性和完整性，如图8-1所示。

8.2　问题管理的应用案例

以客户为关注焦点，必须以问题为导向来开展日常管理工作。长期以来依靠调度会的方式是中国内地企业无一例外的手段。调度会意犹未尽，就换个地方接着开会。一个部门主管长期生活在会议中，往往不是在参加会议，就是在准备会议。材料源源不断由下属传来，负责人根本连去实地看看的机会和时间都没有。

对于分散在不同省份的驻点企业，大动手脚地建立视频电话也常见。总之，

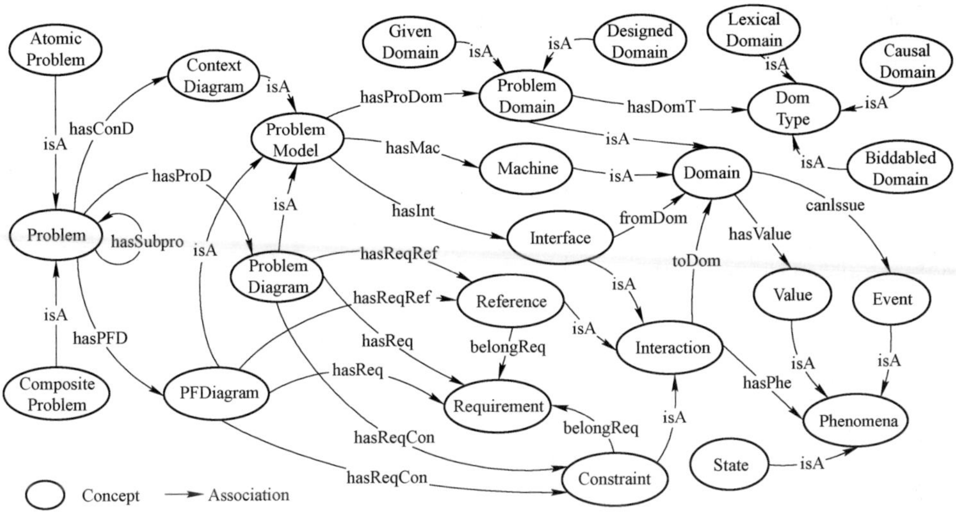

图 8-1 本体实例和关联

语言是在千里之外，指责常在耳边回响。无论问题的来源如何，一律在不同地点的会场去解决。不，是裁决，实际上也裁决不了，是去扯皮，去踢皮球。

企业现代精益化的方法是问题管理流程化，常态化。在问题管理模块中，任何相关人在第一时间将问题录入模块。注意这里与等待拿到并到会上去说事至少早了一个星期，起码也早了 24 小时。企业内由经验丰富，权威较高的问题管理专家对提交的问题进行审阅，随后会立刻做出判断，并安排最有条件解决此问题的具体人去解决。在系统中拟准给任务受理人（这是受理人出业绩的好机会）。其他辅助沟通方式这里不做详述。提出问题的人或者客户必然会在最短的时间内就能与解决人联系上，对方心里的激动不言而喻。问题解决后，系统内部的文字资料通过智能处理到知识管理的规范样本中去。以后类似问题的处理，后人查询即可依据该知识去处理。

图 8-2 所示为问题管理模块的基本形式。问题管理模块让问题有来源，问题不落地，问题不等待，问题可追踪，问题成为知识库的前沿阵地。

其实，问题管理以前是没有流程化处理的，问题管理流程再造是对传统问题管理的重新认识。从大的说是再造，换句话说相当于重新设计，因此，企业各个方面的领导会干预和产生助力，因为长期以来习惯“一言堂”指挥，个人说了算，而现在是让流程问题按照自己的规律去处理，是流程说了算，企业领导会有失落感。

事实上，问题管理模式改变了以往靠企业总调进行问题管理的方法，而没有总调的问题处理达到了问题处理无边界，让最有能力的人最及时地去处理问题，内耗扯皮的恶习必会大大减少，客户满意度、员工满意度的提高效果是必然的。

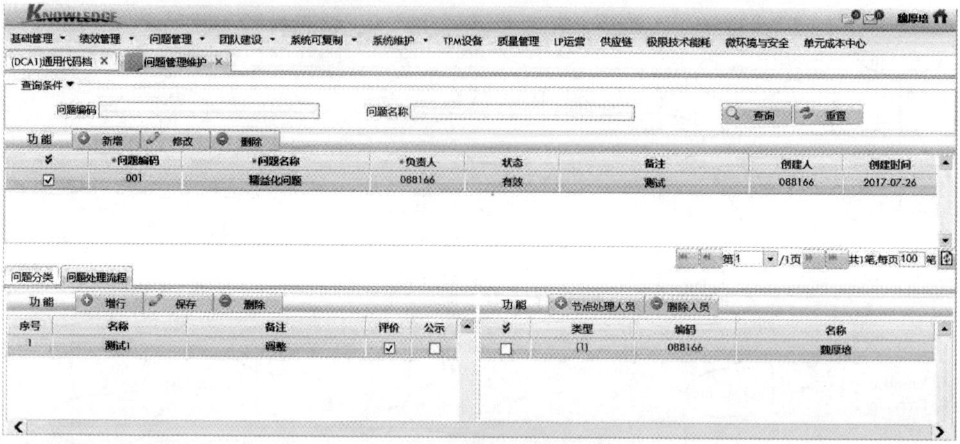

图 8-2　问题管理窗口

问题管理分四类，即问题创建、问题中心分类、我的任务、问题管理维护（追踪）等。问题管理的设计流程包括输出问题一览表，创建新需求提出的问题，工作反映出来的问题，意外事件产生的问题，总结出来的问题等五大菜单。问题专家主持问题中心分类与分流，是问题集结地与发散地的咽喉。问题创建全开放，我的任务全开放。问题追踪维护与问题一览表输出是授权人员使用的，并与知识管理模块内部建立架构关系。

从 6S 链条的各种活动到企业设备、生产、质量、营销、售前与售后服务，都离不开特别团队解决特别的问题。尤其在问题管理中，有些烫手山芋的问题，也需要运用集体智慧进行攻关。正常的生产组织单元是按照生产流程来工作的。特别的问题需要不在一起的智慧特长员工组合去解决。因此，团队建设的活跃度如何、绩效如何，是企业发现问题，解决问题能力的具体体现。团队绩效完全以激励为主要手段。个人绩效则是多方面的手段都可酌情使用。

9 系统复制与倍增

9.1 系统复制与倍增的内涵

系统可复制模块是依据著者翻译的美国湾区阮先生内部交流专著《系统复制与倍增学》❶ 而设计的。

产生倍增效果的过程在于社会活动力度。这里主要把复制团队的归属对象登记在册。比如上线与“上线的上线”，下线与“下线的下线”人员关系一目了然。系统自动计算分层结果。直销是美国人发明的典型原始复制系统。如果某人出现团队交叉现象，系统注册时就会报出错误。美国的金融产品，营养产品率先成功使用这些直销的方法。国内的企业比如完美产品也是这种直销方法，但他们没有使用平台系统，销售过程中有滑向传销的危险性。因此，直销的系统复制领导人培训不严格，很容易简单构建系统，误入传销深渊。

9.2 系统复制与倍增模块的应用举例

系统复制与倍增模块的流程再造如图 9-1 所示。

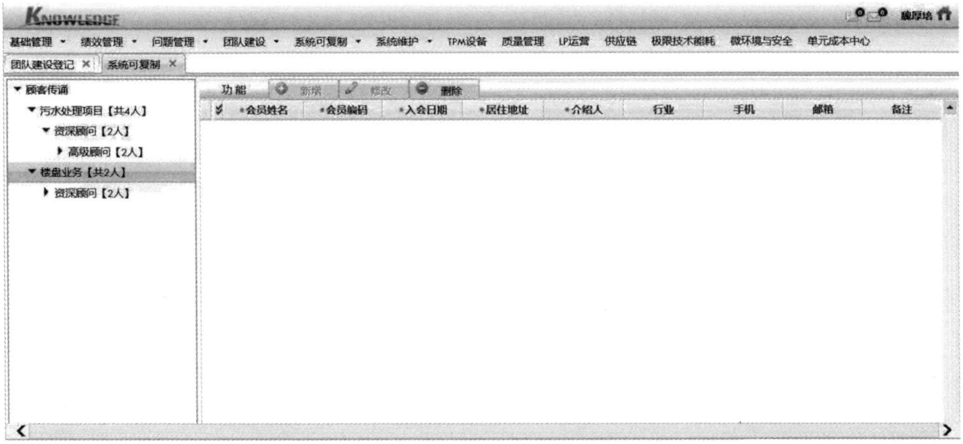

图 9-1 倍增窗口

系统复制与倍增流程问题。在企业现代精益化系统平台上，开发了足够的树

❶ 引用于周敏，魏厚培的译著材料。

形图能力。类似直销依赖的顾客传诵理念在树形图中记录表达。这种口口相传的先后关系被记录在树形图中，而该记录为直销业绩提成提供了贡献依据。同样这种无销售部的模式大大节约了销售成本和中间库存以及物流成本，生产与客户直接连接。客户管理也是在客户相互之间商议的过程中完成，企业只用关心明星传诵者的激励与经验分享。

企业客户主管首先记录产品第一使用人的基本信息。这个使用人有口口传诵的效果后，就必然有下线人士，这个下线人士理论上就由直接上线去系统记录登入他的基本信息。依此类推，人人都有积极性。企业为任何一级的客户提供退货保障，业绩按照实际使用的数量记录，每个人的基本工资水平由下线的人员数与销售使用数量相关。例如，如果下线达到 500 人时，销售使用量达到 200 万元时，设定为钻石级，月固定工资为 8000 元，提成另计。具体方法推荐阅读专著《系统复制与倍增学》。

10　系统维护

系统维护模块是基于后台的系统管理，包含三个主菜单的现有内容是资讯管理、用户管理、DC 系统。其中资讯管理有 12 个模块内容，包括：角色管理、资源维护、人员权限明细、群组管理、安全群组管理、程序关闭历史权限分析表、权限转移向导、资讯使用统计、系统使用状态分析、BO 方法分析、安全群组属性等。用户管理有 4 个子菜单，包括：使用者账户管理、密码管理、部门组织管理、职位管理。DC 系统中有通用代码管理，下面含系统代码，其下是：应用系统类别、对照表代码、对照表说明。均可新增，修改，删除，级联新增，级联复制新增。

维护表样为：序号、对照表代码、项次、描述内容一、描述内容二、描述内容三、描述内容四、描述内容五、描述内容六。

这些后台的功能强大，可编辑性极强，后台窗口如图 10-1 所示。

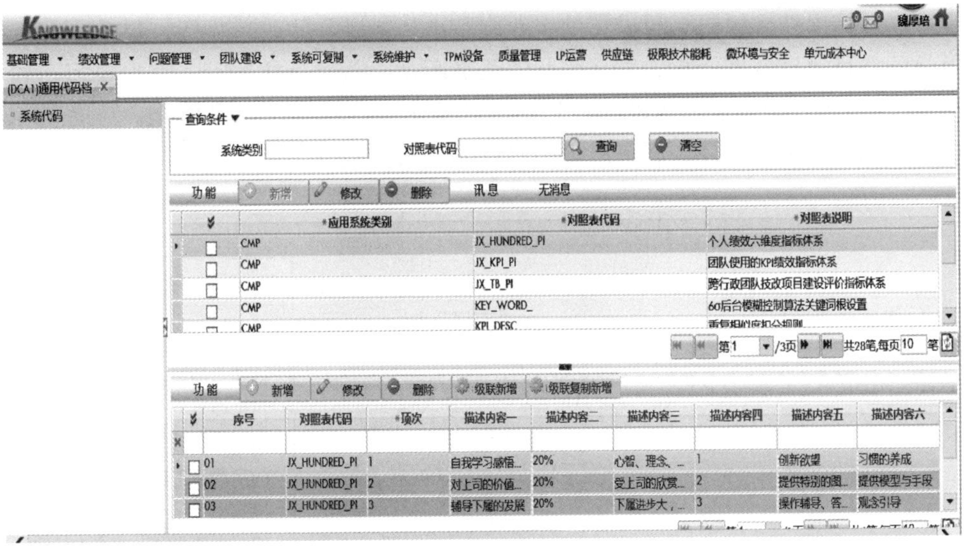

图 10-1　后台窗口

11　极限能耗技术

对于能源的监控和管理是企业生产活动中极为重要的一部分。能源管理主要是对能源的生产、分配和使用状况进行科学合理的计划、检查、监控和控制，它关系着企业的生产状况和成本控制。有效的能源管理能够使企业实时管控分析能耗状况，从而完成对企业能耗方面的细致化管理，达到减少能耗成本，节约能源的作用，达到精益化的目标。

11.1　技术极限

11.1.1　技术极限的概念

技术极限是指在理论上一个工序所需要的最小能量。需要在实际情况下，首先对实际水平进行一次评估，得出数据，借助数据分析，寻求可以提升的环节，并通过各种改进手段，计算得出的有可能达到的数据水平。

通过得出技术极限，可以帮助企业制定出切合实际的改善目标，提升企业竞争力。并且通过数据分析，发现问题的关键所在。从而抓住关键，直击要害。如图 11-1 所示，根据技术极限的信息，可以使企业的目标形象具体化，帮助企业在某个项目上确立目标，制定出更加合理的计划。

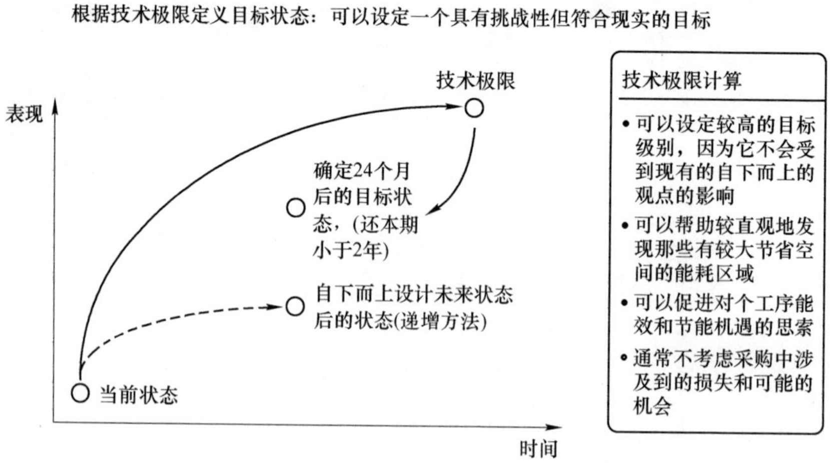

图 11-1　技术极限目标

11.1.2　技术极限的计算法

以钢铁行业的设备为例，如图 11-2 所示。

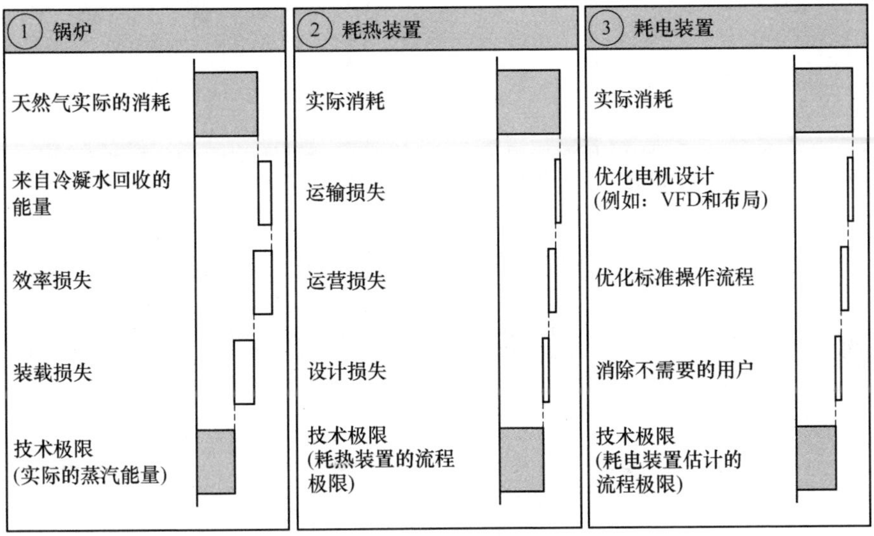

图 11-2　技术极限的计算方法

在实际计算中，可以使用的有以下三种方式：

（1）纯转换法。从能源转化的角度，对这个过程中携带的能量进行分析，最终求出所包含能量的值，得出技术极限。

（2）加法。以蒸汽用量为例，找出工序中使用蒸汽的场合，例如参与化学反应、实现真空或加热等，通过工程计算，确定每种消耗所需的最小值，各种消耗所需的最小值之和就是该种能源的技术极限。

（3）减法。确定该领域的实际用电量，计算已知原因造成的损失，例如，电机功率过大、电机布局不合理等，实际用量减去已知的损失，得到的就是用电的理论极限。

技术极限的不同估算方法如图 11-3 所示。

11.2　极限能耗技术应用方案

11.2.1　极限能耗技术分析方法

以钢铁行业的系统应用为例，在对实际案例分析的过程中，我们先对存在的、可以实施改进的方面进行分类，改进意见是从提高能源生产效率、降低能源损耗、降低能源消耗三个角度入手，三种角度的改进意见如图 11-4 所示。

对提出的问题，利用数学工具将各个方面的能量损耗进行量化，制作成相应

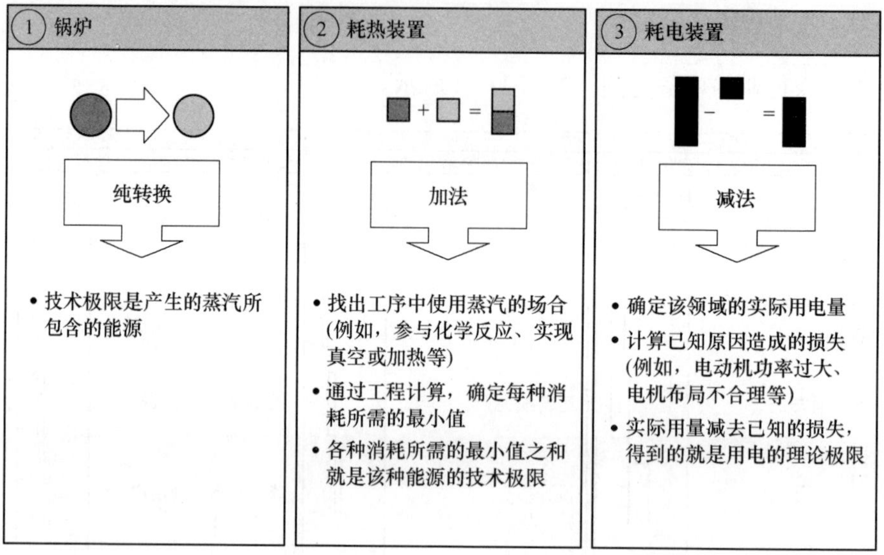

图 11-3　技术极限的不同估算方法

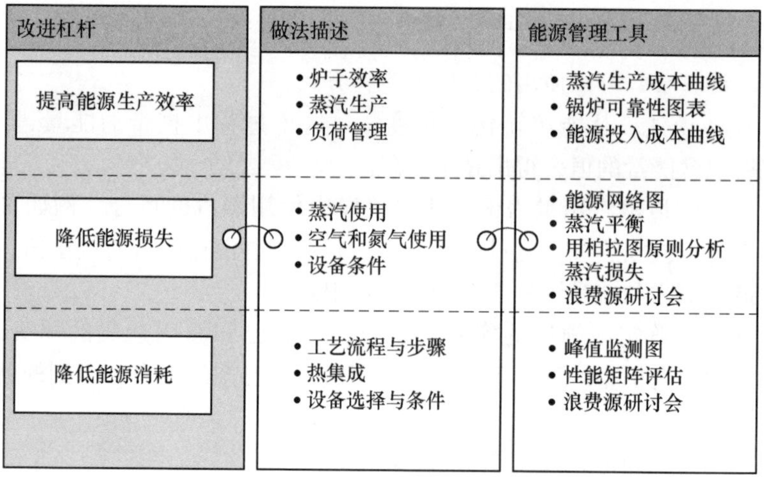

图 11-4　用能生产、消耗和损失三种角度的改进意见

的图标，再进行下一步的分析，如图 11-5、图 11-6 所示，这里对锅炉的能耗进行详细的分析。

从图 11-6 的数据，我们可以发现各个环节所损失的能量的具体情况。从图中可以得出结论，低温热损失显然是可以大力改进的主要方面，如果在这个方面采取措施，很有可能带来显著的效益。

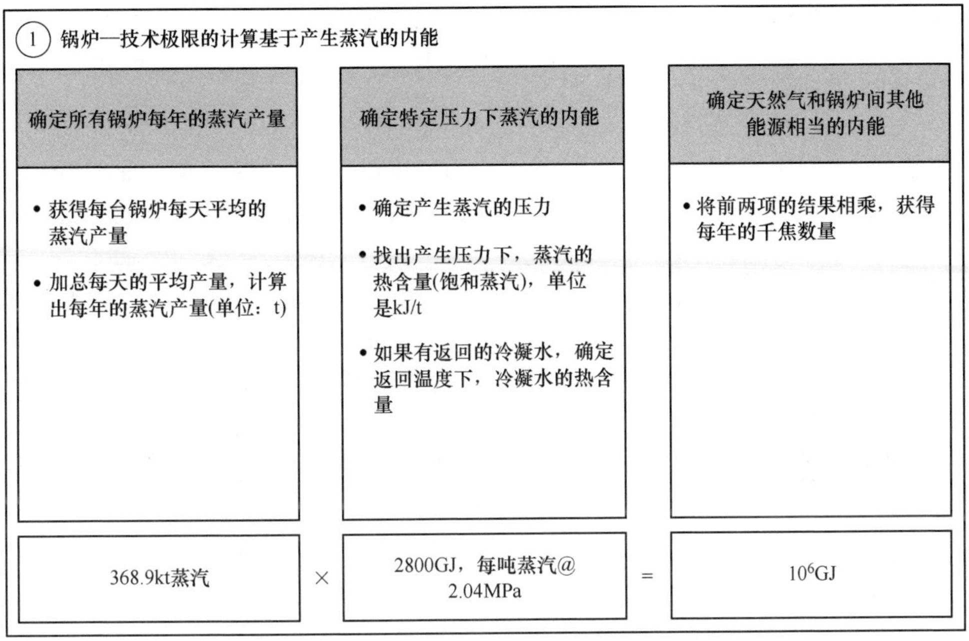

图 11-5 锅炉技术极限能耗计算

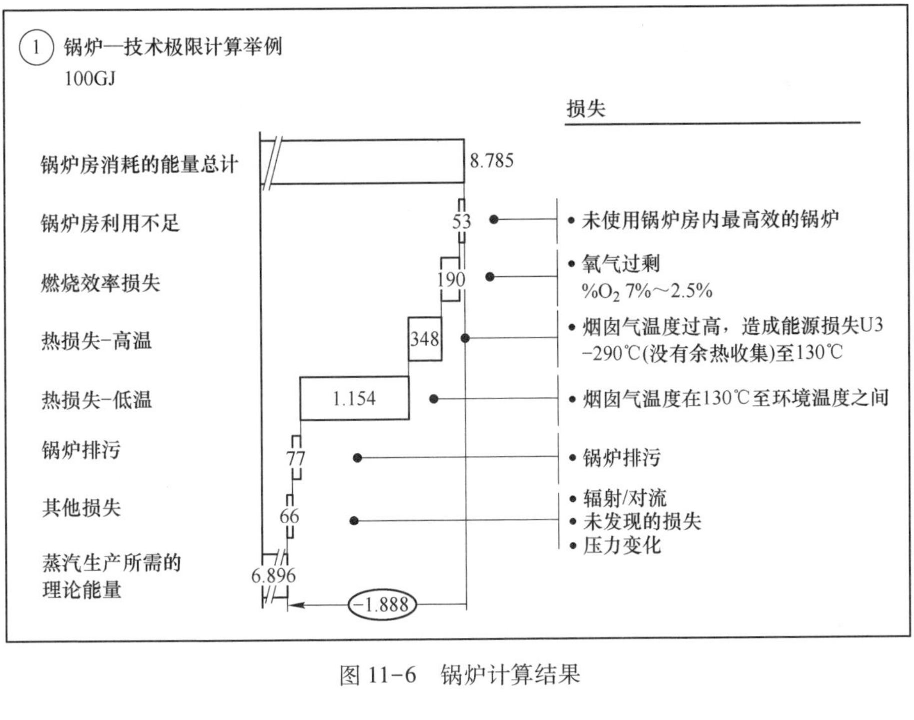

图 11-6 锅炉计算结果

11.2.2 应用案例

对于能源的管理可以分四步去执行：

（1）建立能源监管部门和组织。只有在企业内部建立了能源管理部门组织，才有可能对企业的能源信息进行系统又全面的规划管理。当完成能耗管理组织的建立后，企业可以开始宣传节能意识，并且能够针对性地制定相应节能目标和任务。由此企业的能源管理才开始正规。

（2）对企业的能耗信息进行分析和计划制定。能源信息的分析是能源管理的重点，具体是分析企业的能源用于何处、如何使用、用了多少。通常可以回顾能源过去的使用状况，建立合适的年、月、日能源使用信息表格，或者是建立能源及其相关的设备、工艺等信息的表格，通过表格状况来制定企业今后的能源使用规划方案。计划是必须的，制定计划需要贴合企业的状况，能源太过于紧缺是完全不可取的。

（3）执行计划，控制能源。执行阶段是企业能源管理的关键步骤，执行力度的大小事关企业节约能源方案的成功与否。在执行阶段，工作人员需要知道具体该如何操作，如何在不影响设备和生产状况下控制能源的输入。执行后，仍需要做定期检查，执行的措施也需要逐步进行修改，以求达到最佳的效益。

（4）生成管理报告。通过报告，企业就能够看出能源管理的效用。管理报告可以编入档案存储。

对于能源的管理，建立合适的管理信息系统能够起到事半功倍的效果。一个完整的管理系统应该具有采集功能、报表功能、历史记录和趋势分析功能、故障分析和维护功能、成本分析功能，这样可以提供关于企业更加全面细致的能源信息数据，有助于企业制定详细的计划，达到对企业的能源、用能设备和用能过程的完全掌握。

在企业能源精益系统中，极限能耗技术模块是主要阵地，下面将举例介绍极限技术能耗的具体方法。

首先需要完成基本统计工作，面向某工厂某区域进行能源品种的全面统计，其品种有：高炉煤气、天然气、粗脱煤气、脱萘煤气、转炉煤气、电、氧气、氮气、空气、氩气、净化水、净循环水、厂区生活水、转炉浊环水、蒸汽、工厂软水、回收蒸汽、回收煤气、余压发电、蒸汽发电等 21 个能源品种。按照消耗向上，回收向下的离散曲线绘制并可打印输出，如图 11-7 所示。

在得到图 11-7 所示的离散曲线图之后，需要在总能耗中，按照 2∶8 原则，计算出哪些是主要能源量的消耗品种，哪些是主要能源成本的消耗品种。接着挑选出 20%的主要部分进行更加深入的分析。当按照 2∶8 的原则选择对象之后，以生产线的具体工艺段，即以八位设备位置码为代表进一步统计，结果如图 11-8 所示。

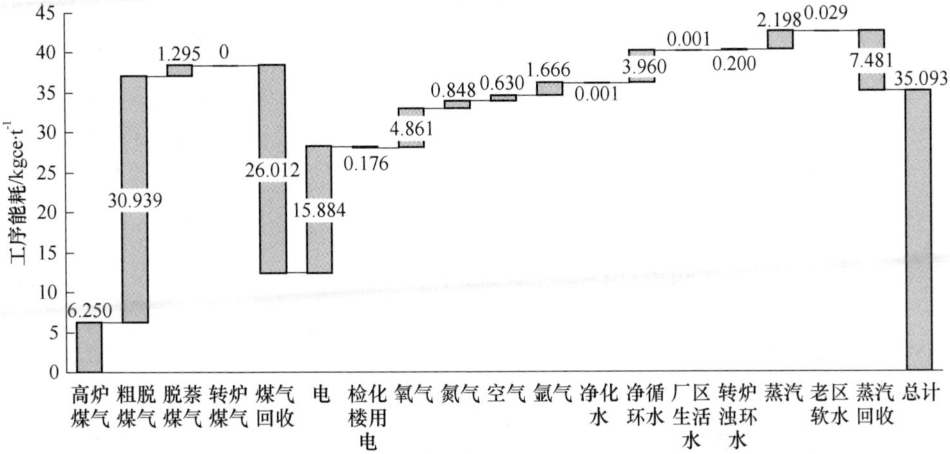

图 11-7 能耗与回收统计

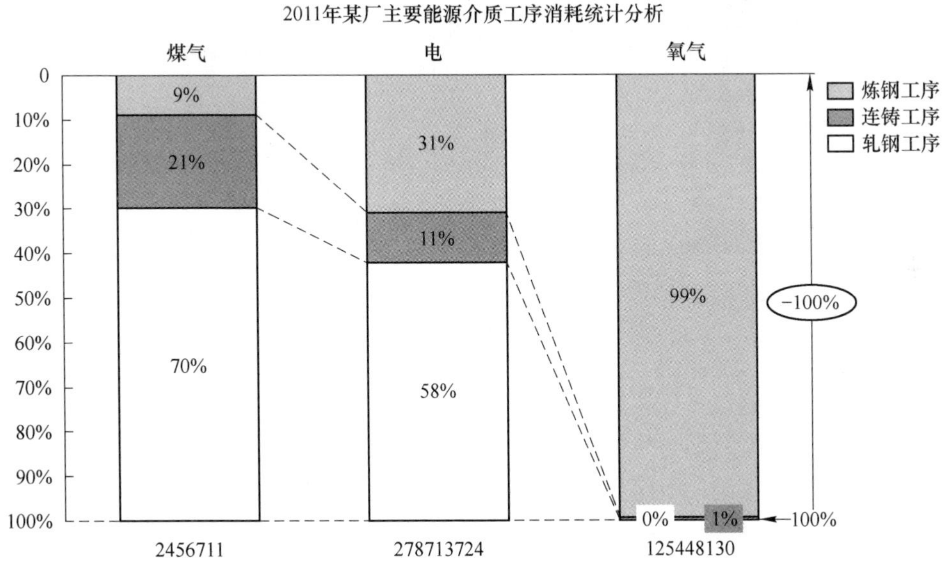

图 11-8 工序消耗统计

三种能源的大量消耗分布在不同的工序里面。氧气在炼钢工序消耗 100%；电在炼钢消耗 31%，在连铸消耗 11%，在轧钢消耗 58%；煤气有 9%消耗在炼钢，21%消耗在连铸，70%消耗在轧钢。

继续按照抓主要矛盾的思路，在炼钢工序就应该全面分析氧气的消耗问题；在轧钢工序就应该全面分析电的消耗问题；在轧钢工序还应该分析煤气消耗或者天然气的消耗问题。

现代精益化系统中软件平台面向工序点，也就是可以列为成本中心的核心设备代表。工艺段总是以某个设备或设施为核心的位置码来表达，在这个成本中心树下找到它，开始数据统计，并核准后输出统计图。

某个工序的能耗改进主要依据其统计去进行。对于炼钢系统来说，煤气：RH 真空消耗 100%，其他为 0%；电：RH 消耗 7%，脱硫消耗 3%，转炉消耗 47%，精炼消耗 43%；氧气：转炉消耗 96%，RH 消耗 4%，精炼与脱硫消耗 0%，这样可以明显看清消耗大户在哪里。其主要消耗图工序统计如图 11-9 所示。

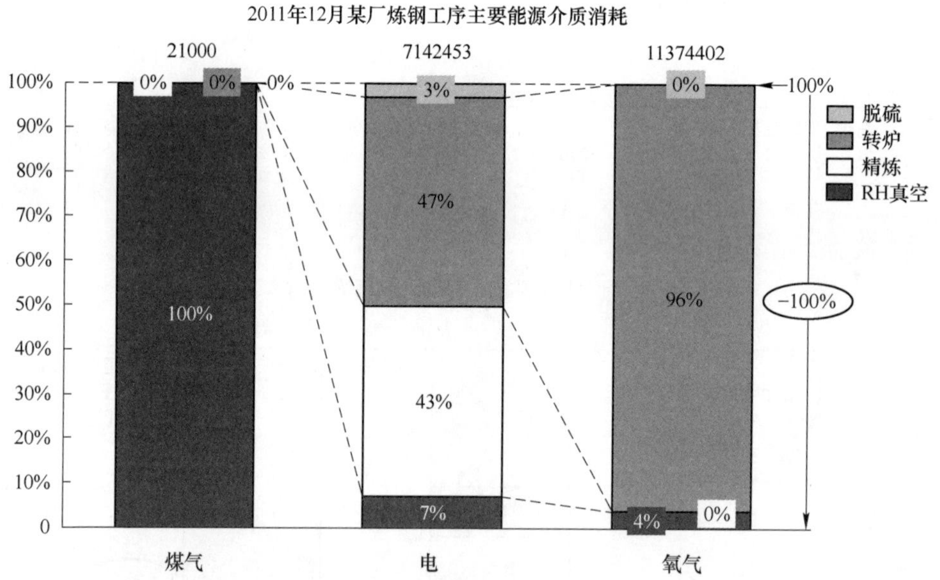

图 11-9　主要能源消耗工序统计

在精益系统进行统计完成后，企业能源管理部门就可以针对消耗大户去展开分析，主要有以下问题：

（1）对照同类设备比较消耗水平。对国际、国内、同行、自己的过去与现在，进行多维度对比活动。

（2）研究理论利用率。利用极限能耗计算出理论平衡式，看浪费在哪里。

（3）召开头脑风暴会议，讨论对策与措施。

（4）推进落实计划。

（5）看板跟踪，PDCA 循环。

系统平台实现这种输出，主要是面向成本中心的树图展开，进入系统进行录入维护，达到核准后可以得到这种输出结果。

能耗极限技术计算就是利用能耗桥的模板方式演绎能源输入与输出的结果，求证中间能源损耗的数值。它的特色是把能源损失分为运营损失和设计损失，即考虑到管理损失和技术损失，通过合理的计算，让企业能够看到最佳的能源使用水平，然后自上而下地设定改善目标。

举例某厂CSP加热炉的能耗桥的计算方法：

（1）能源输入理论热量数值：煤气燃烧获得热量0.89，板坯热装热送带来上工序热量0.12，输入合计1.01。

（2）过程热损：检修发生热损量0.03，工艺停机热损量0.02，工艺换辊热损量0.00，设备意外故障热损量0.05，生产节奏合同更换热损量0.02，新品种试烧热损量0.03，炉内积压重复加热热损量0.02。

（3）设计理论热损：热烟气排放理论热损量0.16，炉区跑散热量理论热损量0.03，冷炉处理理论热损量0.07。

（4）理论极限使用能源0.58。

（5）计算结果：在管路损失还没有计入的情况下总损失为43%，利用率为57%，CSP加热炉极限能耗计算如图11-10所示。这些工作做完以后，头脑风暴会议的话语权难道不会多吗？

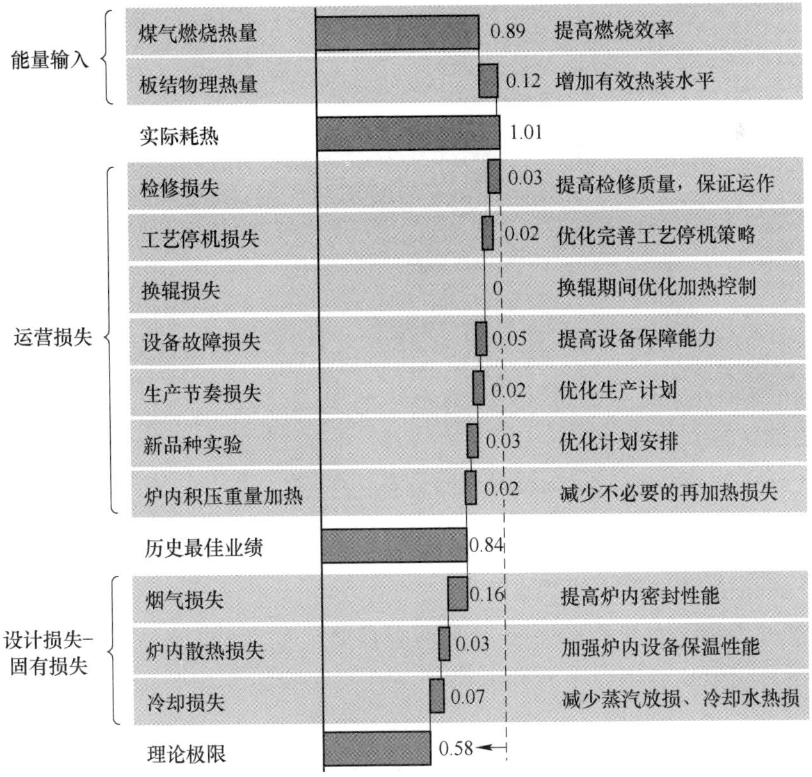

图11-10　CSP加热炉极限能耗计算

头脑风暴法对于能耗节约措施的应用问题，使用现代精益化系统提供模板化栏目最佳。不同历史长度与不同单位的对标也好，能耗桥的理论计算也好，都把问题暴露得淋漓尽致。针对问题，企业能源管理部门召开头脑风暴会议，特点是任何人讲话都不许被打断，提倡创新与畅所欲言，会议发言完毕后再引导性归纳，要求也有如下几点：

（1）系统提供的可维护的表格就在会议桌的电脑上，当场有会议秘书维护录入到系统中，异地会议更是如此。

（2）对于能源损失问题，针对问题的点子思想，归纳意见、目标、影响程度、难度大小、预期收益共 7 列 n 行的表格进行输出。图 11-11 所示的表格就是输出的参考样貌。

损失主题	序号	问题	项目	点子	目标	影响	难度	收益
热送热装	1	热装率不高，现有定义下40%	1	生产计划排程应加入“热坯集中轧制”原则	热装率 60%	高	高	3%
			2	集中堆放，优化热坯垛位堆放	新定义下（全热轧制单位数/总轧制单位数）50%	中	高	
	2	冷热混装	4	冷热钢坯在编排时，冷热尽量集中		高	高	
	3	冷热钢坯的要求在炉时间差异不明	5	制定详细的钢坯入炉温度与在炉时间分级制度	平均装炉温度450度	高	高	
	4	传搁时间长	6	热装固定垛位摆放，减少天车上料时间		中	高	
停机损失	1	备件质量不好	1	把好备件质量关	作业率82.5%	中	中	
	2	检修质量不好	2	加强检修质量的考核		中	中	
		轧线故障率	3	加强点检，保证检修周期		中	中	
	3	故障抢修不及时	4	加强抢修队伍的管理，检修队伍离现场要近		中	高	
	5	减少再热坯损失（现状0.05%）	6	建立再热坯现象记录和原因分析制度	再热坯0.025%	中	中	0.60%
运营损耗	1	轧制单位编排不合理，前后温度差异大于30度占xx%	1	集中P3A1/A2等高温钢种的计划编排	前后批次间粗轧终了温度变化不超过30℃	中	中	
	2	粗轧终了炉间差大	2	勤检查、勤联系		中	低	
	3	加热炉各段负荷分配	3	炉膛各段负荷分配随着钢坯的运行及时调整		中	中	
	6	空燃比控制过大或过小	4	严格控制空燃比		低	低	
	7	阀门调节不灵活	5	加强点检维护，减少阀门故障		中	低	
	8	轧线要求提温	6	在温度参数达到工艺要求的前提下，严格限制人为提温要求		高	中	
		故障升降温制度不合理	7	不断的修正故障升降温制度		中	中	
	10	操作工技术水平不够	8	提高操作工作业水平		高	中	
	11	在炉时间控制不合理	9	提高步进梁速度，减少在炉等待时间	从平均170分钟下降到150分钟	高	低	5%
	12	小时产量变化大	10	轧制计划单位间过渡应优化		高	中	
	13	故障时轧线与加热炉联络不够及时，加热炉不能及时准确减负荷	11	及时联络，及时减负荷		中	低	
	14	检修时提前过早装钢	12	及时联络，准时装钢		中	中	
设计固有损耗	1	加热炉烟气余热可继续利用	1	增设煤气预热器	废气排放温度从xx度降低到xx度	高	中	4%
			2	换热器定期人工清灰，保证换热效率	确保每8个月停炉检修一次，每次检修确	高	中	3%
			3	增设余热锅炉继续利用废热9%		中	高	
	2	冷却构件热损失继续减少	4	尽量提高回水温度、降低水流量	在现有回水温度上提高5度，流量降低20%	中	中	~25万/年
			5	加强水冷构件的绝热水平		高	中	
	3	汽化冷却系统蒸汽并网率继续提升	7	加强蒸汽的收得率，减少放散	平均每月蒸汽计量增加5%	高	中	~60万/年
	4	炉门、开口部部位吸风、冒火	8	经常检查、堵塞不必要的开口部位	定期维护，按时检查	中	低	
			9	加强炉压的合理控制减少吸风、冒火现象		中	低	

减少燃耗-头脑风暴 Sheet1

图 11-11 改善点子清单

（3）开会的过程中，意见及时被记录是不阻挡言路的关键，耐得烦、听得进、忍得下是组织会议人的基本功夫。

记录过程中，对于影响程度的判别很重要，分为大、较大、中、差、无影响。五个级别中只有中以上意味着带到下一步去跟踪实施管理，其余存放于资料库。

在风暴之后的行动中，措施推进和不断改善很重要，如图 11-12 所示。系统将头脑风暴会议得出的点子表中影响中等以上的内容自动带入到改进举措推进广告牌表中来，形成新的推进计划看板表。表格的列项内容为：公司要求、具体工作团队、目标名称、目标值、主要任务、分周进行的实施进度百分比检查状态、关键掌控主持人、关键掌控工厂负责人共8列 n 行的表格形状。当一个周期完成后看离目标还有多远，然后继续PDCA循环。

某生产线能效提升推进进度计划表

日期	推进内容	责任单位	实施负责人	配合单位
2012年1月	1. 成立分厂推进小组	设备组	栗广飞	生技组
	2. 制定完善推进方案	设备组	栗广飞	生技组、轧钢车间
2012年2月	1. 完成MIFA图的绘制	生技组	张莉莉	设备组、轧钢车间
	2. 收集整理2011年1~12月的相关数据，进行能耗粗算	设备组	周献华、栗广飞	生技组、轧钢车间、专检二站
	3. 组织开展能效提升方法培训（麦肯锡）	设备组	栗广飞	生技组、轧钢车间、专检二站
	4. 完成能耗桥绘制	设备组	周献华、栗广飞	生技组、轧钢车间
2012年3月	1. 开展头脑风暴，完成初步能耗诊断	设备组	周献华、栗广飞	生技组、轧钢车间、专检二站
	2. 根据找出的影响因素，建立问题树，制定针对性措施	设备组	周献华、栗广飞	生技组、轧钢车间、专检二站
	3. 制定整改措施推进计划，形成战略计划（Tips），责任明确到人	设备组	周献华、栗广飞	生技组、轧钢车间、专检二站
2012年4~10月	按计划推进整改措施的落实，并不断对标，不断完善改进。	设备组	周献华、栗广飞	生技组、轧钢车间、专检二站
2012年11~12月	总结经验，对优化改进措施中有助于能效提升的，要进一步固话完善，形成标准、制定制度	设备组	周献华、栗广飞	生技组、轧钢车间、专检二站

图11-12 落实计划

能耗管理除了针对生产线的关键工艺段进行外，还能够根据管路网络分段无线测温，找出管网跑温、泄漏、堵塞等损失地点进行改造。如图11-13列举了加热炉水冷却对标，改进措施以及成效。它是通过面向设施树中位置码区段进行的温度降低、压力减小等现象来采取措施的。设施位置码可以编在设备位置码的树枝之中。位置码按照主管路线的阀门节点切断为具体单元，上节点温度和压力，下节点温度和压力，两者的差与理论散热对比，诊断问题的存在与大小。保温破损往往就是隐形浪费的最大根源，用这个办法解决此问题很有效果。

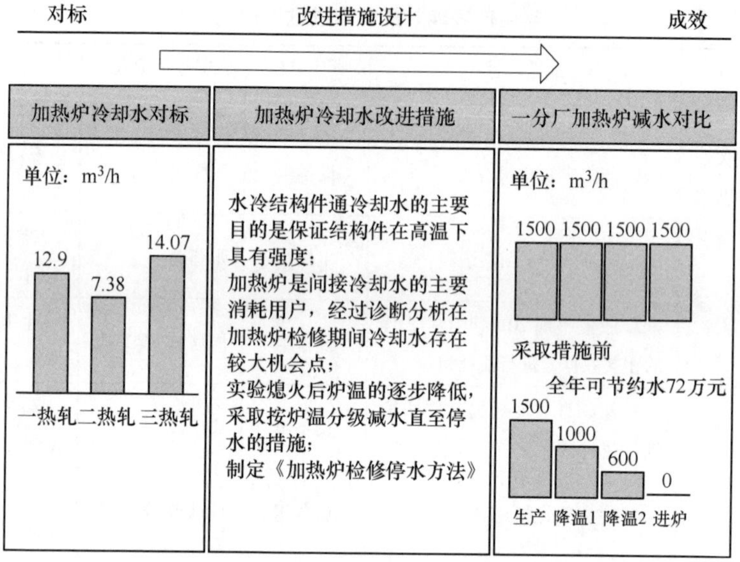

图 11-13　加热炉冷却水对标、改进措施及成效

12 微环境与安全管理

12.1 与质量、环境、安全有关的管理体系

企业依据质量、环境、职业健康安全标准并结合组织的实际情况而编制的管理体系主要有 ISO9001 质量管理体系、ISO14001 环境管理体系和 OHSAS18001 职业健康安全管理体系等三大体系。也是企业广泛推行的三体系认证体系。

ISO9000 系列是企业产品参与市场竞争的入场券；ISO9000 认证质量管理体系是企业生存的基础。企业通过认证对客户、竞争对手、供应商、员工和投资方展示其可信任的质量管理能力并增强客户满意度。

ISO14000 系列标准是为促进全球环境质量的改善而制定的一套环境管理的框架文件，是为了加强企业的环境意识、管理能力和保障措施，从而达到改善环境质量的目的，是企业得以“因环境而生”的资格。

OHSAS18001 系列标准及由此产生的职业健康与安全管理体系认证制度是近几年又一个风靡全球的管理体系标准的认证制度。OHSAS18000 系列标准是由英国标准协会（BSI）、挪威船级社（DNN）等 13 个组织于 1999 年联合推出的国际性标准，在目前 ISO 尚未制定情况下，它起到了准国际标准的作用。其中的 OHSAS18001 标准是认证性标准，它是企业建立职业健康安全管理体系的基础，也是企业进行内审和认证机构实施认证审核的主要依据，还是企业保障职业人员安全健康的基本合法依据时开展国际贸易的必需条件。然而，事实上即使没有对外贸易，企业也不应该自我降低要求。

12.2 微环境与安全管理的设计依据

按照人机行为学的理论，企业微环境分三种状态：正常、异常、紧急。每个状态有三种时态：过去、现在、将来。微环境又按照 7 种类型评估：物理、化学、生物、心理、生理、行为和其他。

现代精益化系统平台上的微环境与安全管理模块解决什么问题呢？前面 6S 链的模块中有危险源、事故源的可视化表达，它是展开工作以后的过程与结果。本章部分主要解决三个方面的问题。其一是主要解决理论方法问题；其二是职业健康安全论证问题；其三是应急预案的编辑与使用问题，以防止平时在工作中出现紧急情况时没有系统可用。

本系统按照 OHSAS18001 的取代版 ISO45001 设计，是为了在国际上更加通

用化，对于组织的适用性更加广泛化。它的好处是帮助组织改善职业健康安全绩效，并确保为员工提供安全的作业场所，将会体现在：

（1）提高法律法规的符合能力；

（2）降低事故事件的总成本；

（3）减少停机时间和生产中断成本；

（4）降低保险费用；

（5）减少怠工和员工离职率；

（6）得到国际职业，健康安全管理水准的认可。新版与其他标准的关系仍然同步接轨，与国家标准格式、健康指南、国际劳工标准和公约等都步调一致。

OHSAS18001 标准由四部分构成：范围、规范性引用文件、术语和定义、职业健康安全管理体系要素。标准规定了 17 个名词术语定义，其中“危险源”“风险”“事故”是具有 18001 特色的四个术语。第 4 部分是标准的主要内容，规定了职业健康安全管理体系的要求。标准结构与 ISO14001 完全相同，也由五个一级要素组成，下分 17 个二级要素，体现了 PDCA 质量环的基本活动模式。

本系统应用方法与 OHSAS18001 基本类似，有方针目标、环境现场踩点、辨识评价与确定、强调意识能力、绩效改善、实际作用等。因此，现代精益化的软件平台中英文版本不会因标准改变而影响使用。

企业现代精益化的微环境与安全模块为此项工作提供了共享平台。除此之外，还应该注意应急预案与行动的需要问题。无论是企业应急、国家与部门应急都事关重大安全问题，这也是系统安全快捷的第一重点要求。

12.3 微环境与安全管理模块的框架与内容

在微环境与安全模块的开发中，应急预案面向企业生产线与设备编制。企业生产线的预案汇编就是代表一个企业的预案，每条生产线的应急预案按照系统的格式编写，可输出 word 文档。专项、部门应急预警框架如图 12-1 所示。具体需求书可以展开细节。其主要内容包括：

（1）分析本单位存在的危险因素，确定事故危险源；

（2）分析可能发生的事故类型及事故的危害程度和影响范围；

（3）针对事故危险源和可能发生的事故，制定相应的防范措施。

应急能力评估内容包括从应急组织、应急救援队伍和应急物资与装备等方面，对本单位的应急能力进行客观评估。依据风险评估结果编制应急预案，针对可能发生的事故，组织编制应急预案。应急预案编制应注重预案的系统性和可操作性，做到与上级主管部门、地方政府及相关部门预案相衔接。

应急预案评审内容包括应急预案编制完成后，应进行评审或论证。评审分为内部评审和外部评审，内部评审或论证由本单位主要负责人组织有关部门和人员

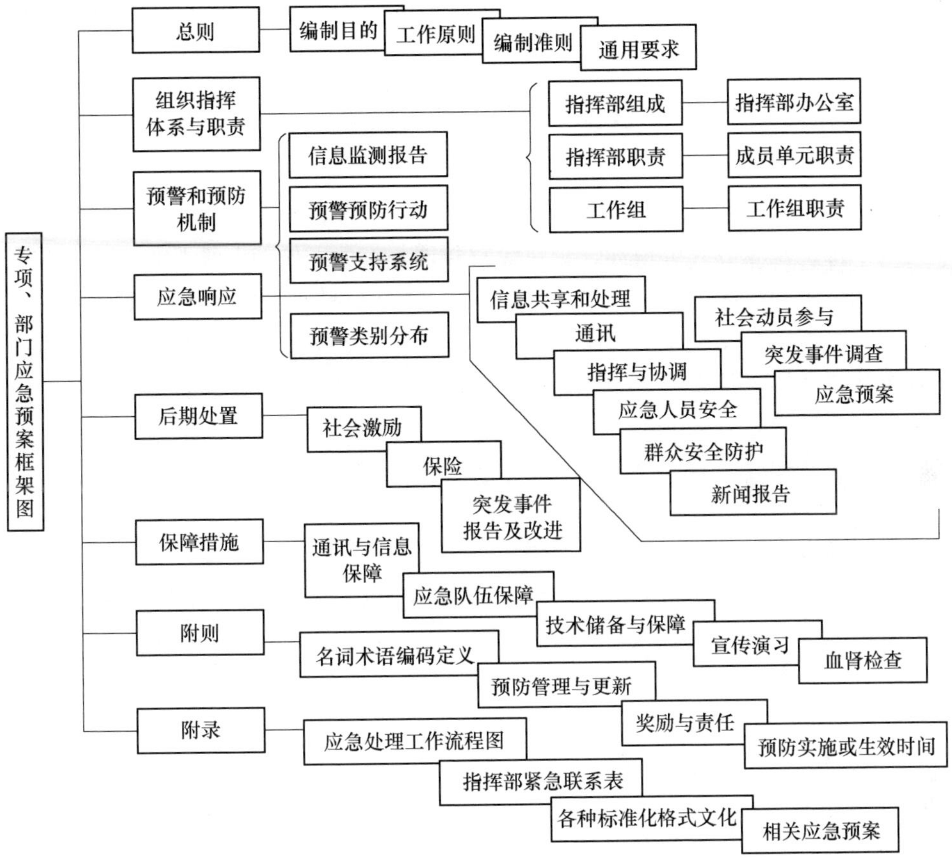

图 12-1 应急预警框架

进行，外部评审由本单位组织有关专家或技术人员进行，上级主管部门或地方政府负责安全生产管理的部门派员参加。生产规模小、危险因素少的生产经营单位可以通过演练对应急预案进行论证。应急预案评审或论证合格后，按照有关规定进行备案，由生产经营单位主要负责人签发实施。

13 成本管理

成本是一项综合经济指标，企业经营管理各方面工作的业绩都可以直接或间接地在成本中心反映。产品的设计优劣、工艺的合理与先进性、原材料的消耗与实际利用的偏差、生产效率的高低、产品质量的控制情况等，都可以通过成品中心直接或间接地反映出来。因此，企业可以通过对成本的控制来加强管理、优化资源和提高效率。

13.1 面向订单式生产的企业管理模式

根据调查分析，传统企业管理存在的问题主要体现在以下几个方面：

（1）传统企业无法及时准确地综合各种信息形成计划成本并据此做出控制。订单的直接人工费、加工制造费、材料费、工程安装费、备品备件费、运费、流转税及附加、安全基金、管理费用、财务费用、销售费用、其他费用等归属模糊。成本管理不够精细，导致决策者不能有效分析订单的各种成本费用，这是未能达到预期目标的原因。传统的成本管理信息滞后，无法实现对订单成本的动态控制。

（2）传统企业生产经营运作系统是纯粹的手工化或简单的计算机化，算不上是信息化和动态化，成本超支预警及成本报表不能实现智能化。

（3）传统企业成本管理中生产、经营、财务、库存、采购等部门各自为政，未能形成一个有机的整体，信息不能有效共享，不利于消除信息孤岛而实现无缝链接。

现代企业要求以市场为导向、以订单为主线、以成本为核心，控制贯穿接单、排产、生产、存货、销售、发货全过程，掌握成本动态，实现成本全面动态管理，资源合理有效调度，以降低订单成本、提高经济效益。为此，我们建立了以成本动态控制为主的 ERP 环境下企业管理模型。该模型以订单为主线、以成本为核心，将人力、生产、采购、销售、库存、设备、财务等各个订单管理环节集成为一个有机的整体。

面向订单式生产的企业管理模式，结合运用 PDCA 方法将面向订单式生产的企业管理模型分为五个模块，分别为：基础信息模块、订单业务流程处理模块、计划模块（planning，P）、实施模块（do，D）和核查改进模块（check and action，CA）。五个模块相辅相成，缺一不可，基础信息模块为业务流程处理模块、计划模块、实施模块、核查改进模块提供基础信息；计划模块、实施模块以订单为主线，对订单的各业务流程围绕成本、质量、进度进行计划与落实；核查改进模块在计划与实际对比分析的基础上进行核查、巩固提高，整个过程形成一个 PDCA 循环。

13.2 企业订单成本管理系统

企业订单成本管理是对企业订单执行过程中所发生的订单成本有组织、有系统地进行预测、决策、计划、控制、核算、分析和考核等一系列的科学管理工作。其目的在于保证订单质量的前提下，寻找降低成本的途径，达到以最少的生产消耗取得最大的订单效益。

作者建立了包括订单目标成本、订单计划成本、订单责任成本、订单动态成本、订单成本控制与分析在内的订单成本管理系统，如图 13-1 所示。目标成本是进行成本控制的依据和基础。订单计划成本是在目标成本约束下，对最优成本方案各具体成本费用项目进行测算而确定的。责任成本是由特定的成本中心在其所承担的责任范围内发生的一切消耗。在成本发生过程中，将订单实际发生的成本与订单计划成本进行对比，记录产生的差异，并作适当的控制和调整。在成本支出后，对订单实际成本与订单计划成本的差异进行全面的综合分析，及时发现问题，提出对策。传统的手工管理的成本会计往往局限于“事后算账”，订单成本管理系统则将订单成本的计划、控制、核算、分析和改进有机地结合，形成一个订单成本管理的科学过程。

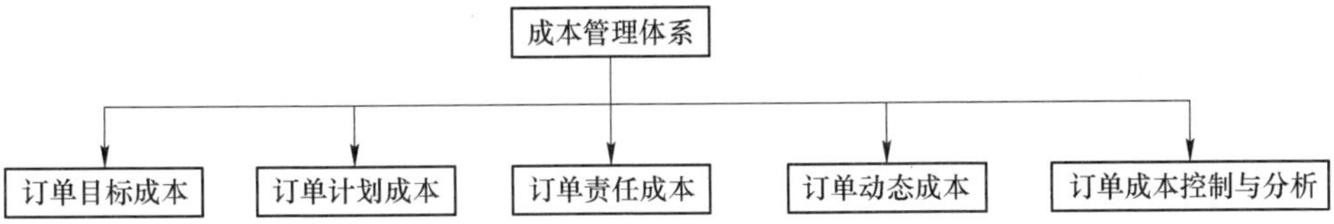

图 13-1 企业订单成本管理系统

13.2.1 订单目标成本

目标成本的基本思想是在订单签订后，产品的策划与设计阶段，经营者就必须关注将要制造的产品成本的上限。确定目标成本的方法有：计划指标分解法、预算法、定额法、历史经验法、目标利润法等五种。订单目标成本分为订单总目标成本和订单子目标成本，子目标成本是总目标成本的分解，总目标成本取决于订单目标售价和目标利润率，如下式所示：

$$目标成本=目标售价\times(1-目标利润率)$$

订单目标成本的确定要根据订单目标成本相关确定方法，分阶段制定相应的控制目标。下一阶段控制目标的制定置于上一阶段目标范围内，达到层层控制的目的。在各阶段目标中，上一阶段的成本控制目标对下一阶段的目标成本起控制作用。成本目标的确定具体地可以分为三个阶段：报价估算、切块概算和订单间接费用预算。这三个阶段的目标控制相互制约、相互补充，共同组成了订单的目标成本体系。

13.2.2　订单计划成本

订单计划成本是围绕企业如何合理利用各项资源、降低成本、提高经济效益而形成的。在订单目标成本的约束下，进行订单成本分解，对最优成本方案各具体成本费用项目进行测算来确定订单计划成本。订单计划成本总和必须小于或等于目标成本。

根据企业特点，将订单成本分为订单直接费用和订单间接费用。而订单直接费用分为直接人工费、加工制造费、材料费、工程安装费、备品备件费、运费、流转税及附加、安全基金、其他费用等。订单间接费用分为管理费用、财务费用、销售费用等。订单成本的构成如图 13-2 所示。

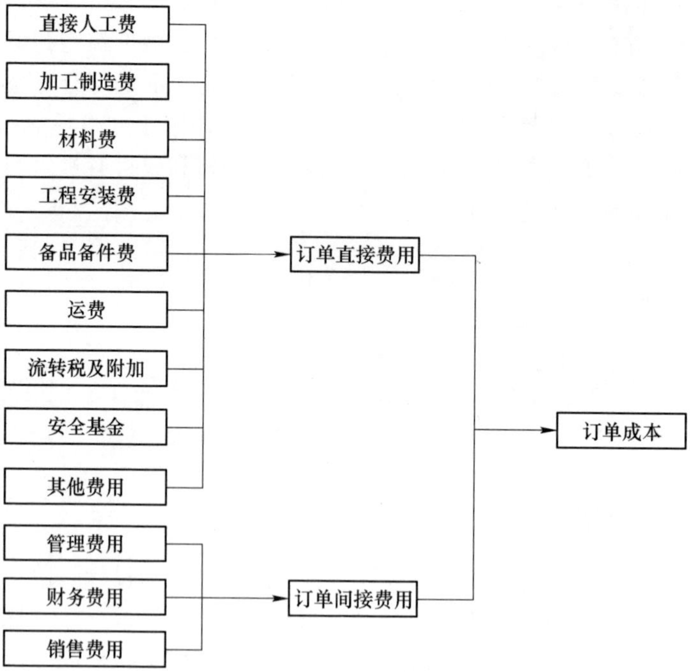

图 13-2　订单成本的构成

企业成本管理中，订单计划成本的计算公式如下：

$$C_0 = C_1 + C_2 + C_3 + C_4 + C_5 + C_6 + C_7 + C_8 + C_9 + C_{10}$$

$$C_9 = C_{9,1} + C_{9,2} + C_{9,3}$$

式中，C_0 为订单成本；C_1 为直接人工费；C_2 为加工制造费；C_3 为材料费；C_4 为工程安装费；C_5 为备品备件费；C_6 为运费；C_7 为流转税及附加；C_8 为安全基金；C_9 为间接费用；$C_{9,1}$ 为管理费用；$C_{9,2}$ 为财务费用；$C_{9,3}$ 为销售费用；C_{10} 为其他费用。

直接人工费是指订单执行过程中，企业为补偿生产经营活动中必要劳动的消耗，支付给劳动者的报酬，包括员工工资和应计福利费两部分。员工工资包括计时工资、计件工资、设计量工资、业务量工资等类别。其计算方法如下：

直接人工费＝员工工资+应计福利

员工工资＝计时工资+计件工资+设计量工资+业务量工资

计时工资＝工种定额×工时数

计件工资＝合格数量×劳动强度系数×劳动定额－废品扣款

设计量工资＝图纸型号×图纸换算比率×标准图纸价格

业务量工资＝除税合同金额×提成比例

材料费是指订单执行过程中直接消耗的原料、主要材料、辅助材料、外购半成品、包装材料以及燃料和动力等所支出的费用，计算公式如下：

材料费＝原料费+主要材料费+辅助材料费+外购半成品费+包装材料费+燃料费+动力费用

材料费各项＝材料单价×材料数量

加工制造费是指订单在执行过程中企业生产车间为生产产品或提供劳务而发生的不能直接计入产品成本的各项订单费用，即产品制造成本中除去直接材料费和直接人工成本以外的其余一切制造成本。加工制造费等于各个加工中心制造费用之和，而各个加工中心制造费用又等于机具定额与机具工作小时数的乘积。计算公式如下：

加工中心制造费＝机具定额×机具工作小时数

工程安装费是指现场安装中的差旅、工机具、吊装、施工津贴等。备品备件是指为防止因易损件损坏、失效等原因使得生产停顿而准备的与设备有关的零件备用件，而购买这些零件备用件所支出的费用就叫做备品备件费。运费是指运输过程中的车辆运输费用和保险费用之和。流转税及附加是指订单的营业收入中扣除成本费用后得到的利润总额与一定比率的乘积。安全基金是指订单在节能减排、安全生产、职工健康等方面预投入的费用。间接费用指管理费用、销售费用、财务费用之和。管理费用指企业行政管理过程中为组织和管理企业生产经营活动支出的各项费用。销售费用也称营业费用，是指企业在产品销售过程中发生的费用以及为销售本企业订单产品专设的销售机构而支出的各项经费。财务费用是指企业为筹集生产经营所需要资金而发生的各项费用。其他费用是指以上费用之外的费用。

13.2.3　订单责任成本

目标成本确定以后，就要根据企业实际情况分解目标成本，形成订单计划成本，并将其落实到相关部门，明确这些部门管理职责，保证企业按照既定的计划成本进行成本控制。责任成本是指特定的责任中心（包括部门、单位和个人等）在其所承担的责任范围内发生的一切成本费用消耗。责任成本的计算需要将成本费用消耗按企业的经营责任落实到各个责任中心，同时对各个责任中心所发生的费用进行计算和分析，以利于对各个责任中心的业绩进行评价。责任成本控制需要确定责任主体、责任范围、反馈指标、评价部门。企业责任部门主要为成本中心，成本中心是其责任者对其成本负责的单位。成本中心的范围很广，只要有成本费用发生的地方，都可以建立成本中心，从而在企业形成逐级控制、层层负责的成本中心体系。该中心事先在目标成本的约束下制订各项成本计划，而后再将计划成本与实际成本比较。如有差异，则分析成因，提出解决方案，使计划成本和实际成本的差异降至最低。

13.2.4　订单动态成本

由于市场是千变万化的，而且生产经营过程中有很多不可预见的因素。因此，必须对整个订单成本进行全过程的动态管理。

在实现了目标明确计划详细责任清晰之后，就需要对成本进行系统、动态、实时、全程监控。订单动态成本动态记录任一时间点的成本费用支出情况，并计算截止订单执行的某一时间，预计订单完工结算所需要投入的全部成本，其中包括已发生的成本和尚未发生、按剩余工作量估算的成本，以便如果出现超支或亏欠的情况，立即在其他地方找到弥补和调整的空间。

13.2.5　订单成本控制

订单成本控制，是指以成本会计为主要手段，制定订单目标成本，测算订单成本定额，按订单成本计划支出成本和费用，将订单计划成本和订单实际成本进行比较，计算其差异，并纠正不利差异，提高工作效率，使实际成本等于甚至低于预期的计划成本，以确保订单成本目标的实现。现以直接人工成本差异和直接材料成本差异分析为例进行介绍。

直接人工成本差异的原因可能是工作中心、工人等级、工作时间、工资的变动，可能是设备故障、停电、缺料、任务不足，也可能是工作效率、加工工艺、投料批量的变化等。直接人工成本中计时工资差异计算公式如下：

$$计时工资差异=计划工时\times计划工资率-实际工时\times实际工资率$$

直接材料成本差异既有价格发生变化的原因，也有用量发生变化的原因，如采购价格、运输费用的变化、材料代用或变更、自制件改外购件或反之等皆为价差原因。而材料报废、材料损耗、材料利用率变化等均为量差原因。材料用量成本差异计算公式如下。

材料用量成本差异=计划用量×计划价格-材料的实际用量×实际价格

13.3 企业订单成本管理系统的构建

13.3.1 订单成本管理系统的构建

由订单目标成本、订单计划成本、订单责任成本、订单动态成本、订单成本控制与分析组成的企业成本管理系统是一个完整的有机体系。它围绕着企业订单成本形成的整个过程，通过制定目标成本，层层分解目标成本，形成成本计划，并在执行过程中对成本进行控制，不断地检查、分析、纠偏。具体方法如下：

（1）确定订单成本控制目标。在企业经营总体方针指导下，确定订单目标成本，分解订单目标成本，落实到各个成本中心，明确其所担负的责任。为建立订单责任成本管理、开展订单成本控制和成本核算、为协调各部门的关系打下基础。

（2）实施订单成本全过程控制。依据订单计划成本，对订单成本实施全过程控制，包括订单前期的目标成本控制、实施阶段的事中控制、销售阶段的成本控制。

（3）建立信息传递和信息反馈系统。订单成本控制的成败取决于信息反馈系统，若信息收集不准确或信息反馈不畅通，成本控制就失去了作用。因此，针对订单成本的执行过程、实施控制的过程中，应通过各层次、各部门、各环节对实际订单成本信息进行收集和反馈，以便及时、准确地了解订单计划成本的控制状况。

（4）订单成本的跟踪、检查、分析、纠偏。在订单成本实施过程中，应不断地对各环节反馈回来的实际成本信息进行计算，对产生的差异进行分析，及时调整控制措施来纠正偏差，使订单成本严格控制在计划成本的范围内，从而实现降低成本的目的。

13.3.2 订单成本管理系统的保障

企业成本管理系统的保障措施如下：

（1）适合的组织机构。企业成本管理系统必须设置适合企业自身特点的组织机构，保证成本管理活动有效运行。

（2）清晰的成本控制程序。企业成本管理系统必须有清晰的控制程序，以确保控制工作的可操作性和运行的连续性。

（3）明确的成本目标和岗位职责。企业成本管理系统要对企业各部门的各岗位制定明确的成本目标和岗位职责，使各成本中心明确各自的成本目标和担负的成本责任。

（4）成本核算与控制。规范订单成本核算是订单成本管理的一个重要组成部分，规范的订单成本核算和有效的成本控制，是订单成本控制效果的直接诱因。

（5）严格分析考核和成本激励机制。企业成本管理系统应包括两个方面的分析考核制度。一是对订单计划成本执行情况进行分析考核，二是对成本管理系统及其运行质量进行分析考核。分析考核不仅仅是在订单完工后最终分析考核，还应进行订单成本控制全过程的实时分析考核。为了调动各责任者的积极性，在建立责任成本的同时，还必须将责任成本体系和企业的绩效管理体系有机地结合起来，建立成本控制激励机制。

13.4 精益系统的成本中心案例分析

单元成本中心是在精益化思想指导下的最小成本中心。它通过骨干工艺环节为节点来建立，对于产品生产工艺中的骨干环节不需要太过细致化，但也不能过于简略，其界定的原则就是工艺选择性的有无：对于客户要求高的产品，工艺全程通过；而客户要求不高的同类产品，工艺环节中有可以接受的省略项，凡是有选择可能的工艺环节均应该纳入单元成本中心。

不同的产品、不同的品种、不同的客户要求的同类产品在合同评审时排定的工艺过程是不同的。因此，其基本出厂成本也是有大区别的。我们追求客户满意即可，不追求客户享受过剩质量。有些过剩质量，对于客户来说并没有实际用处，是巨大的隐形浪费。

建立单元成本中心是实现价值链，实施 LP 精益生产的关键步骤，也是企业产品卖点分析中关键基础数据的来源。

那么如何建立单元成本中心呢？首先要对工艺做出详细分析，确立某产品的核心工艺步骤。在核心工艺点的前后，辅助工艺按照增值特点划归到核心工艺点的成本中去，让成本零游离。核心工艺点以该处核心设备或者设施为代表名称，这样一来，核心工艺点就与设备树有关联关系。因此，在建立成本中心树的时候可以参考设备树的前 8 位码。6 位码到生产线，8 位码到生产线的不同工艺段。

成本中心的基本分钟成本计算要依赖于通用代码库，比如单个人的分钟成本、原料单位成本、能源单位成本、备件单位成本、物流单位分钟成本。在成本中心导入分钟耗用量以后，系统自动计算出该成本中心的工艺开机分钟和成本金额。故通用代码库中的数据导入要求动态维护方便。

带材的负公差轧制也是双刃剑，如果没有建立客我互动的渠道，影响也是双向的。

如图 13-3 所示，当企业有了这个单元成本中心的数据，也就有了精益生产的价值链计算结果，合同评审才有了经济意义。我国的钢铁企业，尤其国有钢铁企业，长期的合同评审只有技术意义，没有经济意义可言，得到了许多深刻教训。

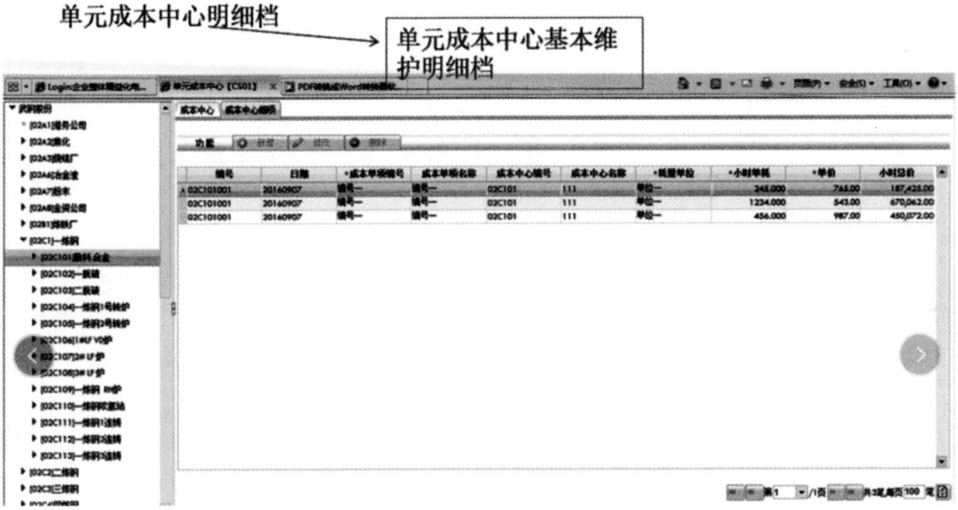

图 13-3 成本中心

建立单元成本中心，务必打碎以往财务人员笔头推算的所谓成本中心的方式、方法、概念、流程、考核以及一切相关的管理制度，要回到可以选择的工艺特征的轨道上来。

大项目的成本中心与此类似，只是划分基点选择不同，它是以合同编号（订单号）为成本树的。

14　质量管理

14.1　质量屋的内涵

质量屋是由美国学者 J. R. Hauser 与 D. Clausing 于 1988 年提出。质量屋是质量功能配置（QFD）的核心，是一种确定顾客需求和相应产品或服务性能之间联系的图示方法。

质量屋（the house of quality，HOQ）一直是产品开发中连接用户需求与产品属性的经典工具。例如在一个相机产品开发中，市场研究得到了用户对产品的若干需求，如质量轻、使用方便、可靠、容易拿稳等。通过市场人员与设计人员共同工作，确定实现不同需求可行的方式。这个过程同时排除掉了一些目前技术无法实现的需求，就像选择家具。一个完整的质量屋，还包括竞争对手表现、技术指标之间的关系、技术指标重要性得分等信息。

14.2　质量屋的构成

质量屋（HOQ）是驱动整个质量功能展开过程，它是一个大型的矩阵，由 7 个不同的部分组成，如图 14-1 所示。这 7 个组成部分分别是：

（1）顾客需求（customer requirements），即 VOC（voice of customer），通常它们可用亲密度图和树图表示。不同的产品有不同的顾客需求，例如，对于汽车来说，顾客需求可能是车门容易开启；对于银行来说，顾客需求可能是取款不用排队等。QFD 就是用来部署（deploy）VOC 的，而不是用来收集 VOC 的。收集 VOC 则是另一个相对独立的过程。

（2）产品特性（product features）。它们也可以用亲密度图和树图表示。产品特性是我们用以满足顾客需求的手段，产品特性也因产品不同而有差异。如对于车门，产品特性可能是关门所需的力量；对于割草机，产品特性可能是转动轴所需的推力。产品特性必须用标准化的表述，QFD 中是利用顾客需求来产生产品特性的。

（3）顾客需求的重要性（importance of customer requirements）。我们不仅需要知道顾客需求些什么，还要知道这些需求对于顾客的重要程度。计划矩阵（planning matrix）包含一个对主要竞争对手产品的竞争性分析，矩阵中包括 3 列，分别代表对于现有产品所需的改进（改进率）、改进后可能增加的销售量

（销售点）以及每个顾客需求的得分。

（4）计划矩阵（planning matrix）包含一个对主要竞争对手产品的竞争性分析，矩阵中包括3列，分别代表对于现有产品所需的改进（改进率）、改进后可能增加的销售量（销售点）以及每个顾客需求的得分。

（5）顾客需求与产品特性之间的关系。这是矩阵的本体（中间部分），表示产品特性对各个顾客需求的贡献和影响程度。

（6）特性与特性之间的关系。一般地，一个特性的改变往往影响另一个特性。通常这种影响是负向的，即一个特性的改进往往导致另一个特性变坏。该特性关系图使我们能辨别这些特性之间的影响，以求得折中方案。

（7）目标值。这是上述各部分对产品特性影响的结果。

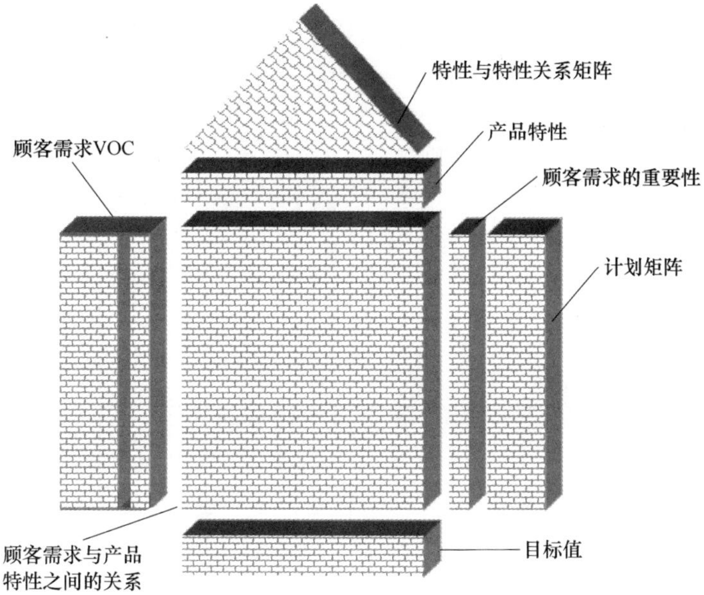

图 14-1 质量屋图示

14.3 质量功能配置（QFD）

在精益系统方法中，质量管理也极为重要，但对于质量管理中最有价值的工作——QFD，我国企业却几乎没有太多尝试。长期观察与实践表明：QFD是最难的工作，但也是最有用的质量工作。质量功能屋需要多方面配合，以部门为核心的矩阵管理格局做不到这点，主要是因为没有一个副职战线能够协调到底。只有辐射状的管理结构才可以很顺利使用这项管理工具。因此，本节将介绍精益系统的QFD内容，它的完整结构的结果如图14-2所示，分为屋墙矩阵、屋顶矩阵、墙根矩阵。

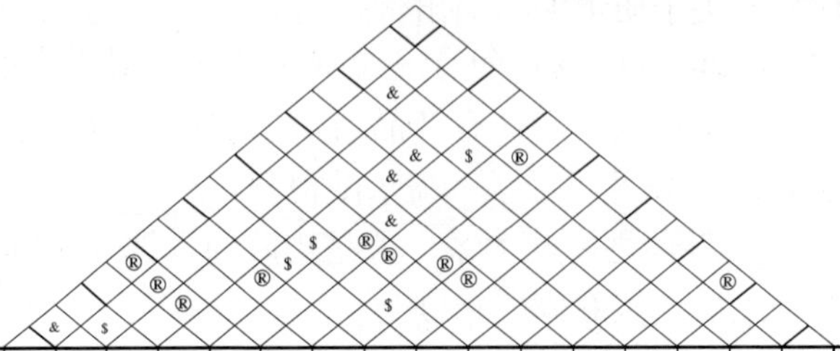

*——强相关=9
@——相关=3
#——弱相关=1
&——强相关=1
®——相关=0.5
$——弱相关=0.2

顾客关注内容 \ 相关技术工艺指标	顾客关注程度	化学成分	连接难度	冶炼难度	精炼难度	定尺加工质量	整体结构形式	孔隙精度	直线度	平头难度	热处理稳定	表面质量	比重均匀性	焊接配套	表面质量	冷弯性能	抗氧性能	竞争性评价 A-武钢 B-宝钢 C-鞍钢					顾客关注度评价		
																		1	2	3	4	5	A	B	C
1、钢铁强度	####	*	@		@				@		#	#	@	@						C	BA		39	33.3	29
2、钢铁韧性	####		*	*	#	@									@	@	*			C	BA		36	32	27
3、使用安全	####		*	#		#				@					*		*			C	BA		35.3	35	26
4、服务水平	####		*	#	#	@		#	#	#					@	#	@			C	AB		33	34.4	26
5、几何精度	####				*			#	#	#										C	AB		34	34	26
6、吨位价格	####	@	#		*	#		@	@	@		@	*	*	#		*			A	BC		25.3	30	34
7、使用寿命	####	*	*	@		@		#							@	#	*			ABC			32	28.9	29
8、轨道外观	####		*		#	@	@	#	#	#	#	*					#			BC	A		32	26	22
9、更换方便	####			#	*		@	@	@	@			#	#	@					C	BA		27	27.4	24
10、温度稳定	####				*			*	*	*					@					C	AB		30.4	32	23
11、适用范围	####	@		#					@				*	*						C	BA		29.4	25.7	22
12、易维修	####		@	*			*	@	@	@	@				#	@				A	BC		21.4	29	28
13、功能齐全	####				@			*	*	*			#	#	@				C	A	B		26	27.5	14
14、噪声水平	####		*			@		@	@	@			@	@		@	#			BC	A		26.6	22	19.95
15、屈服极限	####			@	#		@	@	@	*	#								C	AB			18	18	12
绝对重要性		207	503	222	372	139	130	272	314	326	45	107	205	205	240	86	352	顾客关注度评价合计					445	435	362

项目		化学成分	连接难度	冶炼难度	精炼难度	定尺加工质量	整体结构形式	孔隙精度	直线度	平头难度	热处理稳定	表面质量	比重均匀性	焊接配套	表面质量	冷弯性能	抗氧性能	合计
相对重要性		5.6%	13.5%	6.0%	10.0%	3.7%	3.5%	7.3%	8.4%	8.8%	1.2%	2.9%	5.5%	5.5%	6.4%	2.3%	9.4%	
重要性排序数		9	1	8	2	12	13	6	5	4	16	14	10	10	7	15	3	
重要度权重配给		7.8	9.9	8	9.7	7	6.8	8.5	8.8	9	6.3	6.6	7.5	7.5	8.4	6.5	9.4	
调整后绝对重要性		780	1064	392	1046	782	195	576	442	455	179	539	577	577	947	150	472	
调整后相对重要性		8.5%	11.6%	4.3%	11.4%	8.5%	2.1%	6.3%	4.8%	5.0%	2.0%	5.9%	6.3%	6.3%	10.3%	1.6%	5.1%	
技术难度		4.9	4.8	4.6	4.5	4.5	4.3	4.1	4.1	4.1	4.0	4.0	3.8	3.8	3.7	3.4	3.3	
竞争对手技术工艺性能力评价权数 A-武钢 B-宝钢 C-鞍钢	1																	
	2				C			A	C	C								
	3	C	BC	ABC	A	BC	BC	BC	B	A	BC	BC	ABC	BC	BC	ABC	C	
	4	BA	A		B	A	A		A	B	A	A		A	A		BA	
	5																	
技术工艺评价结果	A	19.6	19.2	13.8	13.5	18	17.2	8.2	16.4	12.3	16	16	11.4	15.2	14.8	10.2	13.2	235
	B	17.2	14.4	13.8	18	13.5	12.9	12.3	12.3	16.4	12	12	11.4	11.4	11.1	10.2	11.6	210.5
	C	14.7	14.4	13.8	9	13.5	12.9	12.3	8.2	8.2	12	12	11.4	11.4	11.1	10.2	9.9	185
生产竞争能力	A	31	40	24	29	28	27	17	35	27	25	26	23	30	34	20	38	454
	B	27	30	24	39	21	20	26	26	36	19	20	23	23	25	20	33	412
	C	23	30	24	19	21	20	26	18	18	19	20	23	23	25	20	28	357

卖点分析：
A-武钢的卖点有：1、2、3、6、7、8、9、11、14共九点；
B-宝钢的卖点有：4、13共2点；
C-鞍钢的卖点有：无任何卖点。

结论：
A-武钢所满足顾客关注度的总水平居第一位，可以加大产能生产。

结论描述：
A-武钢的技术工艺总水平居第一位，本厂的生产能力强。
A-武钢的总生产竞争能力最强，顾客总关注度最高，所以产品必将热销，可以加大产能生产。

图 14-2　QFD 输出样貌

在图 14-2 中 QFD 解决了以下几个关键问题：（1）产品的卖点在哪里；（2）产品的技术优势在哪里；（3）产品的工艺优势在哪里；（4）产品的客户关注度在哪里；（5）产品的竞争力在哪里；（6）得出结论该产品是否有生产的价值以及如何改造。

企业现代精益化系统关于质量屋的输出就是针对企业某个需要分析的产品品种，分析与竞争对手之间在客户关注度、技术工艺等方面的优势、劣势，为得出结论提供决策依据。

图 14-3 所示是 QFD 的屋墙大矩阵，它包含了以下内容：（1）客户关注小矩阵设为 1#矩阵；（2）技术与工艺联合小矩阵设为 2#矩阵；（3）竞争对手的调研小矩阵设为 3#矩阵；（4）针对客户关注度的竞争力评价计算小矩阵设为 4#矩阵。

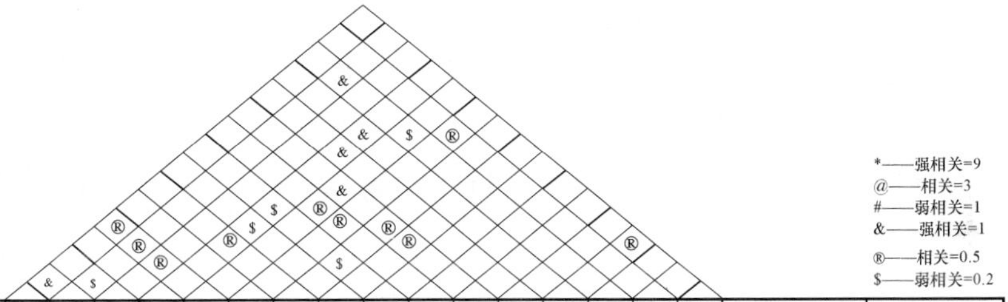

顾客关注内容 \ 相关技术工艺指标	顾客关注程度	化学成分	连接难度	冶炼难度	精炼难度	定尺加工质量	整体结构形式	孔隙精度	直线度	平头难度	热处理稳定	表面质量	比重均匀性	焊接配套	表面质量	冷弯性能	抗氧性能	竞争性评价 A-武钢 B-宝钢 C-鞍钢					顾客关注度评价		
																		1	2	3	4	5	A	B	C
1、钢铁强度	####	*	@		@				@		#	#	@	@						C	BA		38	33	29
2、钢铁韧性	####		*	*	#	@									@	@	*			C	BA		37	32	27
3、使用安全	####		*	#		#				@					*		*			C	BA		35	35	26
4、服务水平	####		*	#	#	@		#	#	#					@	#	@			C	AB		30	34	26
5、几何精度	####				*			#	#	#										C	AB		34	34	26
6、吨位价格	####	@	#		*	#		@	@	@		@	*	*	#		*			A	BC		25	34	34
7、使用寿命	####	*	*	@		@		#							@	#	*			ABC			29	29	29
8、轨道外观	####		*		#	@	@	#	#	#	#	*					#			BC	A		32	24	24
9、更换方便	####			#	*		@	@	@	@			#	#	@					C	BA		31	27	24
10、温度稳定	####				*			*	*	*					@					C	AB		30	30	23
11、适用范围	####	@		#					@				*	*						C	BA		29	26	22
12、易维修	####		@	*			*	@	@	@	@				#	@				A	BC		21	28	28
13、功能齐全	####				@			*	*	*			#	#	@				C	A	B		26	27.5	14
14、噪声水平	####		*			@		@	@	@			@	@		@	#			BC	A		27	20	20
15、屈服极限	####			@	#		@	@	@	*	#								C	AB			18	18	12

图 14-3 屋墙矩阵

由于国际惯例输出结果的打印优先使用 A4 纸的幅面，为了让质量屋能够容纳在同一张纸上，系统推荐在客户关注矩阵中，调查客户关注度的内容在 12 项以下。按照调查中的分布权重依次排序，分数由大到小，推荐在 9.8~5.0 之间，对应序号从最大至最小。

技术工艺矩阵推荐为 16 以下的偶数条目，找出被分析产品在技术与工艺上的核心内容，比重各占一半。分析每一条工艺技术条目对于每一条客户关注度的相关性，在强相关、中相关、弱相关和不相关之间做出选择。对应的相关系数在图中已经给出。

竞争对手的调查矩阵中，在 1~5 分之间，将每家竞争对手对于客户关注条目的影响调查进行分数配给。考虑系统的输出打印纸张的幅面问题，最好了解包含自己在内的四家以下的主要竞争对手。

在竞争力评价计算矩阵中，将上述的分数配给与客户关注度的权重分数相乘，得出的每家竞争对手的计算值放在矩阵中。当每家的得分汇总出来以后，就可以判断谁最有客户满意度的优势，以及优势出自哪里，自身企业劣势出在哪里。

图 14-4 所示是 QFD 的屋顶矩阵，它清楚地描述了技术与工艺的自相关与互相关。屋顶等腰三角形的斜格子中利用强相关、中相关、弱相关和不相关的符号将每一条技术与工艺条目联系起来，由专家做出判断后进行选择。这个选择很重要，它是计算企业内部技术与工艺能力的关键活动。如果这里没有分析透彻，那么企业内部的改造与更新将会是盲目的，这也是大企业的通病所在。

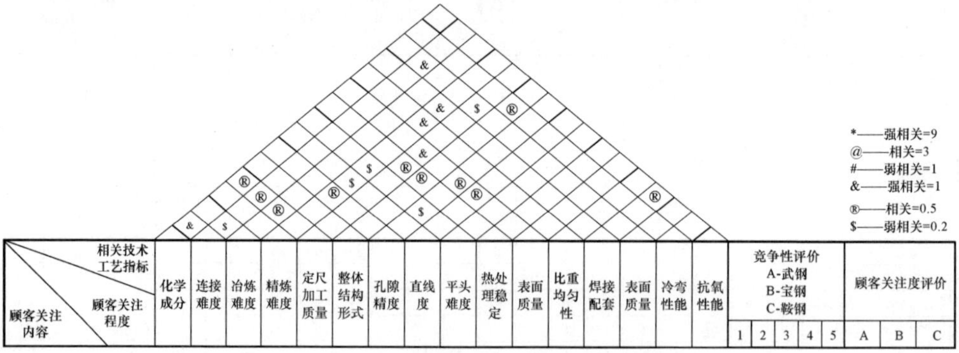

图 14-4　屋顶矩阵

在软件系统中实现三角形状屋顶有很大难度，故在形式上往往是一个表格的外貌存在，填相关系数的符号时依据三角形占位去处理即可，其余空着无妨。

屋顶矩阵在计算的时候被称为调整矩阵，把技术与工艺的关键要素进行彻底的分析。调整计算的结果关系到技术工艺的重要性评估，因此要求由内行的专家进行这个工作的界定。

图 14-5 所示是 QFD 的质量屋墙根矩阵，主要进行各种权重计算与分析工作，内容如下：

（1）绝对重要性等于各项客户关注项目的权重数乘以该技术项目的相关系数的得数的总和。

（2）相对重要性等于单项技术绝对重要数占总重要数的百分比。

（3）重要性排序。由大到小排出序列号。

（4）技术重要度权重配给。序号在前的按照 10 分，序号最小的按照 1 分，进行技术重要度权重分配取数。

(5) 调整后的绝对重要性等于考虑计算屋顶相关系数后的绝对重要性计算结果之总和。

(6) 调整后的相对重要性等于单项技术调整后的绝对重要数占总调整数的百分比。

(7) 按照百分比的大小进行技术难度权重数配给。按照 1~5 分的范围进行，比重最大的配 5 分，比重最小的配 1 分。

(8) 各家的竞争对手对于技术工艺项目的能力调查配分，按照 1~5 分的范围进行。

(9) 各家的技术工艺能力评价计算等于竞争对手的能力调查配分乘以技术难度权重数，结果出来后进行合计，总分最高的技术工艺能力最强。

(10) 各家的综合竞争能力评价计算等于竞争对手的能力调查配分乘以技术重要度权重配分，结果出来后进行合计，分数最高的综合竞争能力最强。

<table>
<tr><td colspan="2">绝对重要性</td><td>207</td><td>503</td><td>222</td><td>372</td><td>139</td><td>130</td><td>272</td><td>314</td><td>326</td><td>45</td><td>107</td><td>205</td><td>205</td><td>240</td><td>86</td><td>352</td><td>顾客关注度评价合计</td><td>445</td><td>435</td><td>362</td></tr>
<tr><td colspan="2">相对重要性</td><td>5.6%</td><td>13.5%</td><td>6.0%</td><td>10.0%</td><td>3.7%</td><td>3.5%</td><td>7.3%</td><td>8.4%</td><td>8.8%</td><td>1.2%</td><td>2.9%</td><td>5.5%</td><td>5.5%</td><td>6.4%</td><td>2.3%</td><td>9.4%</td><td rowspan="10" colspan="4">卖点分析：
A-武钢的卖点有：1、2、3、6、7、8、9、11、14共九点；
B-宝钢的卖点有：4、13共2点；
C-鞍钢的卖点有：无任何卖点。
结论：
A-武钢所满足顾客关注度的总水平居第一位，可以加大产能生产。</td></tr>
<tr><td colspan="2">重要性排序数</td><td>9</td><td>1</td><td>8</td><td>2</td><td>12</td><td>13</td><td>6</td><td>5</td><td>4</td><td>16</td><td>14</td><td>10</td><td>10</td><td>7</td><td>15</td><td>3</td></tr>
<tr><td colspan="2">重要度权重配给</td><td>7.8</td><td>9.9</td><td>8</td><td>9.7</td><td>7</td><td>6.8</td><td>8.5</td><td>8.8</td><td>9</td><td>6.3</td><td>6.6</td><td>7.5</td><td>7.5</td><td>8.4</td><td>6.5</td><td>9.4</td></tr>
<tr><td colspan="2">调整后绝对重要性</td><td>780</td><td>1064</td><td>392</td><td>1046</td><td>782</td><td>195</td><td>576</td><td>442</td><td>455</td><td>179</td><td>539</td><td>577</td><td>577</td><td>947</td><td>150</td><td>472</td></tr>
<tr><td colspan="2">调整后相对重要性</td><td>8.5%</td><td>11.6%</td><td>4.3%</td><td>11.4%</td><td>8.5%</td><td>2.1%</td><td>6.3%</td><td>4.8%</td><td>5.0%</td><td>2.0%</td><td>5.9%</td><td>6.3%</td><td>6.3%</td><td>10.3%</td><td>1.6%</td><td>5.1%</td></tr>
<tr><td colspan="2">技术难度</td><td>4.9</td><td>4.8</td><td>4.6</td><td>4.5</td><td>4.5</td><td>4.3</td><td>4.1</td><td>4.1</td><td>4.1</td><td>4.0</td><td>4.0</td><td>3.8</td><td>3.8</td><td>3.7</td><td>3.4</td><td>3.3</td></tr>
<tr><td rowspan="5">竞争对手技术工艺性能力评价权数
A-武钢
B-宝钢
C-鞍钢</td><td>1</td><td></td><td></td><td></td><td></td><td></td><td></td><td></td><td></td><td></td><td></td><td></td><td></td><td></td><td></td><td></td><td></td></tr>
<tr><td>2</td><td></td><td></td><td></td><td>C</td><td></td><td></td><td>A</td><td>C</td><td>C</td><td></td><td></td><td></td><td></td><td></td><td></td><td></td></tr>
<tr><td>3</td><td rowspan="2">C
B
A</td><td>BC</td><td>ABC</td><td>A</td><td>BC</td><td>BC</td><td>BC</td><td>B</td><td>A</td><td>BC</td><td>BC</td><td>ABC</td><td>BC</td><td>BC</td><td>ABC</td><td rowspan="2">C
B
A</td></tr>
<tr><td>4</td><td>A</td><td></td><td>B</td><td>A</td><td>A</td><td></td><td>A</td><td>B</td><td>A</td><td>A</td><td></td><td>A</td><td>A</td><td></td></tr>
<tr><td>5</td><td></td><td></td><td></td><td></td><td></td><td></td><td></td><td></td><td></td><td></td><td></td><td></td><td></td><td></td><td></td><td></td><td>合计</td><td colspan="3">结论描述</td></tr>
<tr><td rowspan="3">技术工艺评价结果</td><td>A</td><td>19.6</td><td>19.2</td><td>13.8</td><td>13.5</td><td>18</td><td>17.2</td><td>8.2</td><td>16.4</td><td>12.3</td><td>16</td><td>16</td><td>11.4</td><td>15.2</td><td>14.8</td><td>10.2</td><td>13.2</td><td>235</td><td rowspan="6" colspan="3">A-武钢的技术工艺总水平居第一位，本厂的生产能力强。
A-武钢的总生产竞争能力最强，顾客总关注度最高，所以产品必将热销，可以加大产能生产。</td></tr>
<tr><td>B</td><td>17.2</td><td>14.4</td><td>13.8</td><td>18</td><td>13.5</td><td>12.9</td><td>12.3</td><td>12.3</td><td>16.4</td><td>12</td><td>12</td><td>11.4</td><td>11.4</td><td>11.1</td><td>10.2</td><td>11.6</td><td>210.5</td></tr>
<tr><td>C</td><td>14.7</td><td>14.4</td><td>13.8</td><td>9</td><td>13.5</td><td>12.9</td><td>12.3</td><td>8.2</td><td>8.2</td><td>12</td><td>12</td><td>11.4</td><td>11.4</td><td>11.1</td><td>10.2</td><td>9.9</td><td>185</td></tr>
<tr><td rowspan="3">生产竞争能力</td><td>A</td><td>31</td><td>40</td><td>24</td><td>29</td><td>28</td><td>27</td><td>17</td><td>35</td><td>27</td><td>25</td><td>26</td><td>23</td><td>30</td><td>34</td><td>20</td><td>38</td><td>454</td></tr>
<tr><td>B</td><td>27</td><td>30</td><td>24</td><td>39</td><td>21</td><td>20</td><td>26</td><td>26</td><td>36</td><td>19</td><td>20</td><td>23</td><td>23</td><td>25</td><td>20</td><td>33</td><td>412</td></tr>
<tr><td>C</td><td>23</td><td>30</td><td>24</td><td>19</td><td>21</td><td>20</td><td>26</td><td>18</td><td>18</td><td>19</td><td>20</td><td>23</td><td>23</td><td>25</td><td>20</td><td>28</td><td>357</td></tr>
</table>

图 14-5 墙根矩阵

通过质量功能配置（QFD），企业可以把市场或者是顾客的要求转化为设计要求、工艺要求、生产要求等，它使得产品的全部研制过程与满足顾客要求的实际紧密联系起来，从而增强产品的市场竞争力。QFD 功能的具体表现在其有助于企业正确把握顾客的需求，选择合适的生产方案，通过统筹协助打破组织部门的功能障碍，最终能够有效地开发产品，提高质量和可信度。

14.4 质量屋应用案例分析

本节以自动咖啡零售机为对象，开展质量屋分析。

14.4.1　相关技术指标选择

相关技术指标的选择包括以下内容：

（1）桨与锅底的间隙；（2）整机装配质量；（3）轴密封方式；（4）整机控制模式；（5）零件加工质量；（6）整机结构形式；（7）清洗系统；（8）上料机模式；（9）物料锅形式；（10）表面质量；（11）搅拌桨转速；（12）制粒刀转速；（13）安全装置；（14）主搅拌形式；（15）传动形式；（16）元器件质量；（17）加浆系统；（18）主要零件材质。

14.4.2　顾客关注内容及关注程度

顾客关注内容及关注程度（由市场问卷调查得）：

（1）制粒质量 9.50；（2）可靠性 9.13；（3）使用安全 8.83；（4）服务 8.60；（5）制粒效率 8.50；（6）价格 8.42；（7）使用寿命 8.25；（8）外观 8.00；（9）操作方便 7.84；（10）自动化程度 7.60；（11）适用范围 7.35；（12）易维修 7.12；（13）功能齐全 6.88；（14）噪声水平 6.65；（15）劳动强度 6.0。

14.4.3　竞争性对手分析

竞争性对手分析包括三家：

（1）北京航空制造工程研究所（625 所）；（2）哈尔滨纳诺机械设备有限公司；（3）上海天祥机械设备有限公司。

14.4.4　质量屋构建

质量屋构建包括以下内容：

（1）屋顶部分。*——强相关 = 1；@——一般相关 = 0.5；#——弱相关 = 0.2。

（2）技术难度是指相关技术指标的难度排序。

质量屋结果如图 14-6 所示。

14.4.5　结论

根据上述分析比较可得结论：

（1）面向顾客的竞争力。企业 A 强于企业 B 强于企业 C，其中 A 企业卖点在于制粒，B 企业卖点在于外观，C 企业卖点在于价格。

（2）面向技术工艺的竞争力。企业 A 强于企业 C 强于企业 B。其中 A 企业的技术优势在于桨与锅底的间隙，C 企业的技术优势在于整机控制模式，B 企业无明显技术优势。

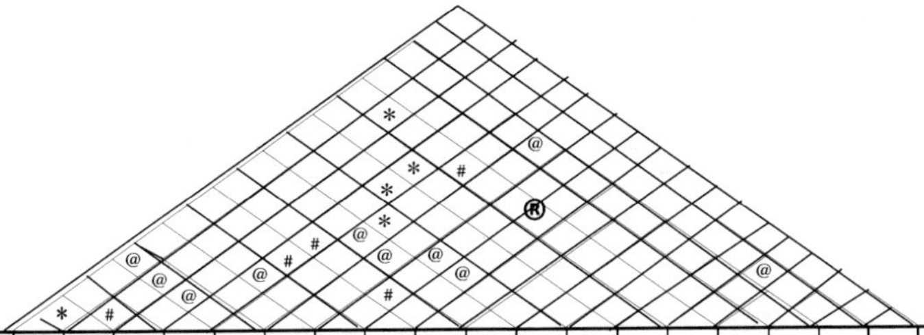

顾客关注内容 \ 相关技术工艺指标	顾客关注程度	浆与锅底间隙	轴孔安装质量	轴密封方式	整机控制模式	零件加工质量	整体结构形式	清洗系统	加浆系统	上料机模式	物料锅型式	表面质量	搅拌桨转速	制粒刀转速	安全装置	主搅拌形式	传动形式	元器件质量	主要零件材质	竞争性评价 A-625所 B-哈尔滨纳诺 C-上海天祥 1	2	3	4	5
1、制粒质量	9.50	*	@		@				@		#	#	@	@		#						CBA		
2、可靠性	9.13		*	*	#	@									@		@	*				CBA		
3、使用安全	8.83		*	#		#				@					*			*				CBA		
4、服务	8.60		*	#	#	@		#	#	#					@		#	@				CAB		
5、制粒效率	8.50				*			#	#	#						@						C	AB	
6、价格	8.42	@	#		*	#		@	@	@		@	*	*	#			*	#			A	BC	
7、使用寿命	8.25	*	*	@		@		#							@		#	*	@			ABC		
8、外观	8.00		*		#	@	@	#	#	#	#	*						#				BC	A	
9、操作方便	7.84			#	*		@	@	@	@			#	#	@							CBA		
10、自动化程度	7.60				*			*	*	*					@							C	AB	
11、适用范围	7.35	@		#					@				*	*		#						CBA		
12、易维修	7.12		@	*			*	@	@	@	@				#		@					A	BC	
13、功能齐全	6.88				@			*	*	*			#	#	@						C	A	B	
14、噪声水平	6.65		*			@		@	@	@			@	@			@	#	#			BC	A	
15、劳动强度	6.00			@	#		@	@	@	*	#										C	AB		
绝对重要性		207	503	222	372	139	130	272	314	326	45	107	205	205	240	42	86	352	41					
相对重要性		9	1	8	2	11	12	6	5	4	15	13	10	10	7	16	15	3	17					
技术难度		5	5	5	5	5	4	4	4	4	4	4	4	4	4	3	3	3	3					
技术性评价 A-625所 B-哈尔滨纳诺 C-上海天祥	1																							
	2				C			A	C	C						AC								
	3	CBA	BC	ABC	A	BC	BC	BC	B	A	BC	BC	ABC	BC	BC	B	ABC	CBA						
	4		A		B	A	A		A	B	A	A		A	A				AC					
	5																		B					

*-强相关=9；
@-相关=3；
#-弱相关=1

图 14-6 质量屋实例

15　项目化管理

项目化管理的由来是什么呢？在几十年的国家大型工程项目建设和实践中，已经摸索出了一整套的项目管理方法与经验，形成了现代项目管理学。

在企业的生产经营活动中，设备设施的维护、维修、改造，甚至一些资本投入，建设工程等金额大小不一的任务，都形成了需要内部完成或者社会协作完成的众多不同项目。为了保证交期，大额合同也常常使用项目化管理策略，组成专班，模仿项目部流程进行经营、生产和发货管理。这些都需要项目化管理的理论、方法与流程以及平台。

项目化管理是指在特定的项目中运用专业的知识、工具、技能和方法，使项目在企业的有限资源下，能够超出或达到预计的需求和水平，这就包括了项目的策划、实施、效益、维护和评价等。同时，在项目化管理中，需要对企业项目的内容、时间、人员、成本、质量、风险等进行事先规划和实时把控。项目化管理策略的客观实际需求，使得这成为一门专门的学科，需要各个企业认真对待。

项目化管理的步骤通常有：（1）收集整理相关资料，制定初步的项目可行性分析报告；（2）对项目进行需求分析和风险分析；（3）项目团队建立；（4）对项目整体进行系统设计和信息系统建立；（5）制定项目的计划、进度表，实时把控；（6）对项目实施过程进行检查和考核；（7）对项目结果评价和分析。

在企业现代精益化系统平台中，项目化管理模块十分重要，如图 15-1 所示。在开发后，有企业实施的效果非常好。国家有关部门在巡视工程管理的过程中，对招标、投标、智慧评标的客观过程也有足够的肯定。甲方工程管理人员有了这个系统或平台，再也没有战战兢兢、如履薄冰的害怕检查的恐惧。这里，项目化管理模块功不可没。

15.1　项目招标、投标与智能评分

项目的招标是每个企业的基本需要。招标内容视工程大小有简有繁，但是其要素完全相同，在同样要素的平台上，描述的程度不同。投标人的投标资格是在预先审查的基础上通过系统予以授权完成。

投标窗口如图 15-2 所示。投标要素内容有：（1）合同编号——编码规则；（2）合同名称——企业定义；（3）拦标价格——人口数与调运吨时数的基本维修基准价与发标随机函数的乘积；（4）施工现场的平面布局——画图文表达；（5）质量要求——描述承诺；（6）特定施工技术方案——描述；（7）特定安全措施——描述；（8）主材供应方式——约定；（9）余土交移地点——约定；

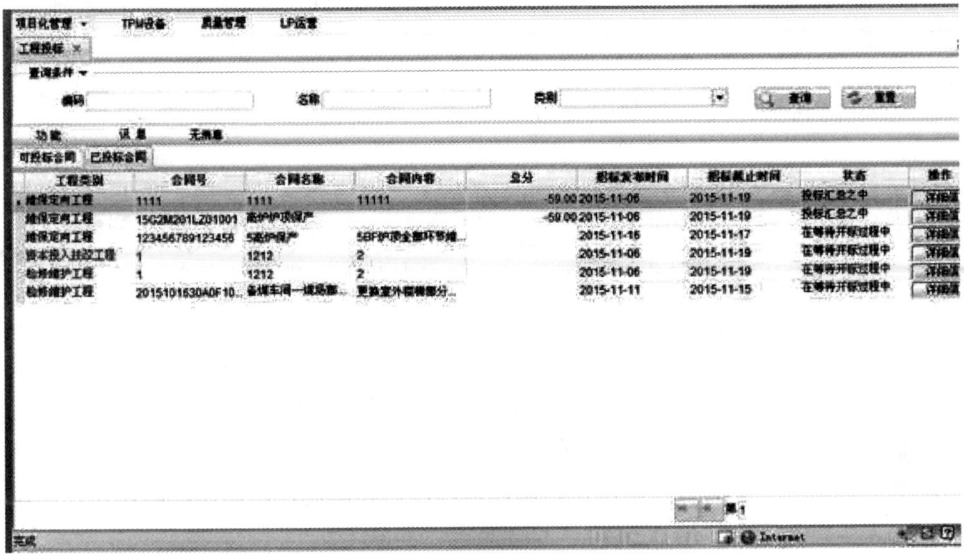

图 15-1 项目发布

(10) 残渣交移地点——约定；(11) 交工 6S 与可视化要求——约定；(12) 要求投标单位资格等级——约定；(13) 工期（天或时）数——数字；(14) 工期内平均每日出场人数——数字；(15) 物流调运总吨时数——数字；(16) 基本税率与发票——约定；(17) 网络进度保障——图；(18) 分项方案措施——描述；(19) 总分包协调——描述；(20) 测量放线约定——描述；(21) 冬、雨季施工方案——描述；(22) 项目部组织架构约定——描述；(23) 分包计划分解打算——描述；(24) 成品保护、保修承诺——描述；(25) 应急方案描述——风险约定；(26) 管理承诺——项目经理人背景描述；(27) 业绩描述——限制九项以内，依据合同额大小排序。

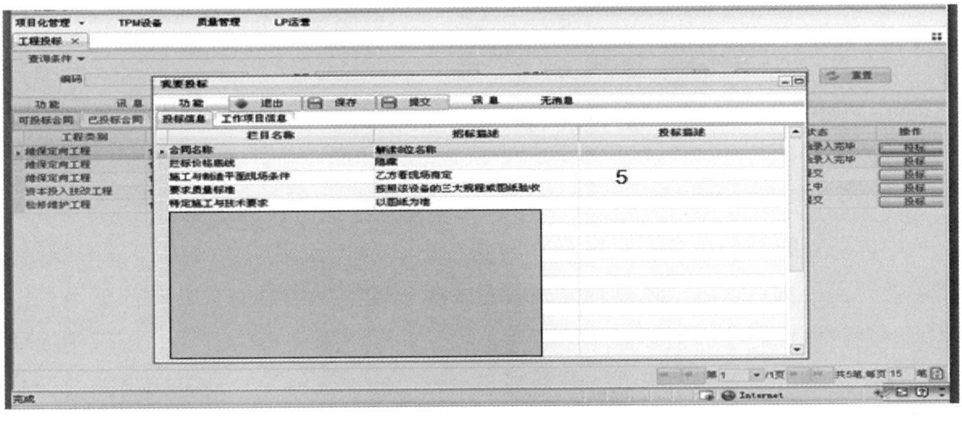

图 15-2 投标窗口

项目的投标对于招标的响应，针对 27 项内容，投标人在查看现场的基础上，需要认真回答与响应。同时需要克服几点要求：（1）复制粘贴同样内容到不同的条款中；（2）过于简化用“同样”“同上”“同前”来填满条款；（3）所有客观条款，技术条款均要理解后认真填写；（4）业绩描述不允许用同样的内容反复写；（5）经济标的金额数越接近标底越好，高了不好，低了也不好；（6）工期小时数和每天人数与总报价有逻辑关系，还有物流调运吨时数也与报价有逻辑关系。二者和的价格与总报价在逻辑上太高或太低于系统设定范围，都证明脱离实际，因此会得不到好的评分；（7）答非所问会得负分；（8）智能评标后的输出明细表如图 15-3 所示。税率要求先询问，后约定，含发票类型；（9）主材供应方式的常态是甲方供，如果乙方供应，则材料费单独走报销流程。报价中常态是不含主材费，如果包含会正式做出说明。

某工程评标得分明细表

发包栏目	发包内容	4300S00S2B	4300S00S2A		系统管理员	合计
检修工程（17码）	8位日期码+4位单位码+5位申请码					-5
			-2.5			
		-2.5				
合同名称	写申请工作名称					0
	高炉炉顶保产	0	0			
			0			
		0				
	解读8位名称					
栏标价格底线	被挖藏					0
		0	0			
	20000					
施工与制造平面现场条件	乙方看现场商定					4
		2	2			
	按照读设备的三大规程或					

图 15-3　某工程评标得分明细

智能评标的打分信息表输出如图 15-4 所示。投标得分窗口如图 15-5 所示。

中标通知的打印是在招标截止时间到达后，系统会自动改变该项目的颜色，如果管理人员看到绿色项目显现出来就意味着分数汇总已经出来，中标结果可以打印。当该项目的中标结果被打印以后，项目的颜色就会变为红色。接班的管理人只需关注绿色项目的中标人，其他项目也可以查询了解。自动打印出的中标通知单如图 15-6 所示。

发包栏目	发包内容	乔松	张仁琴	方佳伟	汤饶	邓晨龙
合计		92	87	79	61	51
检修工程	2015090630A0D1002	1	1	1	1	1
合同名称	焦化公司-炼焦3.4焦炉电缆线更换	1	1	1	1	1
拦标价格	*********	35	35	35	5	0
施工与制造现场条件	乙方现场商定或自己规划施工布局安排	0	0	2	0	3
要求质量标准	按照该设备的三大规程或图纸验收	3	3	1	3	3
特定施工与技术要求	以图纸为准，特殊环节特殊设施为辅	2	2	2	2	2
特定安全与施工措施	描述8JP内容并按照安全和安全方案实施	3	2	1	3	2
主材供应方式	甲供主材报出名称数量，乙供主材报价	2	2	2	2	2
余土交移地点	余土来去地点安排	3	2	1	2	1
残渣交移地点	残渣分类与去处安排	3	3	3	2	3
设备交移地点	设备交换地点安排	3	2	1	3	1
6S可视化要求	交工的6S标准与可视化打算	5	5	5	5	5
投标单位等级要求	如：机电类/一级/二级/三级	5	4	2	5	4
工期（天）	总工期天数被隐藏	0	0	0	0	0
平均每天劳动小时	总工期平均每天劳动小时被隐藏	0	0	0	0	0
平均每天上场人数	总工期平均每天上场人数被隐藏	0	0	0	0	0
调运吨数	隐藏	1	1	0	1	1
传统基本税	0.036914	2	1	2	2	2
网络进展保障	按照你的网络想法描述大节点安排	2	2	2	2	2
分享方案技术	按照你的想法描述明细项目的对应措施	2	2	2	2	2
管理承诺	描述项目经理的业绩情况	1	1	0	0	1
总包分包协调	描述联合体与分包人的管理协调内容	2	2	1	2	1
冬雨季施工方案	描述你的雨雪技术施工策略	2	2	2	2	2
组织机构管理	描述你的团队力量配置情况	1	1	2	3	1
分包计划分解	描述你的分包计划分解内容	2	2	1	2	1
成品保护保修	描述你的现场保护与交工后的保修策略	1	1	1	2	1
应急案与风险	描述你的紧急情况下的预案与风险防范	2	2	1	1	1
内容1	电缆桥架拆除、安装300米，桥梁尺寸	0	0	0	0	0
内容2	电缆清理清灰300米	0	0	0	0	0
内容3	电缆桥架支架安装300米	1	1	1	1	1
内容4	描述针对施工明细内容的业绩	1	1	1	1	1
内容5	描述针对施工明细内容的业绩	1	1	1	1	1
内容6	描述针对施工明细内容的业绩	1	1	1	1	1
内容7	描述针对施工明细内容的业绩	1	1	1	1	1
内容8	描述针对施工明细内容的业绩	1	1	1	1	1
内容9	描述针对施工明细内容的业绩	1	1	1	1	1
内容10	描述针对施工明细内容的业绩	1	1	1	1	1

图 15-4　智能评标打分信息表

招标合同编号	开标金额	中标金额	节省金额
11111	1111		1111
4101013018101281	10000000.00		10000000
1	2		2
3001457002019034	500000		500000
6101132018001235	70607.10		70607
5101222018001289	29330.75		29330
合计:	10601050.9	0	10601050.0

图 15-5　投标得分

201512070中标通知单　　2016年01月01日					
企业代码	F14301018	单位全称	某个实业公司建筑安装工程公司		
中标人姓名	张三	中标人身份号码	420106197803302816		
中标工程代码	2015090630A0D1002	中标金额	20000.00	栏标金额	20,171.00
计划开工日期	2016年01月05日	计划竣工日期	2016年02月05日	预约签订合同日期	2016年01月04日
甲方联系人姓名		甲方联系人电话		预约签订合同地点	企业股份设备部
合同管理员		合同科长		预约签订合同办理人	计划员
备书内容					

图 15-6　中标通知

系统发出通知单后，在规定的时间内，中标人到达指定地点签订合同。合同内容与招标内容是相同的。执行合同过程由项目部施工管理人员在企业 ERP 中去完成落实、验收、结算等流程，施工方评价与供应商评价、客户管理流程都在合作链模块中去完成。

除项目招标的完成过程外，企业项目化管理落实于大额合同的生产过程管理时，可以使用系统菜单“大合同项目化管理”的页面。

15.2　工程项目管理流程

工程是指土木建筑或其他生产、制造部门用比较大且复杂的设备来进行的工作，如土木工程、机械工程、交通工程、化学工程、采矿工程、水利工程等。工程是涉及资源如何利用的宏观层面的经济问题，一项工程能被人们所接受必须做

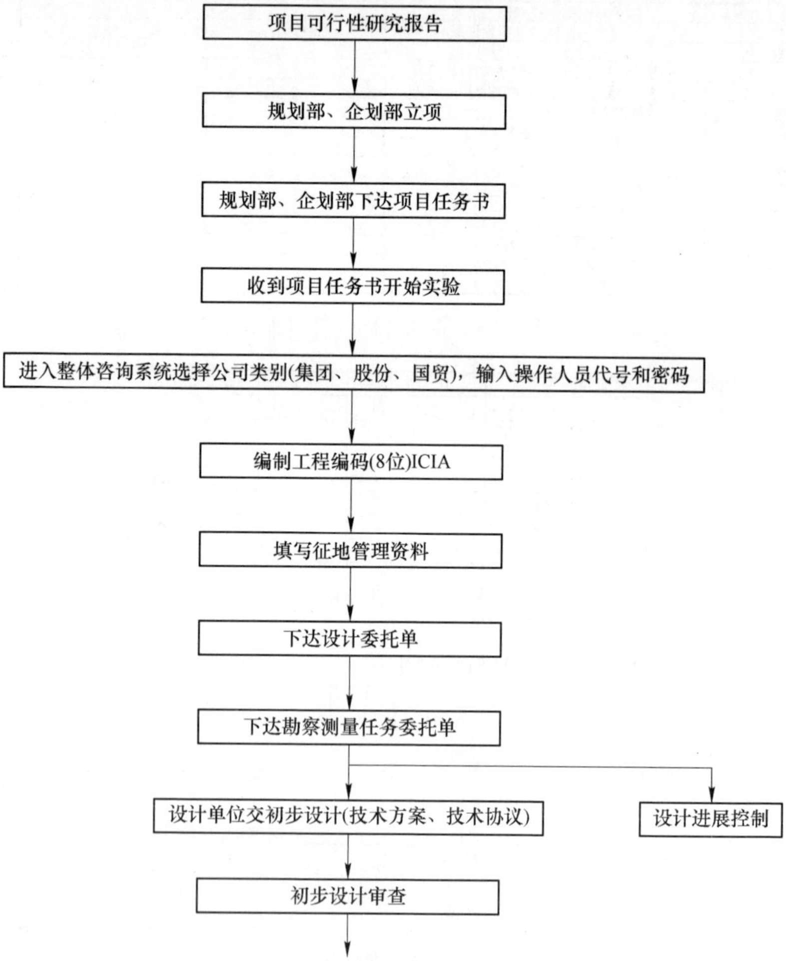

图 15-7　精益化系统工程项目实施流程图（首部）

到有效，即必须具备两个条件：一是技术上的可行性；二是经济上的合理性。

技术，就是把科学研究、生产实践、经验积累中所获得的科学知识应用在最有效的自然资源利用方式中，以形成能满足人们需要的运动系统。技术作为一个系统，既不是知识、能力或物质手段三者中任何一个孤立的部分，也不是三者简单的机械组合，而是在解决特定问题中体现的有机整体。

从工程立项开始，到项目分解，再到竣工验收的全部具体流程如图 15-7~图 15-9 所示。

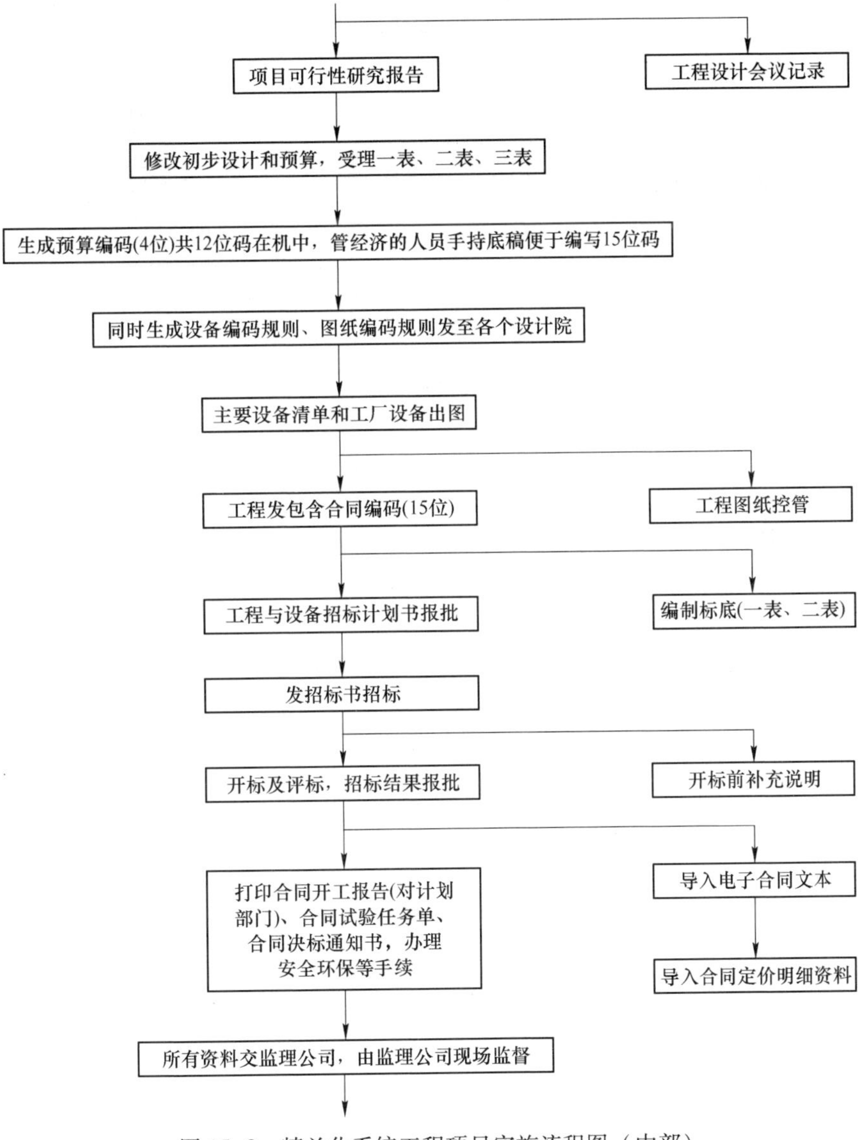

图 15-8 精益化系统工程项目实施流程图（中部）

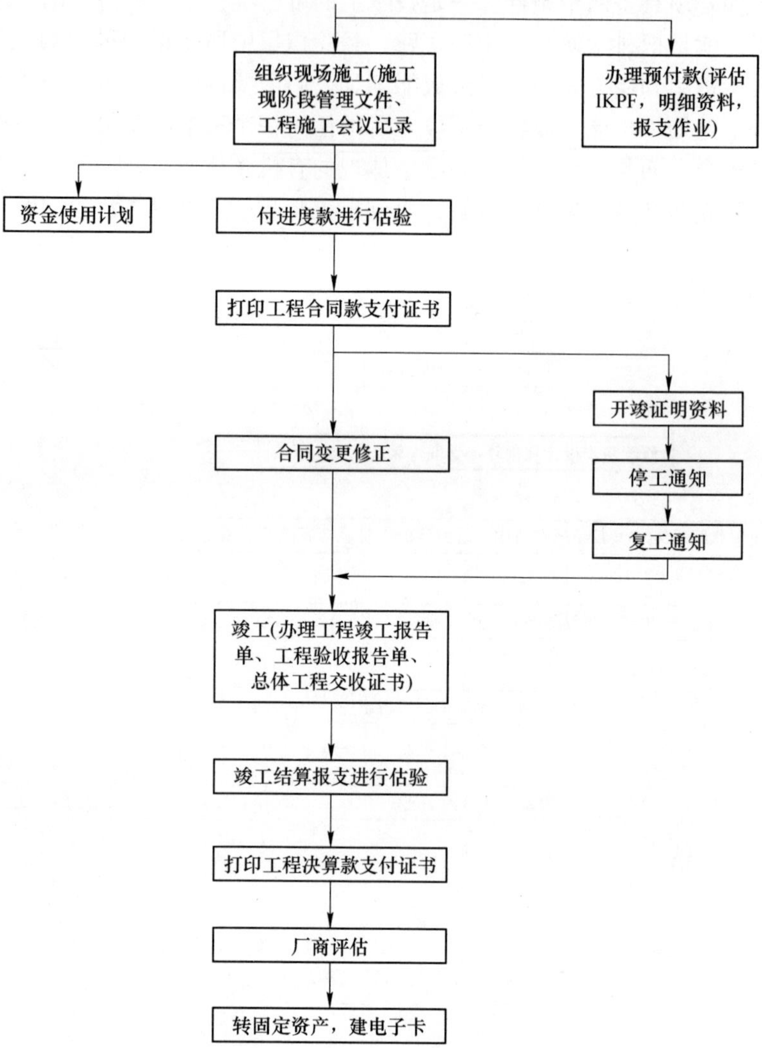

图 15-9　精益化系统工程项目实施流程图（尾部）

16 知识管理

16.1 知识管理概述

知识管理在20世纪末兴起于企业，是对企业生产所需知识资源的管理。知识资源包括储藏在图书馆、数据库及人的头脑中可编码的显性知识和储藏在个人头脑中不可编码的隐性知识。研究和开发、人事、培训、财务、营销等部门的管理活动都涉及知识资源的管理。但在生产高度依赖知识的情况下，分散的管理活动已不能满足需要。为此，企业通常在最高管理层设知识主管，负责统筹技术专利的获得、技术培训、客户信息的收集和传播、对蕴藏在组织文化中和掌握在关键技术人员头脑中的隐性知识进行整理和传承等，使分散的知识管理活动专门化、系统化，并促进知识的交流与转化，使各部门拥有的知识能为整个企业所共享。

知识管理的理论和方法在企业中得到应用，如微软、惠普、英特尔、摩托罗拉等公司都制定了实施知识管理的策略，将知识资源视为企业最重要的战略资源，把企业演变为学习型组织，把最大限度地掌握和利用知识资源作为提高企业竞争力的关键因素。国外一些组织已经在激励知识共享和转移方面做出了有益探索，如IBM公司对成员的评估中，知识共享的比重为25%；对于知识型人才的激励而言，用适当的激励制度和激励工具，保证个人不断积累知识，形成具有创造性的想法，并将自己所拥有的隐性知识（如经验、诀窍以及各种创造性的思想）奉献出来与他人分享，通过与同事的交流，在沟通中获得编码，整合为组织的知识，形成组织资产。

以1996年经合组织（OECD）在我国翻译出版《以知识为基础的经济》年度报告、1997年中科院《迎接知识经济，建设国家创新系统》报告发表、1998年中国国家元首在北大庆典演讲中指出“知识经济已见端倪”等三件大事为标志，知识经济在中国开始发育、成长，而1998年则成为中国学术领域的“知识经济年”。

1998年国外知识管理概念和思想引入我国，出现了一批知识管理的专家和学者，如左美云、董小英、王德禄，他们在对国外知识管理著作翻译、介绍和引进的同时，出版了一些专著，如王德禄的《知识管理的IT实现》，对知识管理理论和实践在我国的发展起到了重大的推动作用。知识管理网站的建立对中国知识管理的推动与发展功不可没。其中最为著名的是中国知识管理网，它是目前全球最权威的中文知识管理网站。该网站成立于 1998 年，是知识管理行业网站，在内容上致力于对国外先进的知识管理理论和案例的翻译和国内学者知识管理方面的论述的介绍，并设立了知识论坛，提供了充分的知识交流和共享平台。

国内一些软件公司，如蓝凌公司、金蝶公司，都已经开发出独立的知识管理软件，为企业实施知识管理奠定了软件基础。国内一些咨询公司，如长城企业战略研究所开始把知识管理作为咨询业务。以国家自然科学基金管理科学部将“企业知识管理问题研究”作为 2000 年鼓励研究领域为标志，国内学术界关于知识管理的研究将掀起一个高潮，并波及企业界，引发一个企业知识管理实践的高潮。一些企业开始认识到知识管理对市场竞争的意义，开始在企业中推行知识管理，用友公司、中国海洋石油总公司都是实施知识管理的成功典范。

16.1.1　知识的阶层性：数据、信息、知识、智慧

知识的阶层性包括数据、信息、知识、智慧，这四者有着密切的相关性、层次性和不同之处，常常容易混淆。知识就是人类长期以来通过思索、研究和实践所获得的对世界认识的总和。知识具有层级性，广义地说，数据、信息、知识、智慧都叫知识，只是精练程度不同。下面简要说明其关系及差异性。

（1）数据（data）。数据是按照一定规则排列组合的物理符号。数据有四种特定的形式：数字、文字、声音和图像，这些符号本身没有任何意义，数据的收集、加工、存储、表示和处理过程决定了数据的价值。

（2）信息（information）。信息是数据所反映的内容。从广义的角度讲，信息是物质的一种属性，是物质存在方式和运动规律的表现形式。信息只能以数据作为其载体，并以数据的形式进行传输。简单地说，信息就是隐含在数据中的内在逻辑和规则。人对信息的接收是从接收数据开始的。要获取信息首先必须了解数据的背景（context）和隐含在数据之中的规则。

（3）知识（knowledge）。知识是信息接收者通过对信息的提炼和推理而获得的正确结论。从广义地角度讲，知识是人类社会经验的总结，是人的主观世界对客观世界的概括和真实反映，是人类通过信息对自然界、人类社会、思维方式和运动规律的认识与掌握，是人的大脑通过思维重新组合的、系统化的信息集合。

（4）智慧（intelligence）。就个人而言，包括从广义的社会知识集合中所取得知识，如从书本中学习的前人理论的总结；个人总结的经验以及由此而形成的行为准则和习惯；在理论和经验基础上思考与内省而使个人知识升华为个人智慧。

16.1.2　知识分类

基于知识的分类方法来描述不同的知识。常见的知识分类法有以下几种：

（1）隐性知识与显性知识分类法。显性知识是指可以形式化、制度化、可以用言语或文字表达的知识。目前显性知识主要以内容的形式存储、表示。所谓内容就是对各种结构化数据、非结构化文档、信息的统称，内容管理就是将这些内容整合在一起，在一个操作系统平台上，统一调用，进行内容的采集、创建、数字化、加工、存储、组织、挖掘、检索、传递、发布和应用等。隐性知识更大程度地体现了知识的价值，由于它主要存储在人的头脑中，因此，对隐性知识的管理除了尽可能使隐性知识显性化之外，主要表现在对拥有知识的人的管理。隐性知识是相对于可以表述出来的显性知识而言的，隐性知识和隐藏知识难于获得，难于理解和难于交流，主要存在于人的大脑中。隐性知识属于个人的、内在的，与特别情境有关，且难以形式化与沟通。这类知识以非结构化的、非正式的方式存在，具有专有性，对解决现实问题和突发性问题有重要价值，如经验、技巧、构思、洞察力、判断力、解决问题的能力以及组织惯例等。

（2）通用知识和专门知识分类法。通用知识是指科学知识或广为人知的、普遍适用的知识；专门知识是针对某一具体对象而言的，如企业特有的知识，系统特有的知识。对于在相同技术条件下的企业，技术一般是相同的，这类技术属于通用知识，但单个企业会形成各自的与产品或过程相关的具体知识、技能和经验，也就是说企业建立或具有了系统特有的知识或企业特有的知识。系统特有的知识与制造具体产品的任务或项目有关，企业特有的知识产生于企业的整个活动中。

（3）公开的知识和秘密的知识分类法。公开的知识是指可以从科学和技术出版物上得到的知识，秘密的知识则是指由于知识本身的隐含性，或以保密、专利等手段受到保护的知识。

（4）经济合作发展组织（OECD）的分类法。OECD 在 1996 年发表的《以知识为基础的经济》报告中，将知识分为以下四种类型：

1）知道是什么的知识（know-what），是指关于事实方面的知识，比如中国 2005 年经济发展状况如何、企业有多少员工、企业的主要产品等；

2）知道为什么的知识（know-why），是指事物的客观原理和规律性方面的知识，属于通常所说的科学范畴，如为什么选用某材料、为什么开发某种产品等。这类知识的生产一般需要由专门机构，如研究院、大学等机构的专家学者来完成；

3）知道如何做的知识（know-how），是指用于改变物质世界或者某些用于满足人们某种需要的技术、技巧和能力方面的知识，属于通常所说的技术范畴；

4）知道谁能做的知识（know-who），是指哪些人具有 know-what、know-why 或 know-how 这一方面知识，它包含了某种特定的社会关系以及社会分工和知识持有者的特长与水平，属于通常所说的经验和判断的范畴。这种知识能迅速定位掌握某种技能的专家的知识。

OECD 的年度报告，把第一、二类知识，称为可编码知识。可编码知识是社会上通用语言文字符号表述的知识，它可以通过读书、听讲、传授和查阅数据库来获得，一般通过正式交流渠道进行转移和扩散，这种知识也称为显性知识。把第三、四类知识，称为意会知识，就是难于用语言表述的知识，它是不脱离认知主体的，这种知识也称为隐性知识。隐性知识的获得，主要靠实践。师傅带徒弟，就是学习隐性知识的典型事例。一般说来，技巧、诀窍、个人经验、技能，是不能通过正式交流与传播渠道转移的，必须靠亲身体验身教来扩散。

企业知识分类法。对一个企业而言，其知识构成大致可以分为以下四种存在形式：

（1）物化在机器设备上的知识；

（2）体现在书本、资料、说明书、报告中的编码后的知识；

（3）存在于职员头脑里的意会知识；

（4）固化在组织制度、管理形式、企业文化中的知识。

从知识的构成来看，企业知识管理除了应对企业的信息资源和信息系统进行管理外。还应包括企业技术创新的管理、企业文化的管理、企业员工知识的管理、企业组织和制度的管理、企业固化知识的管理等。现在很多企业已经注意到对研究与开发的投资，然而对教育与培训的投资却重视不够或不知从何处着手，很多企业已经注意到对新知识、新技术的重视，但对已经固化到企业制度、组织形式、产品或设备上的知识则没有足够重视，或者不知如何进行有效管理。

16.1.3　知识管理

尽管知识管理概念的提出已有很长的历史，但理论界和实业界却从不同的角度给出了各自的定义。

知识管理的概念可以从狭义和广义的角度来理解。所谓狭义的知识管理，主要是对知识本身的管理，包括对知识的创造、获取、加工、存储、传播和应用的管理。而广义的知识管理不仅包括对知识进行管理，而且还包括对与知识有关的各种有形资源和无形资产的管理，涉及知识组织、知识设施、知识资产、知识活动、知识人员的全方位和全过程的管理。

野中郁次郎提出了知识转换的 SECI 模型，该模型指出，组织知识可以通过隐性知识和显性知识的交互而创新，交互的四种模式为：（1）Socialization，即社会化，通过它将隐性知识转化为新的隐性知识。通过共享经历、交流经验、讨论想法和见解等社会化的手段，隐性知识得以交流，传统的师徒传授就是隐性知识转移的典型形式。（2）Externalization，即外在化，指隐性知识转化为显性知识的外部明示，它通过类比、隐喻和假设、倾听和深度谈话等方法将隐性知识转化为容易理解和接受的形式，这是促进隐性知识大量转移的关键性步骤；（3）Combination，即组合化，指个人拥有零散的显性知识汇总组合起来成为对组织有价值的显性知识。（4）Internalization，即内化，指员工通过学习新的显性知识，结合“干中学”和工作中培训等形式将显性知识转化为新的隐性知识的内部升华。组织知识经过这四种模式转化，实现个人间，个人与组织间的知识转移，推动组织知识创新、转移和转化的循环递进动态过程，构成一个不断上升的知识螺旋。

国内外学者们对知识管理的研究归纳为三个学派，即技术学派、行为学派和综合学派。

技术学派认为知识管理就是对信息的管理。这个领域的研究者和专家们一般都有着计算机科学和信息科学的教育背景。他们常常被卷入到对信息管理系统、人工智能、重组和群件等的设计、构建过程当中。对他们来讲，知识等于对象，并可以在信息系统当中被标识和处理。

行为学派认为知识管理就是对人的管理。这个领域的研究者和专家们一般都有着哲学、心理学、社会学或商业管理的教育背景。他们经常卷入到对人类个体的技能或行为的评估、改变或是改进过程当中。对他们来说，知识等于过程，是一个对不断改变着的技能等的一系列复杂的、动态的安排。这些人在传统上要么像一个心理学家那样热衷于对个体能力的学习和管理方面进行研究，要么就像一个哲学家、社会学家或组织理论家那样在组织的水平上开展研究。

综合学派认为知识管理不但要对信息和人进行管理，还要将信息和人连接起来进行管理；知识管理要将信息处理能力和人的创新能力相互结合，增强组织对环境的适应能力。组成该学派的专家既对信息技术有很好的理解和把握，又有着丰富的经济学和管理学知识。他们推动着技术学派和行为学派互相交流、互相学习，从而融合为自己所属的综合学派。由于综合学派能用系统、全面的观点实施知识管理，所以能较快地被企业界接受。

16.2 知识表示方法

知识表示（knowledge representation）是指把知识客体中的知识因子与知识关联起来，便于人们识别和理解知识。知识表示是知识组织的前提和基础，任何知识组织方法都是要建立在知识表示的基础上。知识表示有主观知识表示和客观知识表示两种。

知识的表示就是对知识的一种描述，或者说是对知识的一组约定，一种计算机可以接受的用于描述知识的数据结构，某种意义上讲，表示可视为数据结构及其处理机制的综合：表示=数据结构+处理机制。因此，在 ES 中知识表示是 ES 中能够完成对专家的知识进行计算机处理的一系列技术手段。常见的有产生式规则表示法、本体表示法、逻辑表示法、决策树法、框架表示法、状态空间法、问题规约法、面向对象的表示方法、基于 XML 的表示法、语义网络法及混合型知识表示方法等。下面主要介绍产生式规则表示法和本体表示法。

16.2.1　产生式规则表示法

产生式规则表示法，有时被称为 IF-THEN 表示，它表示一种条件—结果形式，是一种比较简单，也是最常用的知识表示方式之一。IF 后面部分描述了规则的先决条件，而 THEN 后面部分描述了规则的结论。规则表示方法主要用于描述知识和陈述各种过程知识之间的控制及其相互作用的机制。产生式规则表示法具有非常明显的优点：

（1）自然性好，产生式表示用“IF-THEN”的形式表示知识，这种表示与人类的判断性知识基本一致，直观、自然、便于推理。

（2）除了对系统的总体结构、各部分互相作用的方式及规则的表示形式有明确规定以外，对系统的其他实现细节都没有具体规定，这使设计者们在开发实用系统时具有较大灵活性，可以根据需求采用适当的实现技术，特别是可以把对求解问题有意义的各种启发式知识引入到系统中。

（3）表示的格式固定，形式单一，规则间相互独立，整个过程只是前件匹配，后件动作。匹配提供的信息只有成功与失败，匹配一般无递归，没有复杂的计算，所以系统容易建立。

（4）由于规则库中的知识具有相同的格式，并且全局数据库可以被所有的规则访问，因此规则可以被统一处理。

（5）模块性好，产生式规则是规则中最基本的知识单元，各规则之间只能通过全局数据量发生联系，不能互相调用，增加了规则的模块性，有利于对知识的增加、删除和修改。

（6）产生式表示法既可以表示确定的知识单元，又可以表示不确定性知识；既有利于表示启发式知识，又可以方便地表示过程性知识；既可以表示领域知识，又可以表示元知识。

产生式规则表示法也存在以下不足：

（1）推理效率低下。由于规则库中的知识都有统一格式，并且规则之间的联系必须以全局数据库为媒介，推理过程是一种反复进行的“匹配—冲突消除—执行”的过程。而且在每个推理周期，都要不断地对全部规则的条件部分进行搜索和模式匹配，从原理上讲，这种做法必然会降低推理效率，而且随着规模数量的增加，效率低的缺点会越来越突出，甚至会出现组合爆炸问题。

（2）不直观。数据库中存放的是一条条相互独立的规则，相互之间的关系很难通过直观的方式查看。

（3）缺乏灵活性。产生式表达的知识有一定的格式，规则之间不能直接调用，因此较难表示那些具有结构关系或层次关系的知识。也不能提供灵活的解释。

产生式规则方法是目前专家系统首选的知识表示方法。用于化工工业测定分子结构的 DENDRAL 系统，用于诊断脑膜炎和血液病毒感染的 MYCIN 系统，以及用于估计矿藏的 PROSPECTOR 系统等，都是用这种方法进行知识表示和推理的。

16.2.2 本体表示法

本体（ontology）描述概念的分类层次结构，并加入一些关系、公理等表示概念之间的其他关联，是对领域实体存在本质的抽象，它强调实体间的关联，并通过多种知识表示元素将这些关联表达反映出来，主要包括概念（C），属性（P），关系（R），函数（F），公理（A），实例（I）。

概念：表示领域知识元，包括一般意义上的概念以及任务、功能、策略、行为、过程等，在本体的实现中，概念通常用类（class）来定义，而且通常具有一定的分类层次关系；

属性：描述概念的性质，通常用槽（slot）或者类的属性（properties）来定义。

关系：表示概念之间的关联，如：部分关系（part-of）、子关系（subclass-of）、实例关系（instance-of）、属性关系（attribute-of）。

函数：表示一类特殊的关系，如：长方形的长和宽唯一决定其面积。

公理：表示永真式，在本体论中，对于属性、关系和函数都具有一定的关联和约束，这些约束就是公理，公理一般用槽的侧面（facet）来定义。

事件：属性或关系的变化。

实例：表示某个概念类的具体实体，参见图 16-1。

本体是一个形式化的、共享的、明确化的、概念化的规范。本体论能够以一种显式、形式化的方式来表示语义，提高异构系统之间的互操作性，促进知识共享。因此，最近几年，本体论被广泛用于知识表示领域。用本体来表示知识的目的是统一应用领域的概念，并构建本体层级体系表示概念之间的语义关系，实现人类、计算机对知识的共享和重用。五个基本的建模元语是本体层级体系的基本组成部分，这些元语分别为类、关系、函数、公理和实例。将本体引入知识库的知识建模，建立领域本体知识库，可以用概念对知识进行表示，同时揭示这些知识之间内在的关系。领域本体知识库中的知识，不仅通过纵向类属分类，而且通过本体的语义关联进行组织和关联，推理机再利用这些知识进行推理，从而提高检索的查全率和查准率。

本体作为一种知识表示方法，与谓词逻辑、框架等其他知识表示方法的区别

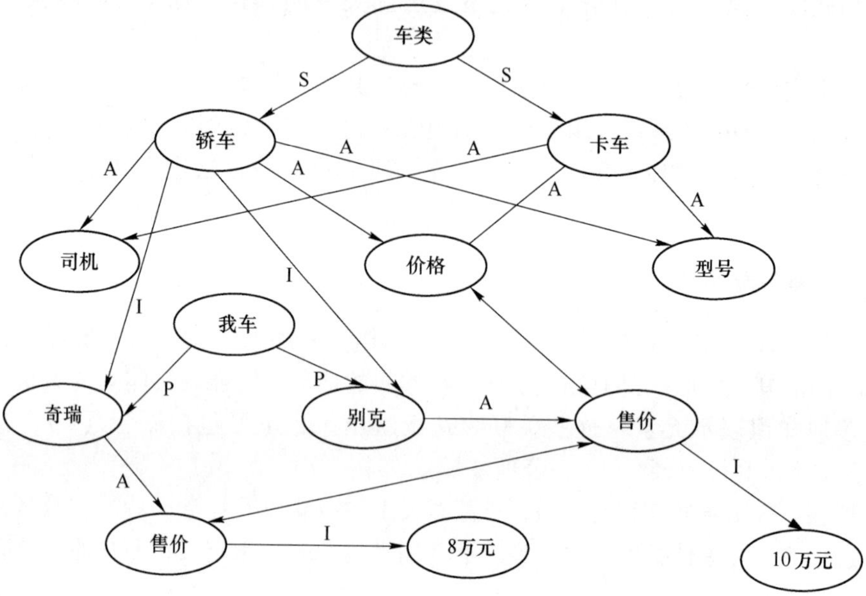

图 16-1 本体实例

在于他们属于不同层次的知识表示方法，本体表达了概念的结构、概念之间的关系等领域中实体的固有特征，即“共享概念化”，而其他的知识表示方法可以表达某个体对实体的认识，不一定是实体的固有特征。这正是本体层与其他层的知识表示方法的本质区别。

综上，简要介绍分析了常见的知识表示方法，此外，还有适合特殊领域的一些知识表示方法，如基于网格的知识表示方法、粗糙集、基于云理论的知识表示方法等，在此不赘述。但实际工作中，企业如果要建立一个基于人工智能的知识系统和专家系统时，可能还是要根据具体情况提出一个混合性的知识表达方式。

16.3 知识管理信息化技术、方法及系统工具

16.3.1 知识搜索

企业实现创新的第一步是要获取大量的相关知识，这就需要知识搜索系统的支持。知识搜索系统主要是从网络或电子文档中快速找到所需要的知识，如图16-2所示。

16.3.1.1 检索方法概述

从原理上讲，检索方法主要可分为文本挖掘法（目录检索系统）和搜索引擎法，如图16-3所示。前者的关键是要建立一个文档，使文档有序化。

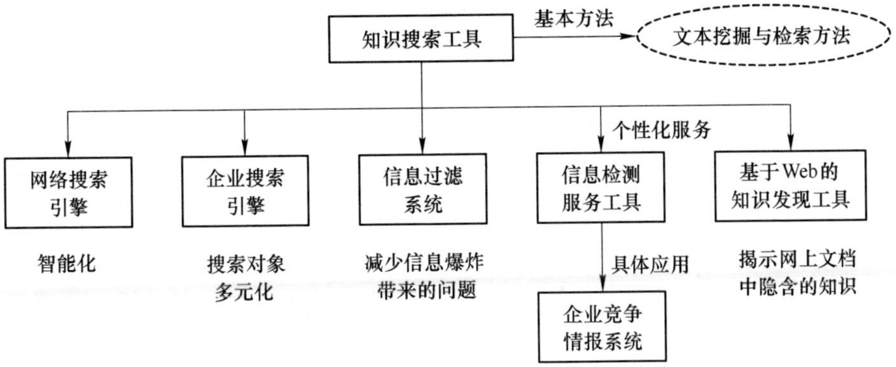

图 16-2 知识搜索系统

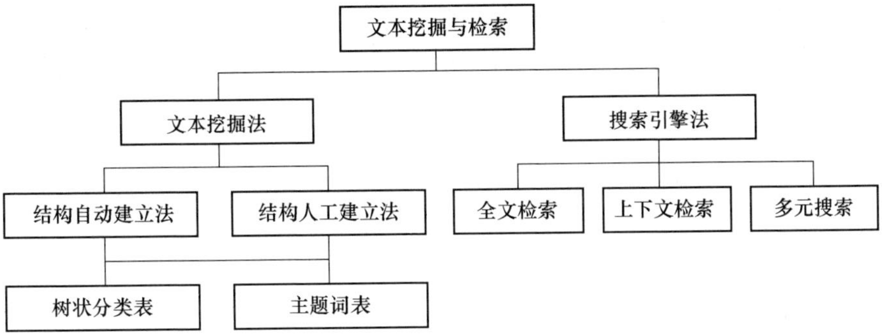

图 16-3 文本挖掘与检索方法的分类

A 文本挖掘法

文本挖掘法中的文档结构建立方法可以是自动的，也可以是手动的。自动的由机器根据文档特征，按一定算法自动建立有序的结构，并将文档归入该结构，如 IBM 的 Text Miner 和 Autonomy 公司的 Concept Agent。手动的由人工建立结构，再由人工将文档归入结构。

文本挖掘法（text mining）将文档归入一个有序的结构，再按结构规则提取文档（检索）。文本挖掘法可以分为以下两类：

（1）树状分类表。该分类表由本领域的专家编制，再由知识工程师按文档内容将它归入某一个最终子类，检索时可按树状结构一层一层地找到文档。这种方法的问题是分类规则有很强的主观性，与编制者对该领域的理解有很大关系；分类表灵活性差。

（2）主题词表。将文档按其内容所涉及的主题，从主题词表中选出若干个概念，作为该文档的标识，并存入数据库。以后，只要从主题词表中选出合适的主题词，就可以提取文档。主题法适用于计算机检索，灵活性较分类法好，但主题词表的编制很困难。

B　搜索引擎法

搜索引擎用以帮助使用者快速定位所需内容，按照搜索方法可分为全文搜索、上下文搜索、多元搜索引擎（Meta 搜索引擎或 Mega 搜索引擎）等。

多元搜索引擎又称集合式搜索引擎。它将多个搜索引擎集成在一起，并提供一个统一的检索界面；在使用时，它可以自动地将一个检索提问发给多个搜索引擎同时进行检索。一次可以查询多个搜索引擎，并对检索结果进行排重和排序等处理。

搜索引擎不建立结构，在检索时，用户自由地输入检索词或短语，由系统进行匹配，并将匹配到的文档按检索词出现频率的统计规则提供给用户。

搜索引擎的查准率和查全率都不算好。常常可能遇到这样的情景：搜索引擎自动检索出的绝大多数文献都不是自己想要的。其原因是：检索者用的检索词其实并不是该专业的通用术语；文档的主题与检索词出现的频率相关度不高。尽管如此，搜索引擎在目前仍然是知识管理系统的标准文档检索方案。

16.3.1.2　网络搜索引擎

网络搜索引擎的发展：

（1）支持关键字同篇、同段、同句以及领域、时间、来源、形式等属性的形式化运算，提高搜索速度和准确度。

（2）多媒体搜索：分析并依照内容特征为音视频文件建立搜索索引。

（3）互动搜索：监测和利用用户的知识搜索与浏览过程，自动获得用户的需求与兴趣信息，把合适的知识提交给用户，并允许用户订购感兴趣的新知识资源或更新已有的知识资源。

（4）垂直搜索：高度专业化的垂直搜索发展很快，已经对 Google、雅虎等通用搜索厂商构成了重大的潜在威胁。随着互联网用户和网上的内容急剧增长，通用信息源向专用信息源的过渡是很自然的。专门针对二手车的搜索引擎则能够帮助用户比 Google 等通用搜索引擎更迅速地获得更精确的资料。

实例：Google 是网络搜索引擎的技术领先者。它在全球范围内收录各个语种的网页，每天派出机器人抓取，每天更新，总量超过 30 多亿。Google 并非只使用关键词或代理搜索技术，它将自身建立在高级的 PageRank（网页级别）技术基础之上。这项技术可确保始终将最重要的搜索结果首先呈现给用户。网页级别可对网页的重要性进行客观的分析。实质上，当从网页 A 链接到网页 B 时，Google 就认为“网页 A 投了网页 B 一票”。

基于网络机器人的 Web 信息主动获取与处理。如图 16-4 所示，该图为 Web 信息主动获取与处理的结构示意图。网络机器人（robot）也称为网络蜘蛛（spider）、爬虫（crawler）等。无论是何种程序代码产生的网页，都是以 HTML 样式进行显示。而网络机器人则解析网页中的HTML代码，将需要的内容取出存放到临时数据库中；接着再查找该页面内的超链接，转向新的URL页面进行解析处理，以此类推，直至穷尽。

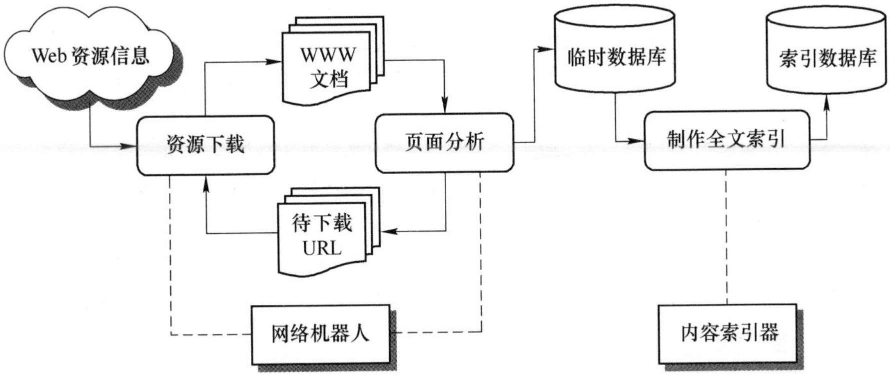

图16-4 Web信息主动获取与处理的结构示意图

16.3.1.3 企业搜索引擎

企业知识每年以200%的速度增长，企业除了用传统关系型数据库来存储结构化知识之外，还有80%的知识以文件、邮件等非结构化数据存放在企业内计算机系统中的各个角落。美国90%的企业网站都设有企业搜索引擎。

16.3.1.4 个性化信息过滤工具

个性化信息过滤工具的任务是：过滤输入的信息，从中选出用户感兴趣的信息输出给用户。个性化信息过滤工具应具有一定的智能性，即在与用户的频繁（直接的和间接的）交互中记下用户的个人兴趣爱好，当用户使用时，向用户提供某一方面的或全部的感兴趣的信息。

16.3.1.5 企业竞争情报系统

在现代企业生存发展的过程中，企业必须关注外部的竞争因素，及时了解和掌握竞争对手的最新情况。根据美国竞争情报协会的分析，企业所需的竞争对手信息，其实大部分是公开的，只不过散落在各个角落。而在当今信息时代，互联网信息已经占有很高的比例。

企业竞争情报系统能够支持企业组织评估关键业务的发展趋势，跟踪正在出现的各种变化，以及分析现有和潜在竞争对手的能力和动向，从而协助企业保持和发展竞争优势。越来越多的企业开始关注在信息分析基础上的辅助决策模型，关注信息的深度加工。

16.3.2　知识网络

知识网络是基于知识的关系。知识网络中的资源种类多、关系复杂，还涉及参与者的信息，图 16-5 所示为人类的神经调节知识网络图。

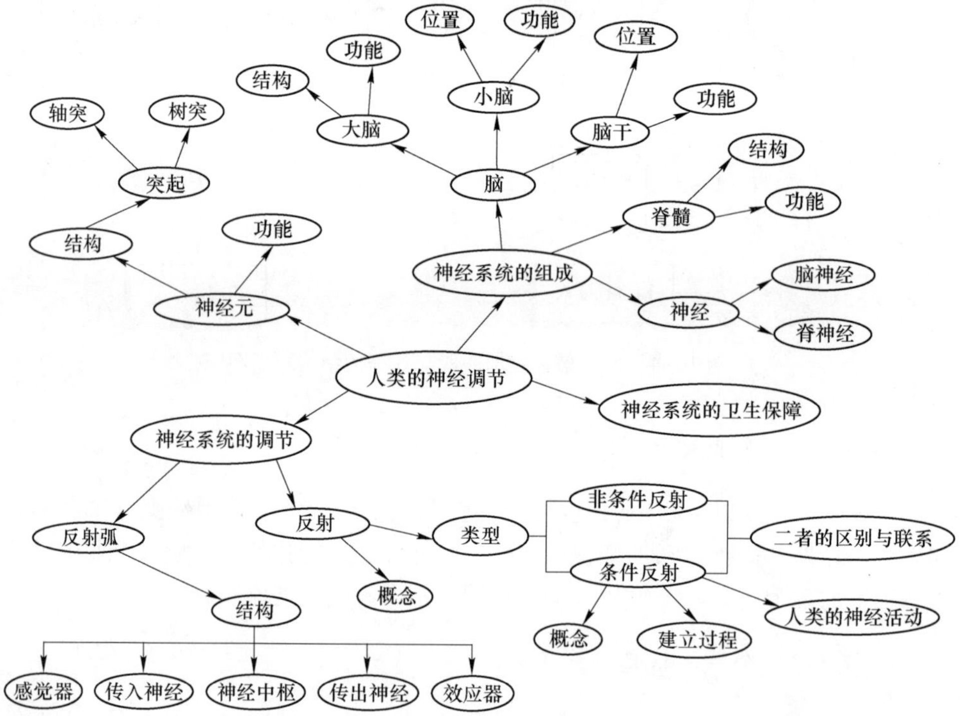

图 16-5　人类的神经调节知识网络图

对于知识网络这样一个复杂网络，可以采用 Web2.0 技术帮助进行有序化自组织：知识可以采取类似博客的方式分布化存放；知识通过基于本体的标签（Tag）进行分类，而标签是由广大使用者确定的；知识的关联是由作者自行建设的；知识的重要性和创新性是由广大用户确定的。因此只要建设起知识网络有序化标准、自组织的机制和系统，知识网络就有可能自组织地发展。知识网络自组织序化方法主要包括：

（1）采用元模型和标签法结合的方法描述知识。采用元模型和标签法结合的方法描述知识及评阅信息知识及评阅信息的描述格式、定义等的有序化，主要采用现有的国际和国家有关的元模型标准和方法。Web2.0 的标签（Tag）法作为一种辅助的描述和分类方法。并将标签法与本体技术结合起来，解决标签法任意性太大的问题。对于一些具体的元模型的建立和维护可以采用维客（wiki）模式，大家共同建设和投票推荐。

（2）知识网络本体建设与维护的自组织机制。相同或相似知识的有序化采用本体方法。对深奥的专业知识，本体建设与维护需要专业人士来进行。因此，可以采用一种自组织机制帮助实现，如图 16-6 所示。自组织优化目标是提高本体的覆盖度和准确度；即首先要将所要搜索的知识一网打尽；其次，使无关的知识尽可能少出现。可采用维客（wiki）模式进行本体建设与维护。

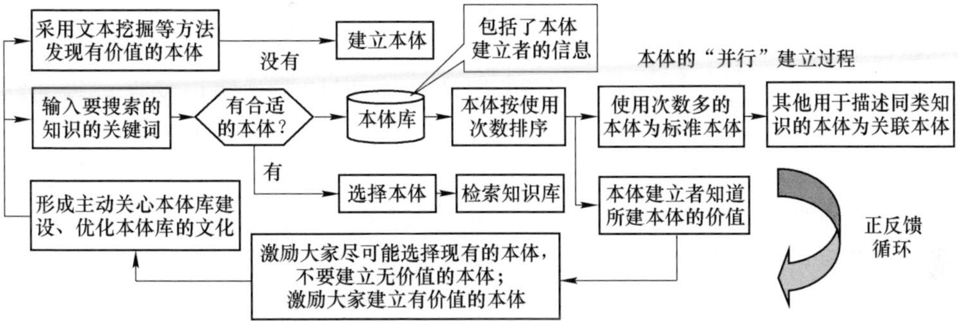

图 16-6　知识网络本体建设与维护的自组织机制

（3）知识网络有序化的建设和评价标准体系。采用知识网络有序化的开放标准体系。其中有的标准已经有国家标准，如国家标准 GB 7714《文后参考文献著录规则》等。所谓开放标准体系，是指本体标准和标签标准等是由大家来建设的，并且在不断变化的，是一种“事实标准”。有了合理的评价标准，才有可能建立有效的激励机制，促进知识网络有序化自组织。图 16-7 所示为一种知识网络有序化的开放标准体系。

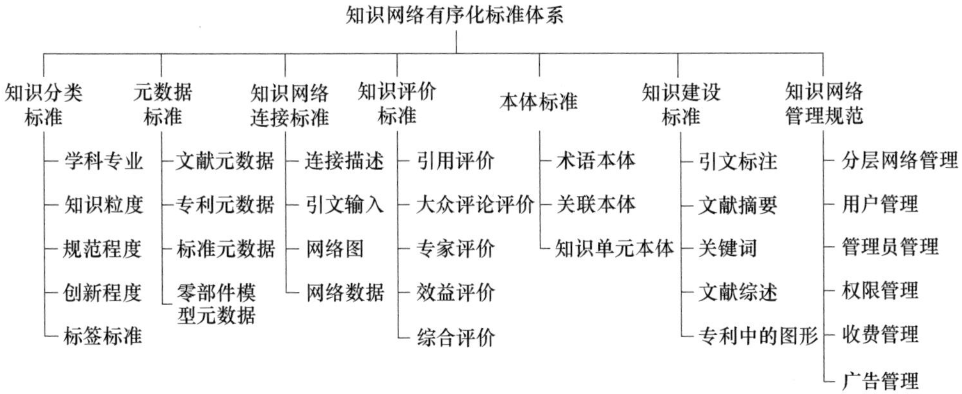

图 16-7　知识网络有序化的开放标准体系

16.3.3　知识发现

信息化的推进让企业积累了大量的数据。从杂乱无章、浩如烟海的数据中挖掘有用知识，是知识发现系统的任务之一。

知识发现（knowledge discovery in database，KDD），是从 80 年代末开始的，是所谓“数据挖掘”的一种更广义的说法，即从各种媒体表示的信息中，根据不同的需求获得知识。知识发现是从数据集中识别出有效的、新颖的、潜在有用的，以及最终可理解的模式的非平凡过程。知识发现将信息变为知识，从数据矿山中找到蕴藏的知识金块，将为知识创新和知识经济的发展做出贡献。知识发现的目的是向使用者屏蔽原始数据的烦琐细节，从原始数据中提炼出有意义的、简洁的知识。虽然数据挖掘是知识发现过程的核心，但它通常仅占 KDD 的一部分（大约是 15%~25%）。因此，数据挖掘仅仅是整个 KDD 过程的一个步骤。KDD 通用的过程应该是：接收原始数据输入，选择重要的数据项，缩减、预处理和浓缩数据，将数据转换为合适的格式，从数据中找到模式，评价解释发现结果。

知识发现通过数据总结、数据分类、数据聚类和关联规则等来发现知识。如果说前三者只是信息加工处理的话，第四种关联规则具有很强的智能性。最典型的是在购买婴儿尿布的顾客中，60%的顾客也购买了啤酒，这条发现帮助零售连锁店提高啤酒销售额。知识发现过程是多个步骤相互连接、反复进行人机交互的过程。知识发现系统的功能如图 16-8 所示。主要的知识发现系统及提供商有 DBMiner、MineSet、SQL Server、SAS 等。

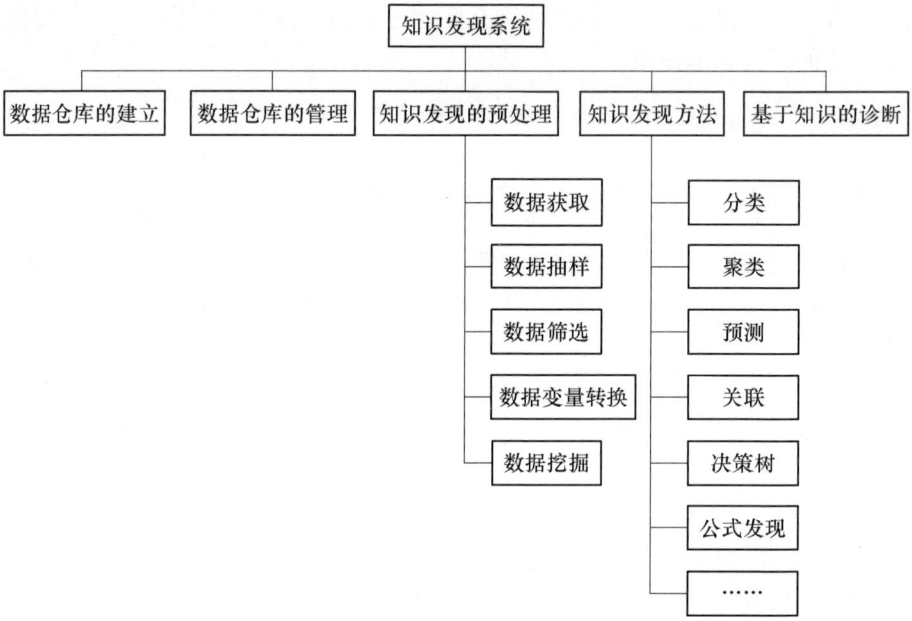

图 16-8　知识发现系统的功能

16.3.3.1　知识发现方法

（1）分类。分类是数据挖掘研究的重要分支之一，是一种有效的数据分析方法。分类的目标是通过分析训练数据集，构造一个分类模型（即分类器），该模型能够把数据库中的数据记录映射到一个给定的类别。

（2）聚类。当要分析的数据缺乏必要的描述信息，或者根本就无法组织成任何分类模式时，利用聚类函数把一组个体按照相似性归成若干类，这样就可以自动找到类。聚类和分类类似，都是将数据进行分组。但与分类不同的是，聚类中的组不是预先定义的，而是根据实际数据的特征按照数据之间的相似性来定义的。

（3）关联。关联是指发现大规模数据集中项集之间有趣的关联或相关关系。关联规则是指通过对数据库中的数据进行分析，从某一数据对象的信息来推断另一数据对象的信息，寻找出重复出现概率很高的知识模式，常用一个带有置信度因子的参数来描述这种不确定的关系。

（4）预测。这是一种特殊类型的分类，可以看作是根据过去和当前的数据预测未来的数据状态。通过对用衰减统计技术建模的数字值的预测，学习一种（线性或非线性）功能将数据项映射为一个数字预测变量。

（5）决策树方法。利用信息论中的互信息（信息增益）寻找数据库中具有最大信息量的字段，建立决策树的一个结点，再根据字段的不同取值建立树的分枝；在每个分枝中重复建树的下层结点和下层分枝的过程，即可建立决策树。国际上最有影响和最早的决策树方法是 Quinlan 研制的 ID3 方法，数据库越大，其效果越好。在 ID3 方法的基础上，后人又发展了各种决策树方法。

（6）公式发现。公式发现是在工程和科学数据库（由试验数据组成）中，对若干数据项（变量）进行一定的数学运算，求得相应的数学公式。它的基本思想是，对数据项进行初等数学运算（加、减、乘、除等），形成组合数据项，若它的值为常数项，就得到了组合数据项等于常数的公式。如理想气体定律的发现。

（7）统计分析方法。在数据库字段项之间存在两种关系：1）函数关系（能用函数公式表示的确定性关系）；2）相关关系（不能用函数公式表示，但仍是相关确定关系）。对它们的分析可以采用如下方法：1）回归分析；2）相关分析；3）主成分分析。

（8）模糊论方法。利用模糊集合理论对实际问题进行模糊评判、模糊决策、模糊模式识别和模糊聚类分析。模糊性是客观存在的，系统的复杂性越高，精确化能力就越低，也就意味着模糊性越强。

（9）可视化技术。可视化数据分析技术拓宽了传统的图表功能，使用户对数据的剖析更清楚。例如，把数据库中的多维数据变成多种图形，这对揭示数据的状况、内在本质及规律性起到了很强的作用。

16.3.3.2　基于 Web 的知识发现系统

搜索引擎只解决了信息查询的问题，传统的数据挖掘技术所涉及的主要是结构化的数据库，而目前网络上有 90%的可用信息是非结构化信息，且网上数据往往是经常变动和不规则的。因此，人们需要比信息检索层次更高的新技术，即基于 Web 的知识发现系统（knowledge discovery in web，KDW），用于揭示网上文档中隐含的知识。Web 数据挖掘的分类如图 16-9 所示。

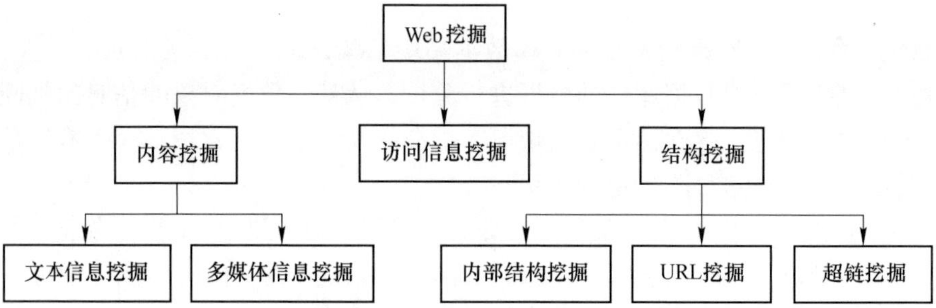

图 16-9　Web 数据挖掘的分类

（1）内容挖掘的目的是对页面信息进行聚类、分类和关联分析以及利用 Web 文档进行趋势预测、分析等；多媒体信息挖掘是对多媒体文档的挖掘。

（2）访问信息挖掘是对用户访问 Web 时服务器方留下的访问记录进行挖掘，从中可以得出用户的访问模式和访问兴趣。

（3）结构挖掘是对文档内部结构、文档 URL 中的目录路径结构和 Web 页面超链关系的挖掘。

Web 挖掘需要以半结构化模型和半结构化数据模型抽取技术为前提。XML（eXtensible markup language，可扩展标记语言）数据就是一种自描述的半结构化数据，它支持用户自定义文档标记，用有序的、嵌套的元素组织有一定结构的数据。

Web 挖掘的发展方向主要有提供满足个性化需求的服务，如个性化页面；基于智能代理的搜索工具；把半结构化的 Web 信息重构得更结构化，然后使用标准的数据库查询机制和数据挖掘方法进行分析；将机器学习与经典的信息检索技术及推送技术相结合，改进推理机制；将主题检索、概念检索和相关检索等智能检索方式加以融合。

为了反映网络购物的变化趋势，淘宝网编制了一个特殊的“CPI”指数，来反映网络购物的发展趋势。淘宝网从 4887 个四级类目中最终选取了 390 个类目

(占比只有 8.0%，但成交额占比却高达 57.4%)，作为淘宝 CPI 的成分类目。

淘宝通过研究用户数据提供给商家最专业的服务。淘宝一天产生的用户行为数据就高达 500GB。比如在淘宝上想开一个店卖杯子，通过数据分析，就可知道什么样的杯子最畅销，什么价格最合适。目前，包括宝洁等大型消费品公司均向淘宝购买研究数据。很多品牌企业每年都会采取各种途径进行线下客户调查，这种调查往往与真实情况有很大的差距。但是大量客户在线浏览、咨询、购买等行为背后的数据分析则比客户调查准确得多。这对于品牌企业下一步的研发和生产将会有很强的指导意义。

16.3.4　电子化学习系统

电子化学习系统（E-learning）基于多媒体网络学习资源、网上学习社区及网络技术平台的支持。在网络学习环境中，汇集了大量数据、档案资料、程序、教学软件、兴趣讨论组、新闻组等学习资源，形成了一个高度综合集成的资源库。电子化学习系统的设计应包含以下内容：

（1）信息的有机组合。在电子化学习系统中，必须对信息进行有机组合，对它进行再设计，形成有效的学习模块。

（2）多媒体技术的应用。利用多媒体技术，不但可以用有效的方式向学生传授过程性知识（如各种物理过程、化学反应过程、生物过程等），而且也可以有效地传授抽象的概念性知识。知识的可视化及动画化将大大弥补传统教学的不足。

（3）学习情况的记录与测试。对学习者学习的课程、学习时间、考试得分等进行记录。对学习者进行实时测验，看他是否能够真正掌握应该掌握的学习内容。

（4）知识仓库。知识仓库可以为员工随时查阅提供方便。但当新员工打开企业的知识仓库时，无序的知识将会使他无从上手。

（5）知识地图。知识地图可以引导员工，有针对性地阅读各种资料，完成培训过程。知识地图指明其所存贮的知识仓库中的位置，并将企业各种知识资源的入口集成起来，以统一的方式将企业的知识资源介绍给员工，这对企业员工的培训具有重要价值。与知识地图作用类似的还有企业门户，企业资源词典等。

16.3.5　远程实时交流系统

现代企业已经不局限于本地化发展，员工之间的远程交流越来越频繁。远程实时交流系统（或称协同系统、沟通系统、即时通信系统等）是一种针对空间差异的知识交流系统，提供如电子邮件、讨论组、即时通信（信息、文件、语音、视频等）等功能，如微软 MSN、腾讯 QQ 等。

远程实时交流系统已经成为越来越多的企业的重要信息交流工具，特别适合于分散在各地的企业集团，或有全国销售渠道的企业集团。例如，目前很多企业利用 QQ、桌面视频会议系统等进行信息沟通和定期召开虚拟会议，节省了大量的通信费用和交通费用，促进信息和知识的共享。

16.3.6　专家黄页

隐性知识与拥有者紧密地联结在一起。只有找到拥有者，才能通过直接的、面对面的接触找到隐性知识。专家黄页（或专家库管理系统）可以指明具有某种隐性知识的专家，通过专家黄页将知识和人联系起来，方便员工找到他们需要的知识及专家。

专家黄页是知识专家的数据库，包括专家姓名、单位、联系方式、特长等，但不包括知识内容本身。专家黄页中的专家不仅仅包括企业内部的人员，同时也包括企业外部的专家，他们可能是已经离开本企业的专家、竞争对手企业的专家、供应商企业的专家、客户企业的专家以及专业机构的专家等。

16.3.6.1　专家黄页的分类

专家黄页的分类如图 16-10 所示。专家黄页中的专家信息可以自己上传，因为绝大部分专家都乐于用自己的知识服务企业和社会。

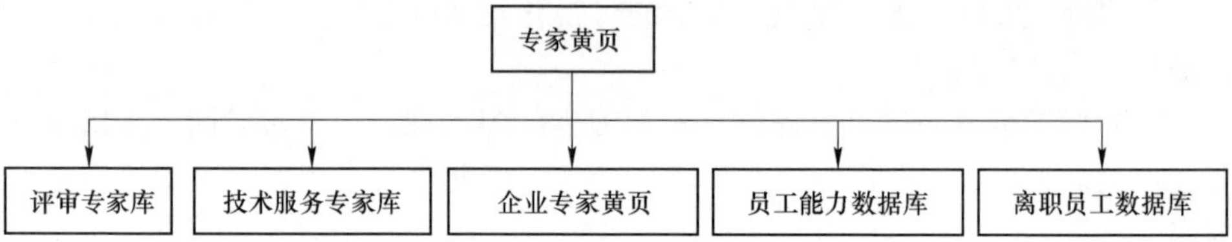

图 16-10　专家黄页的分类

16.3.6.2　专家黄页的设计

专家黄页的设计包括以下内容：

（1）需要考虑信息输入和维护的方便性、检索的方便性。专家黄页的建立最好采用半自组织建立方式。以专家自己填写自己的知识为主。有的知识条目没有，可以由专家自己增加。但需要经过有关部门的审核。

（2）专家的基本信息包括：专家姓名、性别、出生年月、出生地、民族、职称、职务、职业、专业、最后学位、工作单位、通信地址、邮编、联系电话、传真和 E-mail 等。

（3）专家的工作经历包括：工作简历、学习经历、获奖、论文著作和社会工作等。

（4）专家的知识和信息很重要，要进行正确的和快速的检索，需要有一个较好的知识分类系统。专业的分类可参照有关国家的学科代码标准。例如在工程领域，对知识的掌握和熟悉程度可分为 5 级，1～5 级，分别表示：不涉及、了解、熟悉、能应用、应用水平高。

16.3.7 知识集成

知识往往分散在不同的计算机和知识库中。过去人们为了寻找知识需要花费很多精力。因此，知识集成系统把经常要用的知识集成在一起，便于人们的查找和使用。知识集成是指将分散的知识元素依据一定的逻辑规则有机地结合在一起，使知识有序化、层次化，从而高效地利用信息资源，有利于知识创新。

16.3.7.1 企业门户

企业门户（enterprise portal，EP）通过一个唯一入口，为企业员工、分销商、代理商、供应商、合作伙伴等相关人员提供基于不同角色和权限的信息知识服务与应用。企业的内、外部用户只需要通过浏览器就可以管理、组织、查询、定制相关信息与服务。企业门户可分为企业信息门户、企业知识门户和企业应用门户等三类。其中，企业信息门户应用较多，企业知识门户（enterprise knowledge portal，EKP）可以大大提高企业范围内的知识共享，并由此提高企业员工的工作效率。企业门户的关系如图 16-11 所示。

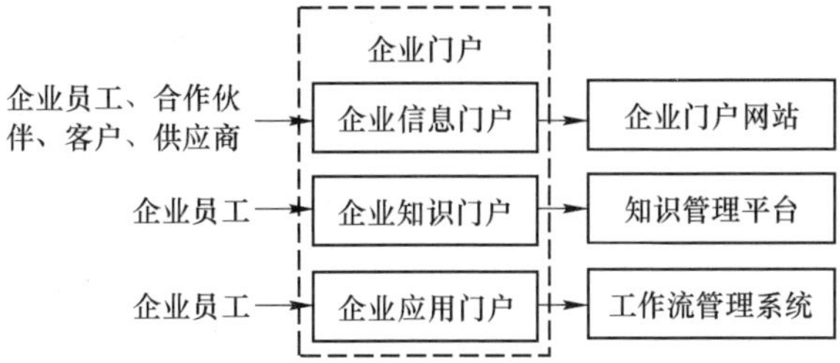

图 16-11 企业三类门户的关系

16.3.7.2 知识与业务过程的集成系统

企业知识管理中，知识的获取、开发、创造、共享以及再用等都是与特定的业务过程密切相联系的。将知识与特定的业务过程紧密结合起来，才能让知识最大程度地发挥作用。企业中有很多因素对知识与业务过程的集成产生影响，如业务过程、组织结构、企业文化、激励机制、知识特征和技术系统等。知识管理的魅力就在于潜移默化，通过它可以把企业的工作流程和相关的知识结合起来，只要员工按流程办事，就可以实现经验与知识的不断积累。

知识流是在用户和知识处理机制之间传递知识的过程。知识流确定知识的发送者和接收者、共享的知识内容、知识的传播媒介。知识流和工作流的集成的优点包括：

（1）实现分布化团队成员之间知识级的合作，提高整个团队解决问题的能力和工作效率；

（2）知识流和工作流相结合，优于单独使用知识流或工作流的建模方法；

（3）知识流能稳定整个团队的知识水平，不受人员变动的影响。

例如，越来越多的企业有客户服务中心，并利用知识服务技术使客户满意。知识服务技术可以显著提高客户支持工程师的能力，丰富他所掌握的用于解答问题的知识资源，使客户支持工程师能够快速有效的定位问题和解决问题。这些管理问题的关系如图 16-12 所示。

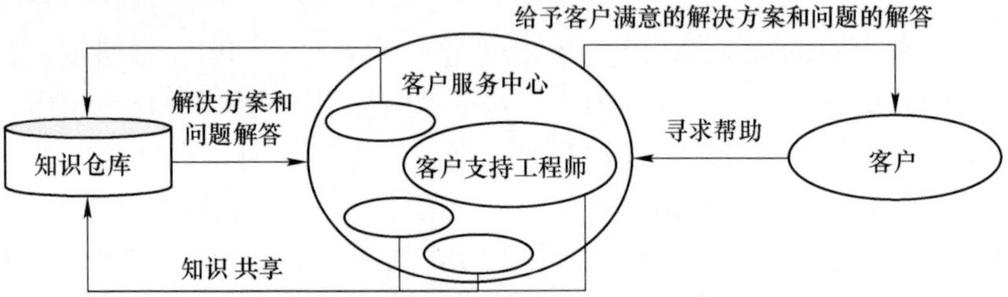

图 16-12 客户服务中心与知识管理

客户服务中心结合了多种客户服务选项，如电子邮件、推送内容、Web 网点导航、浏览、聊天和即时消息处理等。根据 Forrester Research 公司的研究，使用长途免费电话呼叫中心的客户有 54%选择与接线员通话。这类咨询电话的平均成本为 33 美元，而电子邮件（9%）是 10 美元，Web 网站自助服务（37%）为 1.17 美元。在客户服务中心与客户进行互动交流的过程和从客户的反馈中，可以得到很多有益的信息，例如客户的使用经验、客户的特殊需求、合作伙伴的反馈等等，这些信息经过整理就能成为有价值的知识。

16.3.7.3 知识地图

知识地图（knowledge map）是一种知识（既包括显性的、可编码的知识，也包括隐性知识）导航系统，并显示不同的知识存储之间重要的动态联系。它是知识管理系统的输出模块，输出的内容包括知识的来源，整合后的知识内容，知识流和知识的汇聚。它的作用是协助组织机构发掘其智力资产的价值、所有权、位置和使用方法；使组织机构内各种专家技能转化为显性知识并进而内化为组织的知识资源；鉴定并排除对知识流的限制因素；发挥机构现有的知识资产的杠杆作用。

知识地图可分为面向程序的知识地图、面向概念的知识地图、面向能力的知识地图面、向社会关系的知识地图等。

16.3.7.4 知识仓库

知识仓库（knowledge repository）收集了各种经验、备选技术方案及各种用于辅助决策的信息和知识，并以一定规则对这些信息和知识进行分类保存，提供相应的检索手段。这样，大量的隐性知识被编码化和数字化，知识从原来的混乱状态变得有序化。知识仓库的意义在于：将组织中的显性和隐性知识以容易获取和理解的形式呈现给需要该知识的员工。将知识结构化和系统化，并建立易于操作的索引系统，以备查询使用。例如，可以建立维护知识仓库，在售后维护过程中，将每一个维护工程师的技术、经验、诀窍等集中起来，供大家共享。

知识仓库的作用主要有：（1）增加企业知识储备，将个人知识提升为组织知识，减少员工休假、离职而造成的损失；（2）新员工可以利用企业知识仓库，很快地熟悉前人的工作环境，学习其他员工的经验；（3）促进组织知识的进步。同类的经验和教训积累多了，就可上升为系统的知识和理论，可用于对工作的指导，使企业不再犯同类错误，提高决策水平。

16.3.8 基于 Web2.0 的知识管理

Web2.0 是新的互联网应用的统称。Web2.0 是互联网的一次理念和思想体系的升级换代：原来自上而下的、少数资源控制者集中控制主导的互联网体系，现在转变为自下而上的、由用户集体智慧和力量主导的互联网体系。在 Web2.0 里，网站的经营者是退到后台去的，他的任务是搭建一个平台，让大家都到这个平台上来互动交流，将互联网的主导权交还个人，从而充分发掘了个人的积极性。广大个人所贡献的影响和智慧以及个人联系形成的社群的影响替代了原来少数人的影响，从而极大地解放了个人的创作和贡献的潜能，使互联网的创造力上升到了新的量级。

Web service 是一个平台独立的、低耦合的、自包含的、基于可编程的 web 的应用程序，可使用开放的 XML（标准通用标记语言下的一个子集）标准来描述、发布、发现、协调和配置这些应用程序，用于开发分布式的互操作的应用程序。Web Service 技术，能使得运行在不同机器上的不同应用无须借助附加的、专门的第三方软件或硬件，就可相互交换数据或集成。依据 Web Service 规范实施的应用之间，无论它们所使用的语言、平台或内部协议是什么，都可以相互交换数据。Web Service 是自描述、自包含的可用网络模块，可以执行具体的业务功能。Web Service 也很容易部署，因为它们基于一些常规的产业标准以及已有的一些技术，诸如标准通用标记语言下的子集 XML、HTTP。Web Service 减少了应用接口的花费。Web Service 为整个企业甚至多个组织之间的业务流程的集成提供了一个通用机制。

下面介绍一些典型应用：博客（Blog）、威客（Witkey）、维客（Wiki）、掘客（Digg）、社交网络（social networking services）、标签（Tag）、社会化书签（social bookmark）等。

16.3.8.1 博客（Blog）——支持知识发布和共享

博客通常由简短、随意、经常更新的、按照年份和日期排列、张贴文章构成。将博客用于支持知识发布和共享，其主要特点有：发布和管理知识的方便性；信息的可追踪性与完整性；知识群落的自组织性。博客在企业中的应用主要有：

企业博客，即以企业的身份而非企业高管或者CEO个人名义进行博客写作。惠普、IBM、迪斯尼等都建立了自己的博客。

产品博客，即专门为了某个品牌的产品进行公关宣传或者以为客户服务为目的所推出的“博客”。主要通过报道产品发展动向、展示某个特定的品牌或产品，以引起客户和投资者的兴趣，从而在他们与企业之间架起沟通的桥梁。产品博客提供了客户和员工直接对话的窗口，使员工直接面对客户，了解客户的需求，从而更好地为客户服务。

企业内部博客社区，又被称为K-LOG（知识库博客）。基于博客的知识管理将越来越广泛，使得企业可以有效地控制和管理那些原来只是由部分工作人员拥有的、保存在文件档案或者个人电脑中的信息资料。知识库博客提供给了企业和个人一种重要的内部管理工具。知识库博客可以帮助捕捉企业的显性和隐性知识。它们也能够推动项目管理，帮助企业竞争情报的收集、评估和传播，或用以增强企业内部间的交流。企业内部博客社区可以为每个员工建立一个自己的网络空间。员工在日常工作中，被鼓励及时记录自己的工作内容、问题或创意等。而企业则收集员工愿意公开的信息，变成大家都可以共享的知识。Google公司内部一直在使用博客交换想法。

此外，微博即微博客（MicroBlog）的简称，是一个基于用户关系的信息分享、传播以及获取平台，用户可以通过WEB、WAP以及各种客户端组建个人社区，以140字左右的文字更新信息，并实现即时分享。微博客草根性更强，且广泛分布在桌面、浏览器、移动终端等多个平台上，有多种商业模式并存，或形成多个垂直细分领域的可能，但无论哪种商业模式，都离不开用户体验的特性和基本功能。

16.3.8.2 威客（witkey）

威客又称沃客，是通过网络方式形成创新型服务交易的第三方平台。在该平台上，企业通过预先提出需求，人们可以出售自己的知识、创意、科研成果甚至是智慧，企业（包括政府等组织）采纳后付费。威客让人们的工作时间得到最大限度的自由，为更多的残疾人带来工作机会，给世界各地的劳动者带来平等的机会。

威客已经大规模地影响企业的产品设计模式。目前还主要集中在一些小项目的设计，如产品外观设计、产品标志、平面设计、室内建筑景观、玩具工艺品设计、装饰绘画、珠宝首饰设计、个性设计、家具灯饰设计、工造模具、影视动漫、包装设计、服装设计、公司 LOGO 设计等。报酬根据任务的要求不同而不同，小到几十元大到上万元、甚至十万元。

威客可以用于帮助企业进行创新型工作任务的外包和合作，其主要特点为：

（1）创新型工作任务“众包”化。威客所采用的是一种“众包”（crowd sourcing）模式，企业把过去由员工执行的创新型工作任务外包给大众网络。在威客网上，个人和企业有任何需求，只需要发布任务、公布任务期限和赏金，就有威客们竞标来争取接下任务。威客的任务小到广告设计，大到市场调查、程序开发等应有尽有。

（2）知识服务远程化。知识型人才可以通过威客，远程为企业提供专业的知识服务，节约成本，快速反应。

（3）知识型人才的全球化。对企业来说，只要能提高效率，节省成本，解决问题的威客投标者是哪国人都无关紧要。这为我国知识型人才提供了新的就业机会。

宝洁、波音、杜邦等公司都已将部分技术难题放在全球知名威客网站 InnoCentive. com 上寻求解决，世界五百强企业中的 10%都曾在其网站发布任务，30%的难题被成功解决。宝洁公司采用众包模式后，研发效率提高了 60%。

16.3.8.3 维客（Wiki）——支持协同知识创新

维客（又称维基）是一种多人协作的写作工具，参与者通过围绕同一个主题共同写作而形成了“社区”。目前互联网上最为知名的百科全书网站 Wikipedia，正是采用了维客技术。SAP 等公司已将维客技术引入到了其内部员工的协同工作中。维客在协同工作中所具备的灵活性和发散型的思路，可以给企业在产品开发、项目推广中带来巨大价值。

另外，与传统协同办公软件相比，Wiki 的技术成本要低很多。任何一个企业均可以拿到开放源代码的维客软件，企业无须支付任何费用。维客技术实现也很容易，不存在成本门槛。维客用于支持协同知识创新，其主要特点有：高度的知识集成性；知识积累的持续性；知识的发散性；参与互动性等。

16.3.8.4　掘客（Digg）——帮助进行企业知识的评价和过滤

掘客类网站是一个文章投票评论站点，是一种信息过滤器。将掘客用于帮助进行企业知识的评价和过滤。掘客模式可以使大家在阅读知识的同时，方便地进行知识、项目和专家的评价。利用掘客模式，可以帮助进行企业知识的评价和过滤，使知识的价值得到发掘，使有用的知识得到重视。掘客主要特点有：知识评价的大众化；知识获得的精准化；知识积累的自动化；知识爱好者的集聚性。

16.3.8.5　社会化书签（social bookmark）——对互联网信息和知识的管理、分享和发掘

社会化书签是一种放在网络上的海量收藏夹。可将社会化书签用于帮助企业员工对互联网中的信息和知识进行管理、分享和发掘，其主要作用有：提高了知识的重用度；提供了一种基于知识分类的社交场所；促进用户间彼此分享收藏的信息和知识。

16.3.8.6　标签（tag）——对信息和知识进行大众化分类

标签可以自由地给知识进行分类，各个标签之间的关系是一种平行的关系，但是又可以根据相关性分析，将经常一起出现的标签关联起来，而产生一种相关性的分类。标签的使用可以让大家将相关知识关联起来。标签与普通分类法不同，它是从下向上建立的。在企业知识库中，利用标签，可以方便地进行知识分类和搜索。标签的应用有助于知识的自组织的优化关联。如果发布的知识要想让别人找到和利用的话，就应该设置常用的、准确的标签。

16.3.8.7　利用 Web2.0 进行有效的专利保护和利用

专利战略是我国当前三大科技战略之一。我国制造企业需要创新，需要突破国际贸易中的“专利壁垒”，需要了解和分析已有专利的情况。专利的特点主要有：身份的隐蔽性；名称术语的多样性；技术的专业性。面对海量的、专业性和隐蔽性很强的专利资源，依靠广大技术人员，利用 Web2.0 有助于进行有效的专利保护和利用，其主要特点有：

（1）采用社会化书签和掘客方法，给这些专利标注上标签，清理“专利烟雾”，发现隐瞒的“专利地雷”，提高专利资源的搜全率和搜准率。

（2）采用维客、社会化书签和掘客等方法，进行专利资源的关联性识别，如分析某一产品的核心专利和外围专利，进而建立专利地图，进行专利资源的整合。

（3）采用掘客等方法，进行专利侵权的协同发现，以便采取对策保护自己专利。

16.3.8.8 社交网络

一般的社交网络的功能主要是交友和商务，如 QQ、微信、天际网、联络家（www.linkist.com）、若邻（www.Wealink.com）等网站。利用社交网络可以帮助企业寻找合作伙伴开展协同创新，其主要特点有：

（1）拓展人脉，寻找更多更好的合作伙伴。社交网络强调实名制，建立的是基于信任的真实连接，因此“真实”的社交网络在虚拟世界里更有“交友”的优势。同时，它也可以帮助人们很容易地找到“朋友的朋友”。通过社交网络，企业员工可以显著降低客户拓展和管理成本。

（2）方便快捷的求助通道。如果有事需要帮忙，可在求助公告中发布求助信息，所有与自己连接的朋友都会收到，他们还可以把求助再转发给他们连接的朋友，让更多人知道。同时通过回复系统还可以及时获得朋友们的反馈信息。

IBM 推出了面向企业的社交网络软件 Lotus Connections，为企业找到专业知识并加以利用，帮助企业更快地完成企业的目标和业务。在 IBM 内部，每天都在使用 Connections，IBM 的蓝页目录中有 46.5 万个个人档案、700 个内部社区以及 2.7 万个博客。

16.3.8.9 协同推荐系统

协同推荐（collaborative filtering）通过参考与活动用户具有相似兴趣或者需求的其他用户的选择来决定如何为当前用户进行信息过滤产生推荐。在 Web2.0 系统中，对社会化书签、标签、浏览记录、下载记录、知识发布等信息进行统计分析，可以快速知道哪些用户具有相似的兴趣，然后，将这些用户中某些人所感兴趣的知识主动推荐该用户群的其他人。

此外，基于 Web2.0 的企业信息化模式可以比较方便地用于企业的知识管理，帮助制造企业发现人才、寻找知识；开展协同设计和制造；帮助了解顾客的需求；帮助建立知识库，管理好企业内部的知识。Web2.0 技术的发展带来了新的商业和制造模式，见表 16-1。

表 16-1 基于 Web2.0 的企业信息化模式

Web2.0 模式	特点或作用	案例	参考文献
企业 2.0（管理 2.0，商业 2.0，知识管理 2.0）	Web2.0 软件在企业中的使用。作用：建立下一代员知识共享平台；提升企业知识情境应用的效率；利用顾客的意见来改进产品	宝洁的“创意集市”；IBM 的创新梦工场	Rick Robinson，2008；牛思远，2009；龚伟同，2009
BI2.0	用户分类信息：更可靠的数据来源；从人那里，而不仅从数据上找答案；利用社区的力量		伯纳德·利奥，2007

续表 16-1

Web2.0 模式	特点或作用	案例	参考文献
学习 2.0（e Learning2.0）	用户既是内容消费者，又是内容的提供者；用户可以根据自己的学习需求和企业实际进行对性的学习；解决中小企业个性化培训需求和培训公司降低服务成本的矛盾	xue24.com 网站	王楚，2008；钟伟，2006
PLM2.0	将企业与消费者、合作伙伴和供应商在产品全生命周期过程中融入进来，进行互动，使得 PLM 系统能够完整地反映产品全生命周期的数据和产生过程，使产品能够更好地反映客户的需求；提供的逼真体验让客户介入产品开发过程中	达索系统的基于 PLM2.0 的产品解决方案 V6	赵恒，2009
网络营销 2.0（博客营销，行销 2.0CRM2.0）	把个体变为营销的核心，尤其是多中心的个体形成的关系网络营销，以带动更多的体验营销、口碑营销和社群营销：让企业的行销变得更具创意性、互动性、灵活性、立体性、整合性；让企业实现与顾客之间更多的互动和体验	可口可乐的对话交流式的营销网站：美国的动感黄球；迪奥新品营销	林安平，2007；管理百科
IT2.0	IT 架构不仅是企业与个体的互动，更重要的是个体与个体的互动；更大限度地发挥人的能动性		

16.4 设备知识管理方法及应用

设备知识网络就是设备从最初规划、选型、设计、制造、安装、调试、使用、维护维修、更新改造以及报废处置整个寿命过程中，对组织内外的设备知识进行选择、吸收、储存、整理、转化、创新，形成的一个无限循环的流动知识网络。本书围绕着知识共享，将设备知识的管理分为两部分：隐性知识的管理——通过数据挖掘技术以及建立基于社会关系的知识网络的方法，从数据库中或人脑中挖掘有价值的隐性知识；显性知识的管理——建立基于信息技术的知识网络，提高知识的共享效率和水平。同时，设备知识的管理还必须围绕工作流程，另外，设备知识的管理活动离不开领导、组织、制度、文化和技术的支持。整个活动要经过多次 PDCA 螺旋循环。知识管理环境下的设备管理总体思路如图 16-13 所示。

隐性知识主要包括隐藏在人脑中的难于理解、难以用语言文字表达、难于交流的经验诀窍类知识和隐藏在数据中的知识。经验诀窍类知识以非结构化的、非正式的方式存在，具有专有性、对解决现实问题和突发性问题有重要价值，如经验、技巧、构思、洞察力、判断力、解决问题的能力等。隐性知识更大程度地体

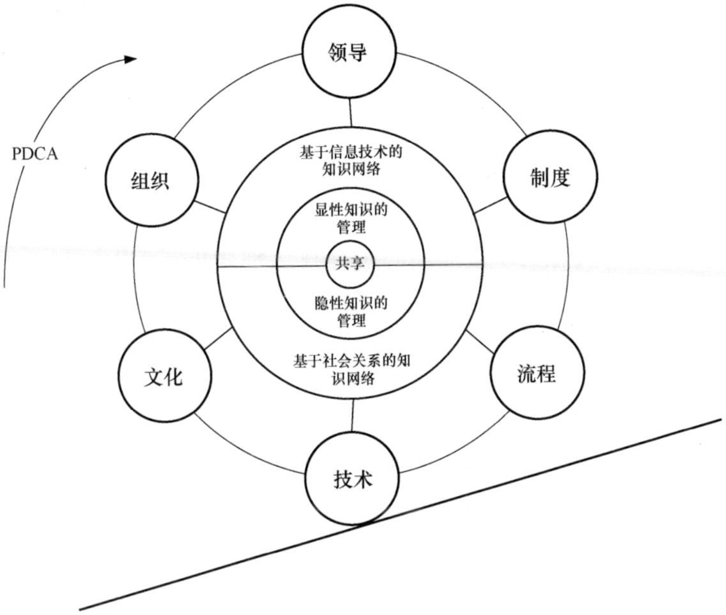

图 16-13 知识管理环境下的设备管理总体思路

现了知识的价值，由于它主要存储在人的头脑中，因此，对隐性知识的管理除了尽可能使隐性知识显性化之外，主要表现在对拥有知识的人的管理。

隐性经验类知识贵在积累、传承。企业在实践中摸索出来的经验与教训应该加以总结，建立最佳实践、典型事故知识库，使经验得以传承，错误不再重现。企业员工每做一项工作、每做一个项目，都应把方案、体会、诀窍、失误、教训和成果等以文档、录像等方式存储到知识库，沉淀下来，将员工个人的智力资源变成企业知识资源，让大家共享，从而快速提高其他员工的技能水平，同时避免企业由于人才流动而造成知识和经验流失的现象。

企业可根据自身特点，把掌握知识且具备创新能力的专家、技术带头人及具有现场丰富经验的技术人员作为知识资源，通过选定专题，采用规范化、标准化、系统化的整理方法，将积累的知识收集、提炼，将员工内心的经验以及凝结在经验中的知识从混乱无序逐步序化、显化。将企业多年来在设备管理方面积累的经验进行总结，建立作业标准，编制技术规程、企业标准。对典型设备事故的发生经过、处理方法以及预防措施进行完整总结，对预防设备故障的发生、杜绝重复事故具有积极有效的作用，同时也为技术人员提供了宝贵的现场经验。收集机、电、仪等专业的改进方案、对策研究和问题探讨的经验。在回顾过去的成功经验或失败教训的基础上，隐性知识逐步清晰明确，并使其迅速而有效地扩散、传播，促进知识在设备系统内部的流通，提高知识的利用率，使员工们可以在需要的时候获得相应的帮助，设备管理的水平和创新能力得以不断提高。

挖掘人脑中的知识的方法有多种，比如建立基于社会关系的知识网络、传帮带活动、知识竞赛、知识论坛、论文发表等，其中基于社会关系的知识网络是一种很有效的挖掘人脑中的隐性知识的方法。

关系网络蕴藏着各种丰富的资源，其中包括丰富的知识资源。关系网络有助于企业获取企业所需的知识资源，尤其是隐性知识资源。E. von Hippe 对美国小型钢铁企业的调查表明，通过个人关系网络进行的 know-how 交换在美国钢铁制造业中广泛存在，即使在竞争企业之间也存在这种非正式的 know-how 交换，主要通过不同企业间具有相似职业背景的工程师的私人关系进行。

企业可以通过关系资源获取知识和应用知识。一个企业的关系网络越多，企业从这些网络关系中获得的知识就越多。同时，企业从网络中获取和应用知识还受嵌入在网络之中的知识丰裕程度的影响。知识获取和知识应用在一定程度上是一个社会过程，关系网络在企业获取知识方面起着关键性的作用。关系网络可以使企业进入并获取其他组织的知识资源。通过和其他组织的交互，企业可以获取外部知识，并和企业现存的知识进行组合。企业需要一个知识网络来支撑知识创造和专业化的知识转化活动。

关系网络增加了企业获取知识的机会。企业从其他组织那里获取知识的多少取决于企业关系网络的强度、关系网络的广度和关系网络的知识蕴含量。通过与知识蕴含量丰裕的组织建立密切、广泛的社会交互，有助于建立庞大的强关系网络，提升组织之间的信任水平和互惠程度，从而有助于增进企业从其他组织那里获取知识的广度、深度和效率。

企业应根据自身运作所需的知识需求，建立发达的基于社会关系的知识网络，比如与供应商、顾客、专家、学术研究机构、大学、中介组织、政府、合作伙伴甚至是竞争对手等建立广泛、深入的联系。

隐藏在数据中的知识主要通过知识发现方法获取。知识发现就是利用各种知识发现算法从数据仓库中发现、表达、更新和解释有关知识的过程。这一过程可以运用数理统计、决策树、时间序列分析、基于规则的推理、基于实例的推理、神经网络、遗传算法等方法来进行。

显性知识是指可以形式化、制度化、可以用言语或文字表达的知识。目前显性知识主要以内容的形式存储、表示。所谓内容就是对各种结构化数据、非结构化文档、信息的统称。内容管理就是将这些内容整合在一起，在一个操作系统平台上，统一调用，进行内容的采集、创建、数字化、加工、存储、组织、挖掘、检索、传递、发布和应用等。

设备管理显性知识主要包括设备档案、已经总结出来的最佳实践、经验教训等。设备档案就是设备从规划、设计、制造、购置、安装、调试、使用、维修、改造、更新，直至报废的一生全过程中形成的图纸、文字说明、凭证和记录等文件资料。已经总结出来的最佳实践、经验教训通常以文字、照片、音频、视频等媒体形式存在。

显性知识的管理重点是建立基于信息技术的知识网络，基于信息技术的知识网络就是利用知识信息载体的一切属性，并将这些属性按照一定规则通过链接而关联起来，构成的一张描述知识信息的网络。在知识网络中，知识信息交汇的节点称为网节。网节可以是一本书、一篇论文，也可以是一个单位、一个作者、一个概念等。网节与网节之间通过网链连接。网链既有双向链接，也有单向链接。即将已经归纳总结出来的被基本接受的正式知识数字化，同时利用数据库、链接、搜索引擎、文档管理、实时协作和远程学习等技术加速知识的交流与共享。

知识管理应面向工作流程。只有将知识管理与设备工程管理具体工作相结合，知识管理才能凸显出其经济意义。比如围绕设备维修、设备故障诊断、设备性能改善研究、设备经济寿命周期研究、设备三率管理等开展知识管理活动。

组织是对完成特定使命的人们的系统性安排。组织具有三个显著特征：目标明确、由多个个体组成、系统性。组织知识是组织内各类知识的综合与集成，是整个组织对外所表现出来的竞争能力。

现实中，组织可以按照不同的标准进行分类。按组织的形成方式，可以划分为正式组织与非正式组织。

正式组织是为了有效地实现组织目标，而明确规定组织成员之间职责和相互关系的一种结构，其组织制度和规范对成员具有正式的约束力。这是判别一个组织是否是正式组织的主要标准，而不考虑它是否注册登记，是否合法；正式组织在创造和传播组织中大部分在编码化知识时发挥着主要作用。知识管理应发挥正式组织的主导作用。正式组织中可以成立知识管理部门，并设置知识经理、知识工程师等职位。

非正式组织则是组织成员在感情相投的基础上，由于现实观点、爱好、兴趣、习惯、志向等一致而自发形成的网络关系。由于正式组织在传播隐性知识方面往往效率欠佳，原因可能是基于正式的制度、规则、程序等正式组织的协调机制不完善（也无法完善），不足以激励个体成员将自己所拥有的隐含经验类知识拿出来共享，因此，知识管理还应发挥非正式组织的作用，比如建立实践社区。实践社区是指具有特别专长或工作的团队成员，由于有共同的兴趣和对目标的共同感知，以及具有分享与工作相关的知识和经验的共同愿望，而形成的一种特殊的非正式网络。实践社区经常是围绕一些主题形成的，比如一门学科、一种工艺或一个生产过程，社区成员加入社区不仅仅是为共同兴趣，主要是希望能从社区中获得自己单独所无法取得的知识，同时体现自己的价值，如实践操作中的难题，当前领域的新发展、新信息、新技术、新工具等。社区成员通过各种方式非正式地交流思想和分享知识，在一种沟通和信任的环境里积极地学习和探讨，分享想法和经验，就发展成为一种分享式的做事方式或一套共同的惯例，从而使专家的知识在整个社区成员间得到共享。实践社区为寻找和发现不同领域的专家提供了有效的途径。

电话、手机和计算机网络等信息通信工具拉近了组织与组织、人与人之间在时间和空间上的距离，使时间和空间上的距离不再成为知识交流与共享的障碍。以前，隐含经验类知识的传播和共享主要还是通过成员间的直接接触来进行，随着网络技术的飞速发展，特别是电子邮件和可视电话系统的应用，成员间通过网络传递和共享隐含经验类知识成为可能。人们借助网络可以减少许多不必要的面对面的接触，因而可以提高效率。比如，英国石油公司（BP）的钻井船出现故障时，在过去常常需要专家乘坐直升飞机到现场解决问题，费用平均达到 150 万美元/天。如今借助 Internet，只需要钻井船的工程师在一台小型摄像机面前检修有故障的设备，这台摄像机通过卫星系统与 BP 的千里之外的虚拟工作组总部的专家相连，通过实时的电视系统，专家与船上的工程师共同诊断设备故障，在很短的时间内，故障就得到解决。可见，对于隐性知识的传递共享，基于网络的虚拟接触与面对面的直接接触相比较，有其自身的优势。

企业在知识共享过程中，知识激励制度起着重要作用。企业应该将知识管理纳入绩效考核中，设立知识贡献奖，对知识贡献突出的个人或组织实施奖励。奖励方式有精神激励和物质激励。

表面上看，知识管理与企业效益没有直接关系，因此，往往较难得到领导的重视。而实际上，知识管理的成功实施可以降低企业成本、避免事故的发生、提高工作效率等。在企业，如果一项活动得不到企业领导的重视和支持，这项活动就很难成功，因此，争取领导对知识管理活动的大力支持直接影响知识管理活动的效果。

企业文化就是企业成员共同的价值观念和行为规范。就是企业员工都明白应该怎样做，而且都自觉自愿地这样做，逐渐形成一种习惯、自然和观念，并反作用于大家的行为，逐渐以规章制度、道德公允的形式成为员工的行为规范。营造学习知识、奉献知识、严谨认真、开放信任的文化气氛对知识共享极其重要。

17 流程再造管理

17.1 流程再造

流程再造是由美国的 Michael Hammer 和 Jame Champy 提出，在 20 世纪 90 年代达到了全盛的一种管理思想。

流程再造是一种企业活动，内容为从根本上去重新且彻底地分析与设计企业程序，并管理相关的企业变革，以追求绩效，并使企业得到显著的成长。流程再造的重点在于选定对企业经营极为重要的几项企业程序加以重新规划，以求提高营运效果，其目的在于为成本、品质、对外服务和时效上达到重大改进。

流程再造的核心是面向顾客业务流程，而核心思想是要打破企业按职能设置部门的管理方式，代之以业务流程为中心，重新设计企业管理过程，从当前发展上确认企业的作业流程，追求全局最优，而不是个别最优。

企业的管理应该是流程驱动的管理。一般实施流程管理，而且管理得比较得当的企业，能够在日常生产经营的过程中适时的对流程进行修正、调适，所以这种企业的流程往往适应性比较强，设置和运行也要科学得多。但是这并不意味着，它们就不需要对流程进行再造。如果客户的需求和市场发生了巨大的变化，企业的经营模式要实现根本性的变革，流程就必须再造。例如，戴尔公司推行的直销模式，如果在 IBM 公司的传统流程上套用，恐怕就难以产生预期效果，但是 IBM 公司的传统流程对于自身奉行的生意模式却是有效的。另外，流程再造的目的也是要通过对企业和产业流程的梳理、精简来实施流程化管理。

从客户需求到客户满意的产品生产过程与服务中，业务流程化、管理制度化、制度与流程节点一一对应的基本方法就是企业现代精益化的流程再造的方法。

企业现代精益化的软件平台的功能应用，包括手机上传文档、表格、图片、定时任务、常见报错以及输出各种报告与表格等，按照审批流程的方向，设计“角色编辑”的通用代码。内容见表 17-1。

表 17-1 角色编辑内容

新增	保存	修改	提交
录入者	√	√	√
中间审核者	拟准	退回	撤销拟
最终审核者	核准	退回	撤销核准

对于基础管理的区域图片分为原貌、整改后的面貌、保持面貌上传至上级人员审核并评价。评价内容由选择器从评语的通用代码库调用选取，也可以自由发挥输入评价意见。可以选择不同时间段的内容去输出，内容为全部 6S 管控点、区的评价清单表。

流程再造借助云端信息平台彻底挑战了大企业的职能部门矩阵管理的模式，是最彻底的扁平化管理和知识结构利用管理。软件画面如图 17-1 所示。

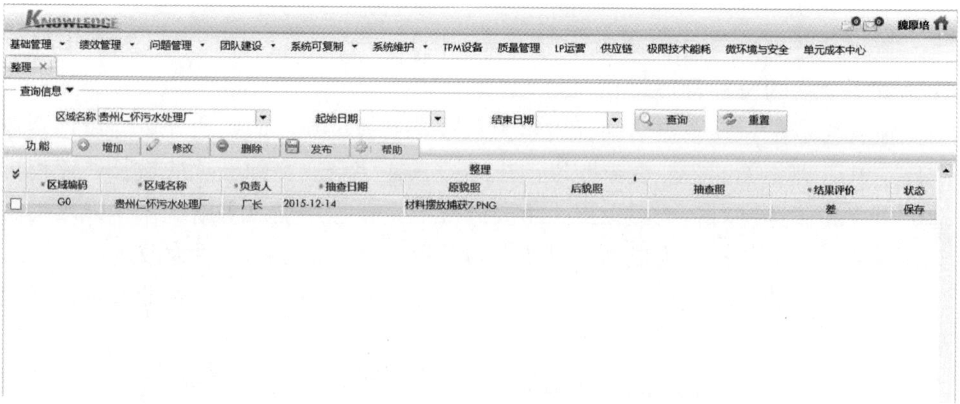

图 17-1　6S 流程再造画面

17.2　流程再造方法

17.2.1　流程化模块解决的问题

设想一下阅读一本书的读者对于大中型企业的运作比较熟悉或了解一般企业层次的发展阶段。

企业从专业户的启蒙阶段开始，这时候因为没有特定的业务流程，经常会发生意外事件，企业常常处于危机管理中；当资金链总体通畅，有了基本的发展计划，企业就实现了基本的管理，这时候企业仍然处于个体户阶段，当企业的运行效率比同行业要快，实现了流程化、效能化和培训的系统化，那么企业就开始进入公司化阶段，有了效能管理，当企业中的部门目标、个人目标为企业的总体大目标、方针目标开路时，企业就有了目标管理，开始进入部门化阶段；最后当企业每提出新的理念，就会让人通过一系列的核心工作去实现，企业就掌握了理念管理，开始进入集团化阶段，有了全面的专业矩阵组织。

在公司化阶段，不同的企业发展所需要做的核心工作是不一样的，要根据企业的实际情况来区分。我们要用 80%的时间去做有成效的、影响公司发展阶段的事情。如果导入 ISO 办事流程反而慢的话，就应该研究该公司所有的成效结果，请咨询顾问用一段时间调整，进行效能管理的导入。

事实上，在企业公司化阶段的开始，就已经有一定的复杂流程了，继续成长的企业，流程会越来越复杂，企业也就会越来越偏离扁平态，效率、成效（绩效）就越来越差。因此流程化模块能够让企业从粗放型管理过渡到规范化管理、精细化管理，利用流程化管理能够大幅度缩短流程周期并降低成本。流程化管理能够固化企业流程、实现流程自动化，最终实现职能的集中和统一，让企业管理标准化和程序化。

17.2.2　流程再造理念更新

企业现代精益化系统从客观上和理念上讲都不是迁就原有的法则，应该打破陈规，重新再造。

我们在研究美国的企业和理解彼特·德鲁克的理论与实践的基础上，认为企业矩阵组织只是日常员工的归集组织，对于蓝领有效，但对于管理性的知识工作者，矩阵组织约束太大、绩效太差、创新几乎为零，所以需要矢线辐射态的管理。流程构成网络，并非横向到边、竖向到底的“#”字型平行结构，而是高效的网络结构流程。不同规模的企业员工收入、素质也不同，小企业特殊人才可能不明显，但对于大企业，特别是五百强级别的企业，特殊人才千奇百怪，网络型结构流程才能用尽能人之才华，这有点像优化中的陡坡理论的效果。企业规模下各层次的示例如图 17-2 所示。

个人照镜子：入会时刻自己是哪个能级

职工级	1.25-2.5万	年薪瓶颈额
职员级	2.5~5万	
主管级	5~10万	
管理级	10~20万	
经营级	20~80万	
战略级	80~320万	
整合级	320~1280万	
大师级	1280万以上	

特征能力：处理事情变化复杂程度的敏感度、觉察力、判断、分析、探究、方法、解决的能力层次。

图 17-2　各层次的示例

据统计，彼特·德鲁克曾经 7 次获得“麦肯锡奖”，2002 年 6 月 20 日，获得当年的“总统自由勋章”。他是管理学科的开创者，被尊称为“大师中的大师”“现代管理学之父”。他的书籍翻译有：《卓有成效的管理者》《卓有成效的管理者的实践》《卓有成效的个人管理》《卓有成效的组织管理》《卓有成效的变革管理》《卓有成效的社会管理》。在众多的翻译书中，单从文字上讲，没有用头脑实践过“大企业管理”的人，很难准确把握原文的实际意义与操作要领。

同样，不同层次的人阅读上述著作，认知和理解的差异也是非常大的。我们的研究表明：绩效在美国的管理活动中就是业绩的代名词。正如德鲁克所说："不管你在工作中投入了多少才智和知识，花了多少时间和心血，如果做不到卓有成效，就谈不上'绩效'"。

卓有成效就是绩效卓越优秀。卓有成效是可以学会的，即优秀业绩者是可以学会的，是不能被教会的。学会是在实践中学，在练习中学。蓝领操作者单位时间内的产量、质量即可度量其效率，而知识工作者没有效率，只有成效和绩效。他们生产的是理念、构想、信息和观念。他们只有对于组织真正有贡献才算是有效，有业绩的。这些与自我学习觉悟提高，对上司、对同事、对下级、跨部门的帮助以及若干 KPI 六个维度的对应完全符合逻辑。

17.2.3　现状的超越

管理类、技术类、技师类三种类型的说法和做法与德鲁克的著作中的约定不是一回事，不能够按照中文的字意去套用。德鲁克的约定是："管理者"泛指知识工作者、经理人员和专业人员。在这些人员中，没有一兵一卒的独立工作者也是管理人，当然负责团队的人肯定是管理人。无论你是人多人少甚至是独立工作者，也无论你职位高低，只要你是约定中的管理者角色，你就必须力求有效；你就必须考核绩效（贡献），而不是效率；你就必须学会实践，操练如何做到卓有成效，也就是提升你的业绩。很多人读翻译著作就是与接地气的实践联系不起来，问题在于没有看原文的内在含义，没有把握住原文的诸多约定。

比如说 PDCA 循环的基本方法用于企业大众化的日常工作之中，其中 P 是计划。以前，讨论管理者的任务时，也一般说成是如何从做计划开始，这听起来符合逻辑。但德鲁克从长期的咨询实践中观察到，管理者的工作计划很少真正发挥作用，通常是纸上谈兵，束之高阁，很少真正去实现。这也就是我国企业常有的抱怨"计划不如变化，变化不如电话，电话不如领导一句话"。东西方为什么这么吻合这样的现象呢？

实际上，管理者的工作并不以计划为起点，认识自己的时间用在什么地方才是起点。时间是每个管理者最稀有的资源。没有自由支配的时间去罗列的事务是表面的计划，实质是时间问题；大堆事情的罗列是表面的计划，实质是个规划。自己的时间是个常数，分配去干最重要的事情。

熟练掌握时间包括管理人的压力、如何诊断自己的时间、消除浪费时间的活动、统一安排可以自由支配的时间这四项技术，使得你能认识你自己，也就是要认识你的时间用在哪里去了，这是通向贡献和有效性之路的必然通道。那么什么是贡献呢？基本有三条：直接成果；树立新的价值观以及重新确认；开发明天的人才。重视贡献是有效性的关键，所谓有效性，表现在以下三方面：

（1）自己的工作，包括工作内容，工作水准及其影响；

（2）自己与他人的关系，包括对上司，对同事和对下属；

（3）各项管理手段，工具的应用，例如会议或报告等。

管理者的日日承诺就是“我能做出什么贡献”。做有意义的有价值的事情，对于贡献的承诺就是对有效性的承诺。没有这些内心深处的承诺，就等于没有尽到自己的责任。

如何使专业人员的工作卓有成效？他们生产的构想、信息和观念必须与其他人的产出结合在一起，才能产出成果。因此，他的产出供什么人使用，只有在互相提交的平台上确认效果才得以知道其作用。人际关系在这里就非常健康，互相沟通、团队合作、自我发展、培养他人就自然顺理成章。

有效的会议需要通知内容与时间地点，讨论主要议题的核心发言人。参加者自由的选择参加与否，参加多长时间，因此就没有陪会的抱怨，更不会有不受重视的埋怨。

任何人不为所在的矩阵组织所困惑，跳出组织思考问题，按照矢线网络流程的思考去最大化自己的绩效成长。你的绩效不是由你的顶头上司定，是系统记录成长的累计客观结果。矩阵组织只是最基本的团队标识而已。

总之，重视贡献，就是重视有效性。绩效是明灯照耀你，让一切“阴影”在后，朝卓越绩效进发。为什么会存在阴影？按照我们的常态习惯，你跨越矩阵约束，按辐射态去追求绩效，你的顶头上司这一关可能就是你的阴影。

企业现代精益化管理的理念就是：矢量辐射态的管理流程是充分发挥人的长处的最佳手段。横平竖直的矩阵不会出现“快速陡坡优化”的效果。这里提出一个尖锐的问题：如何管理好上司？

在现代，管理好自己的上司需要用人所长和充分发挥自己的长处。一个人长处的多少，就意味差距的大小。我国企业按照习惯用“一分为二”的想法去分清人的优点有哪些、缺点有哪些，因此常常有人事经理找人谈话的尴尬局面发生。在管理上司的长处问题上应该谨慎小心，但不能放弃。实际上，当上级的能力不够，下属是没有进步通道的。即使上司因绩效不佳被调离，继任者也往往都是来自别的部门，很少在本单位中选人提升。而且新上司到任时，也总是带来他自己的亲信。可见，管理上司，帮助他提升业绩很重要。最大限度运用上司的长处，自己才能将精力集中在自身的贡献上，完成自己想做的工作，取得希望取得的成就。

17.2.4 管理上司

管理上司不能靠唯命是从，应该从正确的事情入手，并以上司能够接受的方式向其提出建议。把工夫花在上司的长处上，让他在长处上如鱼得水，你才会更有自己发挥长处的机会，阴影就基本消除。

你的长处如何发挥得彻底呢？通常在一个组织中，有效性的每一面，都是

“机会的开发，问题的消失”，尤其是对于人，这一点尤其重要。有效的管理者，把每一个人都视为可以开发的机会，包括他本人在内。他知道唯有长处才能产生成果，而人的短处不要试图去补上，费力不讨好。管理者的任务不是去改变人，而是在于运用每一个人的一丝一毫的长处与才干，让组织的效益得到成倍的增长。

卓有成效如果有什么秘诀的话，那就是善于集中精力。卓有成效的管理者总是把最重要的事情放在前面先做，而且一次只做好一件事。

什么才是最重要的事情呢？摆脱昨天，把事情排个先后次序。有效的管理者需要学会常问：“如果我们还没有进行这项工作，现在我们该不该开始这项工作？”如果不是非办不可，他们就会放弃这项工作，或者会将它搁置起来。至少他们不会再将资源投入到不再产生价值的过去。而对于已经投入的最佳资源，尤其是非常匮乏的人力资源，他们会立即抽调出来，转而投入未来的新机会。

怎样确定事情的先后次序呢？最大的忌讳与最大的习惯是按照压力来决定优先，而没有分析哪些事情可以缓一缓的能力或者意识。我国一些企业的中层管理基本是在压力中度日。企业现代精益化的管理者要求学会以下几条可以帮助确定优先次序的重要原则，每条都与勇气密切相关：

（1）重将来而不重过去；

（2）重视机会，不能只看见困难；

（3）选择自己的方向，而不盲从；

（4）目标要高，要有新意，不能只求安全和方便。

同样的道理，在企业经营方面，成功的事业不是迁就现有产品线来开发新产品的事业，而是以开发新技术或开发新事业为宗旨的事业。当然，如果说创新有风险、有艰辛和不确定性，那么不管创新是大是小，同样是有风险、艰辛和不确定性的。化机会为成果，肯定比解决旧问题更有生产性，而解决旧问题，总不过是恢复昨天的平衡而已。

企业现代精益化就是面向未来看价值，不按昨天的要求，不全看压力来排序手头的工作。不妨读者实践中试一试就能感觉特别的不一样。

方案决策的要素：（1）要确实了解问题的性质；（2）要确实找出解决问题时必须满足的界限；（3）要仔细思考解决问题的正确方案是什么；（4）决策方案要同时兼顾执行措施；（5）在执行的过程中要重视反馈。

企业的生命在于品牌，对于品牌来说，唯有与用户交心，方能铸长青基业。交心不是甜言蜜语，是实实在在的行动。你的产品卖给客户以后，能够保证多少年包退。比如，席梦思产品用户购买时有个 25 年包换的卡片，实际上用户用了七年，弹簧突起，用户拿起电话联系商家，卡片早已丢失，只记得购买时的电话号码。商家立马查询历史数据库，约定随时退货。用户送到商家退货柜台，查验商品的流水号后，将本金与现税金额合计数退到一张卡片上，没有过期限制。总之，任何商品，客户发现质量问题，或者自身感觉不良，或者发现价格不实，都可以随时退货，退货柜台是不问任何理由的。买方主动讲理由，卖方也不用听，无条件积极办理一切退货手续。客户享受完全被尊重，没有丝毫被欺诈的感觉。退货情景如图 17-3 所示。再比如 6S 可视化的实施问题，很多可视化符号直接利用灯光实现，如图17-4所示。

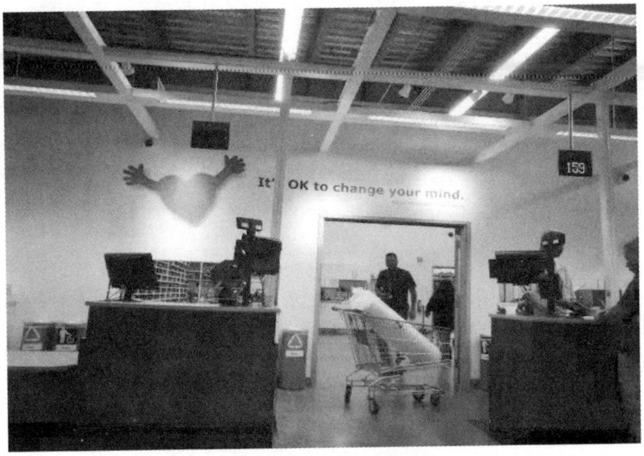

图 17-3　退货情景

图 17-4　灯光实现可视化

对于企业现代精益化而言，企业只要肯起步，就会立马见到效果，从现场到桌面，从外表到内心都会潜移默化的改变，整个民族的人文形象与精神就会立起来。

有效的决策需要注意三个方面的问题：个人见解与决策的关系；鼓励反面意见的出现；决策与电脑网络。

决策是一种判断，是若干比较方案中的选择。习惯上人们总是说“先搜集事实”，实际上参与决策的人都是从本人的见解开始的。什么是见解呢？就是尚待证实的假设。见解不能获得证实，就毫无价值可言。至于什么是事实，往往也模糊不清。

决策来自大家的一致意见？其实也不然，真正的有效决策常来自多种不同而且互相冲突的见解中，或者说从多种旗鼓相当优劣互见的方案中产生。有效的管理者鼓励大家提出见解，同时，也会叫大家深思其见解，并认清其见解经过实证后的结果。

为什么鼓励或等待不同意见的出现呢？第一，唯有反面意见，才能保护决策者不致沦为组织的俘虏，才能杜绝跟风、一言堂与拍马屁；第二，反面意见本身正是决策所需要的“另一方案”。决策时没有其他方案供选择，那与赌博何异？第三，反面意见可以激发想象力。通常企业里具有想象力的人并不多，但也不是稀少得可怜，被激发后这种具有想象力的人才会呈现出来。

做了新决策，可能有收获或是风险。而不做，就不可能有什么收获。遵循的原则是：如果利益远大于成本及风险，就该行动；行动或不行动，切忌只做一半或折中。

互联网时代，决策的外来信息获得量比以往大出 n 倍。但是，信息太少固然不好，太多又增加了甄别时间，所谓信息越多就越迷惑。真假信息混为一谈，上当的概率就大出很多。人的决策一是不能被电脑取代，二是决策的学习思维应由智慧转向利用大数据与模型的模式。

企业现代精益化的云端软件适应这个转变过程是国际上最恰当的手段。比如美国医疗系统的凯撒模式是中国人所共知的事情，如图 17-5 所示。

图 17-5　凯撒医院模式

医疗、医院、医保系统如此，企业如此，政府部门也如此。导入精益化系统带来的气定神闲的科学决策氛围将会常见得如同空气和水一样普通。这正是 IT 人员极端大众化的原因。

管理者必须卓有成效，卓有成效是可以学会的。组织的工作绩效，管理者的工作绩效是同一个目的的两个目标。有效性人人可学会，但是无人可教，有效性是一种自我训练。要做到卓有成效，首先要记录好时间的使用情况，分析时间，消除不必要的时间浪费。业绩记载中的流水账多了，你就会脸部发烫，感到问题的存在了。管理者要把眼光集中在贡献上，记录时考虑受益人的认可度。充分发挥人的长处，跨部门体现才华的时候尤其让人有欣慰的感觉。

要事优先，价值大的事情先做。有效的决策是不同角度的意见分析后决定的。环视我们的周围，有效的组织固然不多，有效的管理者尤其少见。管理者的工作卓有成效，这肯定是卓有成效的机构所必须具备的基本要求，而管理者本身的有效性就是对组织发展最重要的贡献。

知识工作者已迅速成为一个国家的主要资源，知识工作者也是现代国家最重要的投资。任何投资都不及教育投资大，因此知识工作者又已成为一项重要的成本中心。高度发达的工业信息社会，经济上最迫切需要的莫过于提高知识工作者的生产力。

我们往往认为体力工作者只有经济的需要，能获得经济报酬即能满足。但是据人际关系学派的人士看来，实际上也绝非如此。对体力工作者而言，当其所获得的报酬高达某一水平以上时，报酬便不再起作用了。以知识工作者来说，当然也需要经济报酬。此外，还需要有机会、需要成就、需要实现、需要价值。知识工作者只有在成为一位有效的管理者之后，才能获得这些满足。

今天的社会仍然是两种需要：对组织而言，需要个人为其做出贡献；对个人而言，需要把组织当成实现人生目标的工具。只有管理者的有效性，才能使这两种社会需要相辅相成。总而言之，卓有成效确实是必须学会的。

美国人的业绩观可以说从娃娃开始就在建立。比如幼儿园的一岁半的小孩，每天就是带着自己的表现单回家的，如图 17-6 所示。小孩的表现单既是老师的

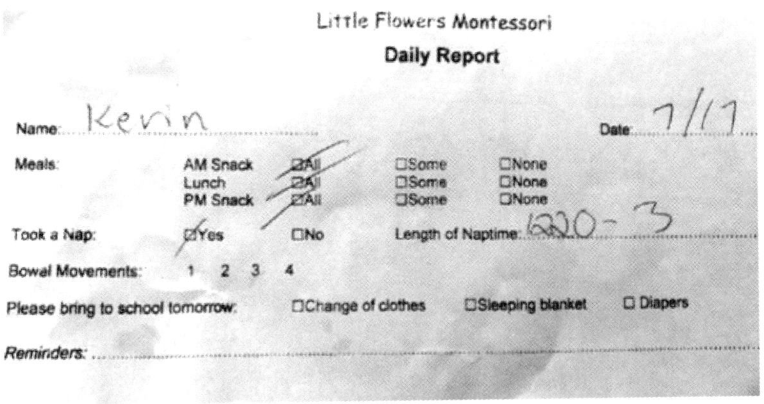

Little Flowers Montessori

Daily Report

Name: Kevin　　Date: 7/17

Meals:	AM Snack	☑All	☐Some	☐None
	Lunch	☑All	☐Some	☐None
	PM Snack	☑All	☐Some	☐None

Took a Nap: ☑Yes　☐No　Length of Naptime: 1220-3

Bowel Movements: 1 2 3 4

Please bring to school tomorrow: ☐Change of clothes ☐Sleeping blanket ☐ Diapers

Reminders:

图 17-6　幼儿的表现单

业绩，也是小孩的成绩。知识的学习量也是每天都有，周末一并叫家长带回去让孩子自己掌握与复习。

我国的企业普遍存在个人业绩观不强烈的现象。企业涨工资按工龄、分房子按工龄、下岗也按年龄一刀切。员工写业绩时没有任何光荣与羞耻感，不能跨部门展现长处，业绩舞台也小了很多。何日才能开始？只有导入企业现代精益化云软件平台，才可以算作真正意义上的开始。

18　全员设备管理（TPM）

18.1　全员设备管理（TPM）的体系框架

小企业有小企业的用法，大企业有大企业的用法，但无论是制造业、物流业、贸易业，甚至是 IT 业以及服务型第三产业，设备自始至终都非常关键。全员设备管理 TPM（total productive maintenance），也称为全面生产维护。全员设备管理 TPM 模块，是建立在 6S 链条上的庞大系统。它是指一种全员参与的设备生产维护方式。通过全员参与、事先预防，消除设备故障导致的损失，实现设备性能的最优，保证生产效益达到最大化。著者团队在过去几年出版的《现代设备工程学》已经从技术角度全方位描述了设备的管理过程。但是从现代精益化角度来看，企业的设备管理究竟应该怎么做？

我国不少企业都从组织上很重视设备管理，但却基本没有一套科学有效的办法，尤其管理专家的频繁流动升迁，导致主管设备的人员代代都在摸索之中。在欧美国家、亚洲的日本，大企业的设备管理 TPM 体系都成熟完整，年复一年在 TPM 体系 PDCA 循环评价中逐步改进，稳稳地让设备为企业产能和质量服务。

图 18-1 所示为 TPM 体系框架的基本内容。在 6S 链条的基础上，企业制定合理的自主维护基准书、专业维护基准书、设备点检诊断指引这三大指标，并通过这三大指标内容延伸出直接的设备安全操作规程、设备维护规程、设备安全检修规程。合理的计算出设备综合效率和该生产线的 σ 数值，并固化企业 TPM 信息，使整个流程可复制，最终做出周期年度评价。同时，企业通过 PDCA 的循环结构，不断完善 TPM 体系，使设备能够更好地为生产服务。

对比图 18-1 的 TPM 框架，能够发现内地企业在设备问题上，长期少了最基础的两个工作：一是前面已经讲述过的 6S 链条；二是自主维护基准书、专业维护基准书、设备点检诊断指引书的三大指标，如钢铁国企基本上都是直奔三大规程。

三大规程是技术属性的，它可以告诉你怎么去做，而被跳过去的基准书恰巧是要求工人一天 8 小时必须去为设备做什么。被跳过去的指引书恰巧是要求点检员一天 8 小时必须去为设备点检什么。框图中的基准书也不是复杂的“书”，而是细化到几点几分的一个强行劳动任务表而已。

上述框架的出发点是设备树，系统开发的设备树图按照总厂、分厂、生产线、工艺段、主机设备、分专业的设备、部件、零件、现场备件共 9 个字段 18

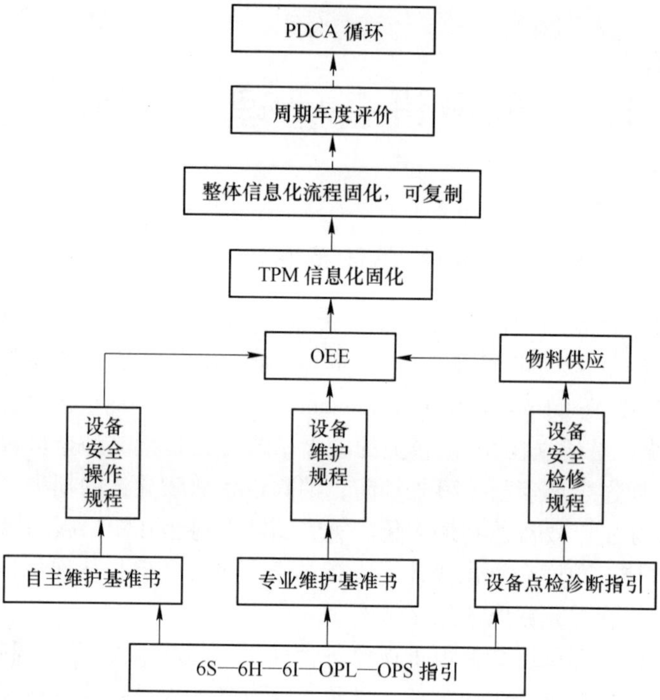

图 18-1 TPM 体系框架

位编码建立，这个码也被称为设备位置码。在前 12 位码的专业设备名称下可以挂上对应的三大规程内容，比如该专业设备下的运行管理首先看到的是它的安全操作规程；该设备下的维护管理首先看到的是它的维护规程；该设备下的检修改造管理首先看到的是安全检修规程。在 14 位码的展开下就可以看到该部件的自主维护基准、专业维护基准和点检诊断指引。

18.2 企业资产管理（EAM）与全员设备管理（TPM）的关系

EAM（enterprise asset management）系统的内容不能淡化 TPM，如果 TPM 不好，生产和质量就不保。TPM 是决定设备资源如何利用的，EAM 是决定设备资源如何配置的。但在社会上不断上线的系统均偏向 EAM，这是个很大的误区。图 18-2 为基础管理 7 大菜单。

EAM 在设备管理方面有与 ERP 等效的一面，也有更细化的专业的一面。企业资产管理的转固、折旧、收、发、存、调拨和出租是业务性质的记录而已，系统应具备这些功能无需多言，但是在开发商的思想模糊以后，往往把纸上办的事情搬进信息化系统就觉得完成了开发任务，这是不对的。我们知道，在软件行业，没有低水平的软件，只有低水平的需求。

因此，对现代精益化的设备模块的要求是不同设备位置码下要完成不同的功

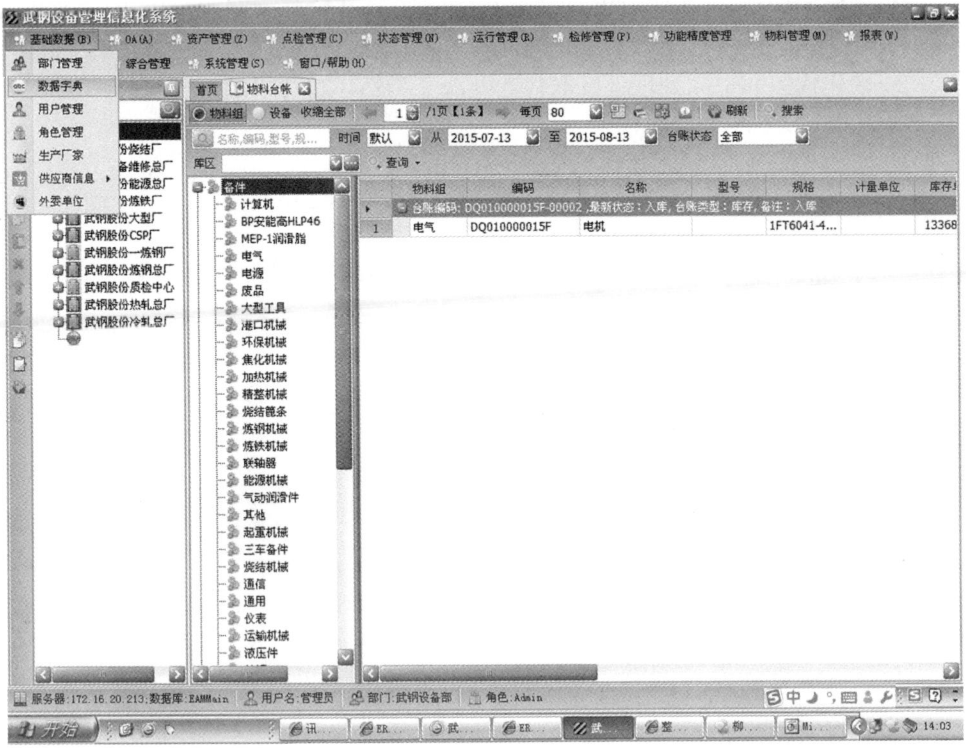

图 18-2 基础管理 7 大菜单

能。6 位设备生产线代码下可以进行停机时间管理、产能管理、质量管理，自动计算出设备综合效率（OEE）指标和该生产线的 σ 数值。数学模型被设置在该生产线的通用代码库之中。8 位编码下的工艺段设备可以进行状态管理、功能管理、精度管理。状态分析的技术方法被存放在通用代码库中被调用或选择使用。10 位码的主机设备下可以进行诊断处理，12 位码的专业设备下可以进行测试数据处理，14 位码的设备部件下可以进行物料编码勾稽与备件计划提出处理，16 位码的零件设备下可以进行物料信息关联与采购计划处理。

从 6 位码开始，每个字段的码位设备下都可以进行图纸存放，也可以进行项目生成、基准价描述、输出发包单和检修管理的全部业务。下位生成的项目一律汇总到 8 位码的名称下输出总名称与总基准价。招标智慧系统在项目化模块中完成，合同在体外签订，支付在企业 ERP 中完成。

设备领域的物料供应，由设备位置码关联到物料编码，这样的码段很长，无法操作。但是完全不关联的话会增添采购的盲目性。因此，12 位码的专业设备码必须被关联，分两个大字段处理，只有 12 位码不为空时，后面框的第二字段物料码才可以被编辑。商检验收 A 单，入库 B 单，预出库等于机旁存放储位码 C 单，完全出库 E 单。采购招标活动由体外系统进行，供应商管理由专门的模块完成。

在年度周期性 TPM 评估中，五阶六维的评估策略有多年了。由于每条生产线的 OEE 和 6σ 都被计算出来了，因此每个总厂或分厂的设备管理水平按照生产线的线性化代数和平均处理就可取代老办法。当然，也可以组织专家按照老办法评估对比其进步程度。

19　基于价值链的精益分析

19.1　价值流与价值链

根据精益的价值、价值流、流动、拉动和追求完善等五大原则，价值流分析就是实地了解流程的真实过程，在这过程当中，把价值与过程的时间分布联系起来。

价值流涵盖顾客要求的产品或服务形成的所有步骤的集合（包括增值和非增值）以及识别和管理每个主要产品族的整个价值流（包括内部价值流和供应链价值流）。价值链是连接与传递、表达价值的所有环节的集合。价值链以价值流为基础。

这里价值流的流程是指将一种输入转变成一种输出的一系列逻辑的活动过程。输入和输出可以是实物或者信息，逻辑是指流程中的每一步骤的相互依赖性。流程必须有一个明确的始点和终点，流程的评估标准，应当始终以时间为单位，由于流程的逻辑性，使得输入或输出物只能是单件的。

19.2　基于价值流的精益分析程序

绘制价值流图可以按照以下程序进行。

第一步：定义价值。定义价值就是确定工作的输出物。

（1）给输出物命名，如报告、产品、信息。

（2）确定输出物的接受者，可以是一个人、一个工序或一套流程。

（3）对输出物进行描述，如一份报告，仅说一份报告是不够的，必须要说是什么报告，甚至要将报告的主要内容及目录写清楚。再如如果是一台电脑，不能只说一台电脑，要说什么机型，它的特有配置全部说出来。

（4）联系输出物的接收者来确定输出物的规格及标准（如果接收者是一个流程而不是人的话，那就必须要知道能使它在下一个流程里继续向下流动的所有条件及要求）。

第二步：确定价值流。价值流是我们通常所说的业务流程。它是由一系列增值活动所组成的，这些增值活动使输出物成为符合要求的产品。例如，在组装电脑的过程中，只有将所需部件装进机箱的那些动作是增值的，它是由一系列增值活动所组成的，这些增值活动使输出物成为符合要求的产品。价值流就是将这些动作衔接起来的过程。

第三步：给流程命名。

第四步：确定流程起始和终止点。始、终点必须是物理上的点，是可观察和测量的。

第五步：确定流程的激发点。

流程的激发点通常是指使此流程启动的信息来源。它可以是生产计划，也可以是上个工序或流程所推至下来的工作，也可以是一个看板。

第六步：确定激发点的主体。主体就是为你流程进行输入的供应者。

第七步：到流程现场考察绘图。现场可以是车间，也可以是办公区域。

第八步：在现场找到实际输出物与你的描述进行对照。

这一步可以更正你对输出物的描述，使其符合那个现场的输出物的状态，任何差异都值得你回到第一步的第 4 项去重新确认。

第九步：从输出物形成的最后终点，向前反推，进行观察。

确立输出物任何物理变化的点，并加以命名。比如：一台包装后的产品跟它包装前状态是相同的，但是包装本身却使得包装前和包装后的产出物发生了物理变化，这个过程是通过一系列的步骤逐一达成的。在观察中先要确定的就是这些导致一个输出物成为它最终状态的那些物理变化的点，它们通常是增值的。

第十步：把生成每个点所需要的必要步骤当作子流程加以确定。

子流程是主流程中增值活动进一步细化的流程，它往往是不增值的，但它的输出物为主流程进行增值活动提供的必要条件。给这个流程起一个名称，通常是描述其物理变化的。确定这个子流程的始、终点。注意一个流程必须是由一系列相互依赖的具有逻辑性的活动组成。

将这些子流程记住并串联起来，这就是价值流的描述，通常用图形来表示。

第十一步：在起始点用计时器根据你所确立的子流程的始、终点来取时。

我们通常在一个增值点（物理变化点）上取 7 次值，去掉最大和最小的值，然后取余下 5 个的平均值，该值就是这个增值点的耗时。

第十二步：在此增值点与下一个增值点之间取时。

必须是以这段时间以前增值点的结束时间为开始，到第二个增值点的开始时间为结束。同样取 7 个值，同样去掉最大值和最小值，同样取余下 5 个的平均值，这个时间就是价值流中的主要时间分布。

第十三步：将时间按照凹凸线（城墙线）画出，与增值点相对应，增值点一般在凹线上方，时间和增值点对应图如图 19-1 所示。

第十四步：用箭头将增值点串联起来，形成初步价值流图，如图 19-2 所示。

19.3 基于价值流的精益分析方法

绘制价值流图首先需要准备好操作工具，主要有：铅笔、卷笔刀、A4 白纸、

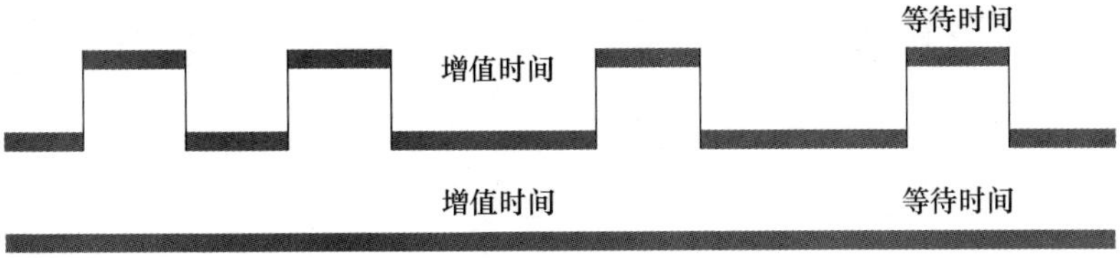

图 19-1 时间和增值点对应图

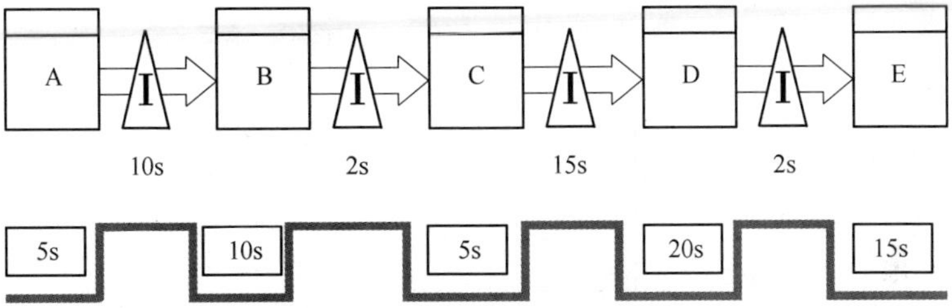

图 19-2 初步价值流图

板夹、计时器、电脑等。在此基础上进行基于价值流的精益分析。

（1）绘制价值流图在开始时最好从较小的流程着手，由小变大，逐步完善。

（2）价值流中的时间分布通常被分成三大块。一是增值时间，二是非增值时间，三是浪费时间。三块时间的总和就是其价值流的总提前期（total lead time）。增值时间在总提前期中所占的比重通常称为价值效率。价值效率是衡量一个价值流的重要指标，它与我们通常指的流程效率是不同的。流程效率是指输出物与输入物的量的比。而价值效率则是指增值时间在整个价值流中所占的比例。

（3）价值流的理想状态在于它的流动。这种流动应当是整体的并且是可控的。必须管理好价值流中的瓶颈，这在价值流中通常被称为价值流的起搏器。只有管理好它，价值流的流动才能够有序地以最小的浪费而进行。

（4）价值流的流动是需要节拍的，即 tatk time。而这里指的节拍不是某一部门的节拍，而是与市场相连接的整体供应节拍。

（5）关于价值本身的定义需要有一定的权威性。无论是运用还是认识这样的价值，都一定要有表示这种权威的持续性和连续性。

图 19-3 所示为未来状态价值流图。

19.4 精益分析应用案例

精益生产模块只是现代精益化的重要模块之一。通过系统结构、人员住址、运行方式和市场供应等方面的变革，使生产系统能够不断适应用户的需求，并使生产过程中达到精简，其特点是零库存、多品种和小批量。精益生产又叫准时制

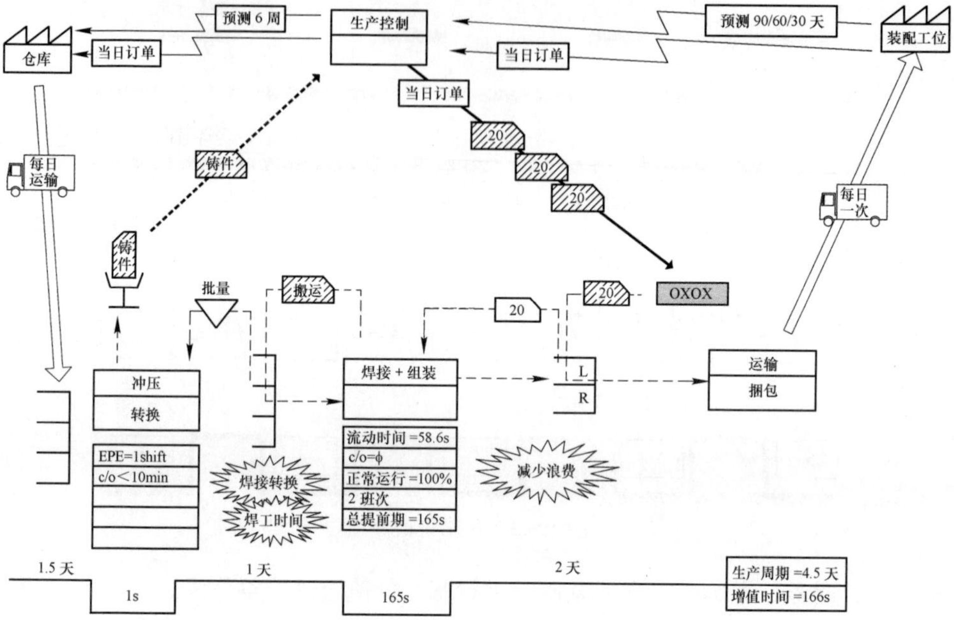

图 19-3　未来状态价值流图

生产，因此它的核心首先是追求零库存，希望通过看板等一系列方法，使得库存成本达到最小化。同时，为了面对零库存所带来的反应，精益生产也追求快速响应，即快速的面对市场和客户的需求变化。最后精益生产强调人本主义和企业内外环境的重要性，既注重外部的市场需求，又注重人力资源的重要性，把员工的智慧和顾客的需求统一起来发展。但精益生产并不是精益化的全部，就如同精益化与精细化并不是一回事。过于精细化是没有成本意识的体现，精益化的关键是精密到益处最大为止。

企业重视精益化，会通过一系列工具和方法进行改良。例如有企业组织策划专门的海报系列，导入企业整体精益化系统，其功夫与决心由此可见，当然，其效果和效益也无疑是明显的。图 19-4 为作者实施导入精益化企业的报道实例。

19.4.1　价值链图的绘制

绘制价值流图是组织精益生产的关键环节。第一，要面向具体产品牌号，比如双零铝箔坯产品；第二，要紧密联系实实在在的工艺过程，比如铸轧一体机的工艺点、铸轧卷物流运输点；第三，要核实每个工艺点（如铝卷卸车分类转移点、1 号冷轧初轧点、热处理退火点、高温均热炉点、1 号冷轧再轧点、中间退火点、2 号冷轧机点、重卷机点、包装机点、入库点、国内销售物流点、国外销售物流点、销售部点、外贸部点、新需求计划点、生产部点、物管部点、采购部

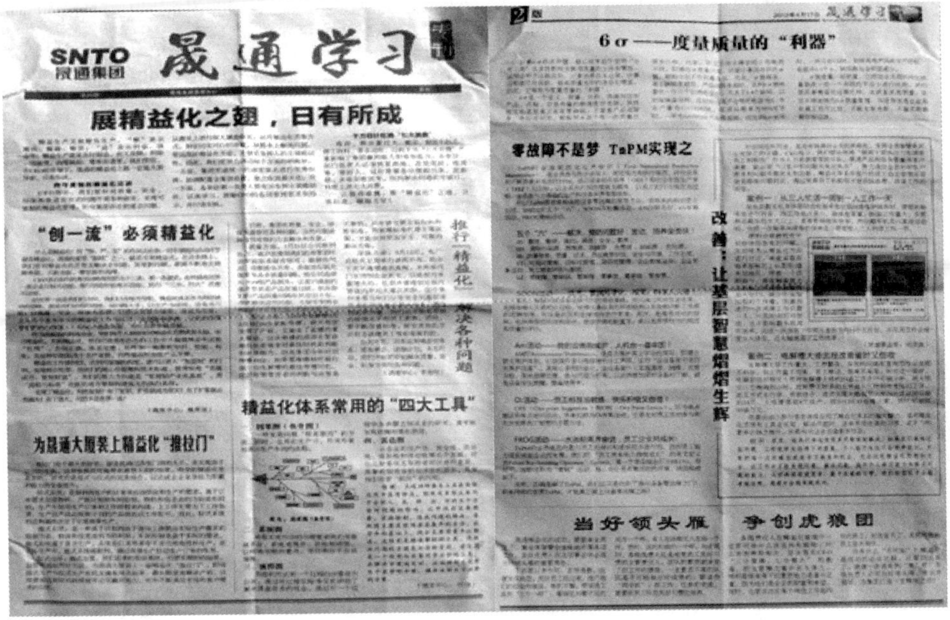

SNTO 晟通集团 晟通学习

展精益化之翅，日有所成

"创一流"必须精益化

为晟通大厦装上精益化"拉门"

推行"精益化"解决各种问题

精益化体系常用的"四大工具"

6σ——度量质量的"利器"

零故障不是梦 TnPM实现之

改善：让基层智慧熠熠生辉

当好领头雁 争创虎狼团

图 19-4 导入精益化的报道

点、供应商点、储存仓库点、闭环到铸轧部点）的区域位置边界以及工艺参数、停留时间和人员数以便于成本计算。

图 19-5 所示为成本价值链，企业产品树必须按照产品一级类别、二级类别、三级类别建立。在后续的单元成本中心模块里建立成本中心树，成本中心的确定原则以核心工艺的核心设备或设施名称为代表。例如上述的一冷铝轧、二冷铝轧、高温均热炉等。

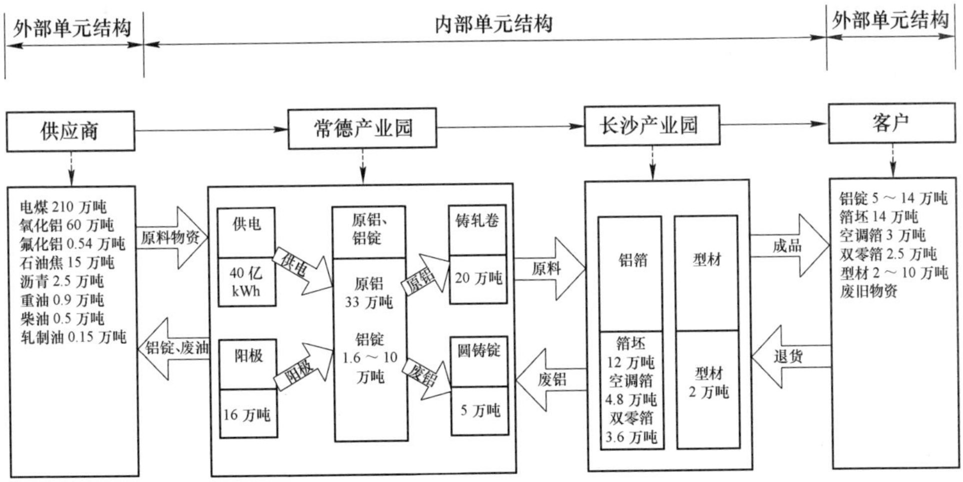

图 19-5 成本价值链

价值链建立后，通过审核流程，被核准的价值链就可以输出打印价值链图形以及该价值链的总成本、总周期分钟数、总能耗和总成材率。实际工作中的价值链如图 19-6 所示。

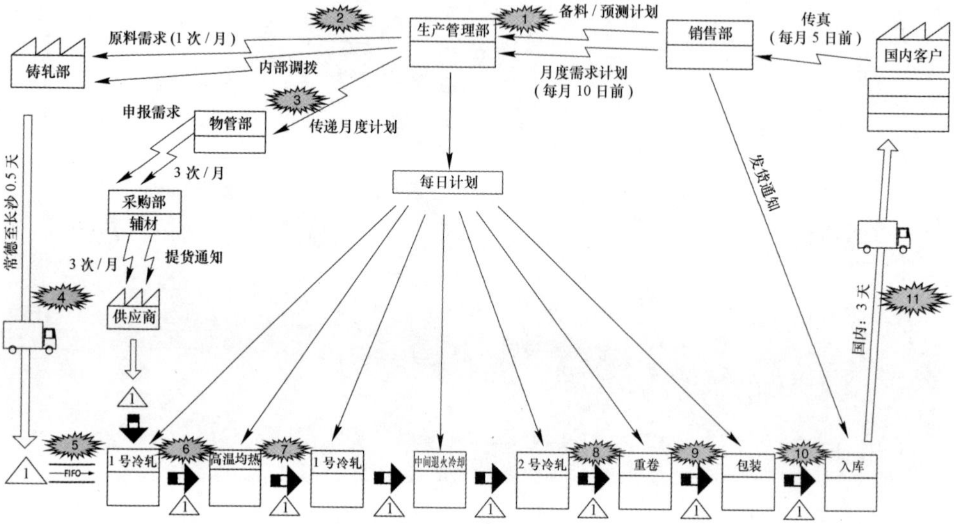

图 19-6　工艺价值链

价值链提供的数据也是 QFD 分析所需要的资料。因此，关于企业竞争力，解决这个问题需要这些环环相扣的工作的数据链条，有了他们才能回答前面的问题。

19.4.2　企业产品树的建立

钢铁企业产品树是比较典型的一类企业产品树。钢铁企业产品树的建立如图 19-7 所示，一级分类有普通冷轧板、热镀锌板、电镀锌板等；二级分类到核心机组，如五机架生产线、热镀锌生产线、连退生产线等；三级分类到品种，如冷轧低碳钢、碳素结构钢等；四级分类到牌号，低碳钢如 CQ、DQ、DDQ、EDDQ、SEDDQ、SPCCT、SPCD、SPCT，碳素结构钢如 Q195、Q215、Q235、Q275 等。

针对牌号点击展开，就可以看到对应的供货基本标准、用途和常态工艺标准。需要注意的是，合同评审就是根据客户的具体用途，在常态工艺标准上面做出一些增减，这些增加部分是满足客户特殊要求的，是在价格上有增加的；这些减少部分就是客户实际用途中不太必要的过剩质量或尺寸精度要求，是节约成本的利润空间，这也是精益生产带来的红利之一。其他如硅钢、型材、热轧材、棒材、中厚板等都类似于在这个规则建立产品树，如图 19-8 所示。钢铁产品的价值链举例如针对普通冷轧产品五机架生产的碳素结构钢 Q275，它形成这个牌号的成品过程如下：铁厂铁水—鱼雷罐—脱硫—转炉—炉外处理（可选择项目（1）加铝线；（2）真空冶炼；（3）其他 LF 等）—连铸—热送或冷送—热轧—

	产品树图基本资料维护作业						
编号	产品大类	产品种类	产品牌号	供货标准	用途	工艺标准	备注
1	普通冷轧产品	冷成型低碳钢类	DC01	Q/WG(LZ)20—2008 EN 10130：1998 JIS G 3141：2005	适用于一般成型到超深冲压成型的零部件		
1	普通冷轧产品	冷成型低碳钢类	DC03				
1	普通冷轧产品	冷成型低碳钢类	DC04				
1	普通冷轧产品	冷成型低碳钢类	DC05				
1	普通冷轧产品	冷成型低碳钢类	SPCCT-SD				
1	普通冷轧产品	碳素结构钢	Q195	GB/11253—2007	适用于普通结构件		
1	普通冷轧产品	碳素结构钢	Q215	GB/11253—2007			
1	普通冷轧产品	耐大气腐蚀用钢	05CuPCrNi	Q/WG(LZ)16—2006	汽车、铁路等		
1	普通冷轧产品	热轧冷酸洗钢	SS400	WJS(LZ)85—2010	家电、汽车等		
2	热镀锌冷轧产品	冷成型用连续热镀锌钢板	DX51D+Z/ZF	Q/WG(LZ)22—2012	建筑、家电、汽车		
2	热镀锌冷轧产品	冷成型用连续热镀锌钢板	DX52D+Z/ZF	Q/WG(LZ)22—2012	建筑、家电、汽车		
2	热镀锌冷轧产品	冷成型用连续热镀锌钢板	DX53D+Z/ZF	Q/WG(LZ)22—2012	建筑、家电、汽车		

图 19-7 钢铁企业产品树

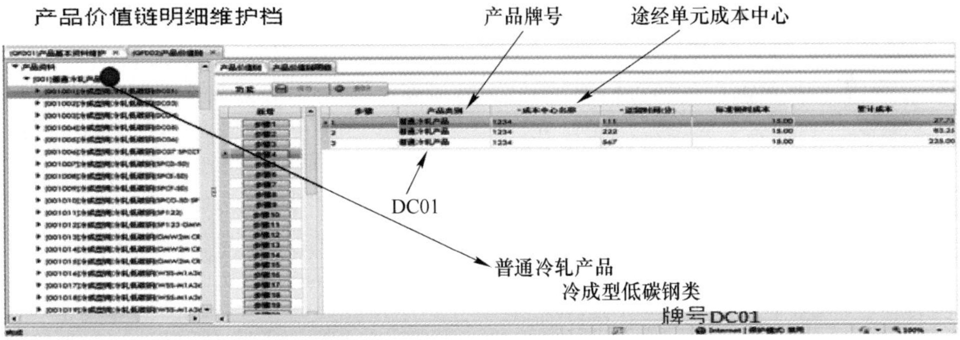

图 19-8 产品树的展开图

运输链—冷轧酸洗—五机架连轧—平整—包装—出厂物流。

这些环节用表格沿着序号由原料向成品逐个列出其工艺环节，可以将这些环节冠以单元成本中心的称号。然后根据录入在表中各个工艺环节计算其成本中心逗留的时间分钟数，这个逗留时间就是该合同的产品历经该成本中心需要的开机时间长度。在通用代码库中就已经计算好了每个成本中心的单位开机时间的时间成本金额数，所以价值链录入完成被确认后，该合同的整个出产成本就已经知道了。合同评审的经济意见就可以写书面报告了，领导的决策就不盲目了。

20　合作链管理

20.1　合作链管理的内涵

合作链管理就是我们通常说的供应链管理，供应链管理也是供应商与客户关系的管理。供应链上的各个企业如果在一定程度上能够保持共享信息、共担风险、共同获利的合作关系的话，整个链条上企业的产品质量、财务状况、客户满意度等都能获得巨大的提升。以物流为中心的合作只是企业之间最根本的利益交往，但以合作为中心的管理却是真正意义上的共同发展。而客户管理是指企业合理的开展和顾客在销售、售后和服务上的交流，通过整个过程，提高客户满意度和黏度，保留老客户，增加新客户。合作链管理巧妙地把供应链和客户联系在一起，从而实现整个平台之间信息交流。

在 ERP 上合作链上的供应商与客户是分开的，但因其经济属性太重，在现代精益化系统中，强调合作共赢策略，其模块内容包含以前的供应链管理和客户关系管理的主要内容。为什么现代精益化系统平台需要有合作链模块呢？因为时代的发展快于人们的想象。图 20-1 展示了供应商的物流方式变化的幅度；图 20-2 展现了供给侧改革的决策带来的市场导向巨变。因此，客户关系的处理环境完全不同于以前，几乎年年大变化。

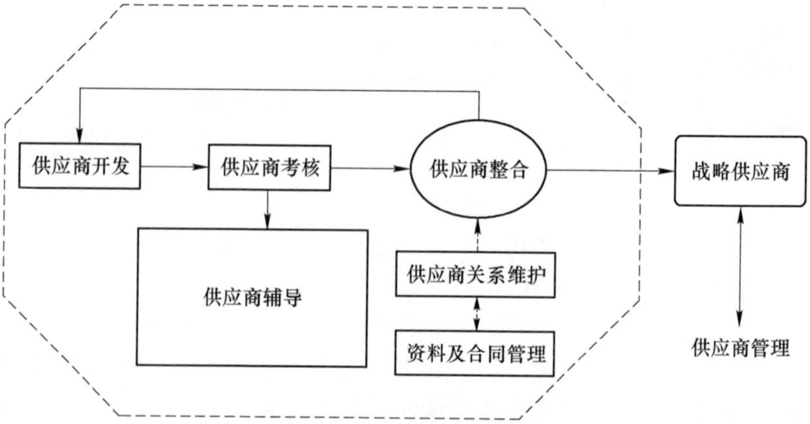

图 20-1　供应链管理流程

互联网的发展、微信的使用、量子通信与智能产品的升级，改良了原来的供

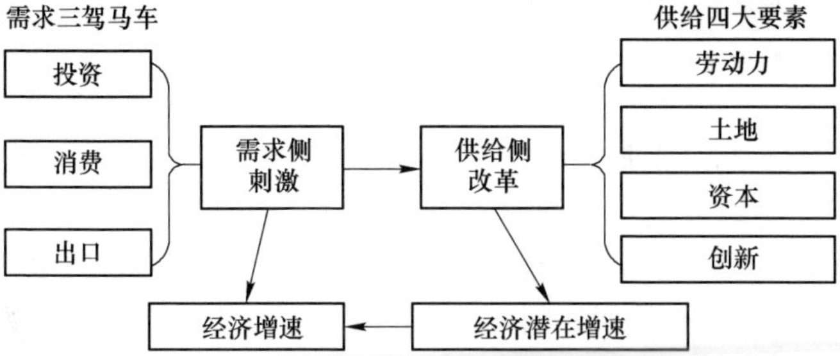

图 20-2 需求侧三驾马车和供给侧四大要素

应链模块软件与客户关系管理软件分开开发造成的使用困难的状态。合作链模块也不能孤立开发，简易的办法就是保留原来的主要内容，按照大道至简的原则开发补充必要的内容。

在供应链模块，一般利用供应商合作协同平台的信息实时分享，业务数据传递来实现供应与生产的高度配合，提高企业与供应商的作业效率。通过供应商与企业建立伙伴关系，针对生产和市场的变化，敏捷应对、随需而动，构建企业具有竞争力的供应合作链体系。

供应链管理协同主要功能点一般会涉及如下内容：(1) 产品在线报价；(2) 零件图纸签收；(3) 零件送样确认；(4) 生产预测计划确认；(5) 订单下达及订单变更确认；(6) 送货通知确认；(7) 送货单生成及打印；(8) 送货单送货跟踪；(9) 扣款信息确认；(10) 采购电子开票确认；(11) 采购电子对账；(12) 供应商库存管理；(13) 供应商绩效考核报表等。

20.2 合作链管理模块

20.2.1 合作链管理模块的管理内容

在精益系统中软件能够完成的合作链管理内容有：

(1) 供应商开发论证与导入相关的记录表单；

(2) 待考核供应商的确认，等级考核与得分总表输出；

(3) 供应商辅导以及整改计划报告的输出；

(4) 供应商整合评分分析表输出；

(5) 供应商关系维持（含季度回访计划表、满意度调查表）；

(6) 单个供应商采购金额增长率输出；

(7) 供应商信息更新率输出；

(8) 市场美誉知名度输出；

(9) 招投标采购金额比率；

(10) 一级商户比率输出。

这些内容作为该模块的组成部分，其中很多是可以同样用在客户管理上的，比如客户满意度调查。

供应商与客户对于企业来讲究竟是什么地位呢？如图 20-2 所示，我们认为需求侧的刺激是经济增加速度的动力，需求侧含三驾马车：投资、消费和出口。这种刺激需要供给侧改革，供给侧含四大要素：劳动力、土地、资本、创新活动，供给侧改革的结果就是经济增长速度加快，其中需求侧数量 D 与供应侧数量 S 的匹配关系与价格紧密关联如图 20-3 所示。去产能、去库存是人们熟悉的供给侧改革基本做法。

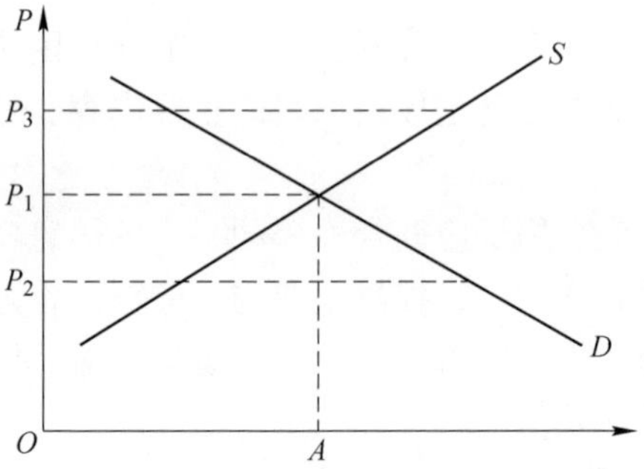

图 20-3　需求侧与供应侧的关系

前面讲到的对称经济学是保持可持续发展的理论保障，供给侧改革是保持可持续发展的实践保障。在对称经济学的理论范式下，企业相互之间在广义上互为供应商又互为客户，没有甲方乙方的划分。如果存在不平等，那就是主观的制度问题，不是客观的理论问题。

企业现代精益化系统在合作协同的模块中，解决以往分开的供应商与客户问题，其中很多流程与方法是同样的手段，没有分开反而达到大道至简的效果。

在如今客户购买产品，无论是通过传统方式还是网络方式，价格的透明度高于以往任何历史时期，因此客户关系的管理对于价格的波动决定性不高。为了在同等价格的前提下，得到客户的优先快速选择，仍然要对客户进行良好的管理。

20.2.2　客户关系管理中的“7P”

客户关系管理中的“7P”包括以下内容：

（1）客户概况分析（profiling），包括客户的层次、风险、爱好、习惯等；

（2）客户忠诚度分析（persistency），指客户对某个产品或商业机构的忠实程度、持久性、变动情况等；

（3）客户利润分析（profitability），指不同客户所消费的产品的边缘利润、总利润额、净利润等；

（4）客户性能分析（performance），指不同客户所消费的产品按种类、渠道、销售地点等指标划分的销售额；

（5）客户未来分析（prospecting），包括客户数量、类别等情况的未来发展趋势、争取客户的手段等；

（6）客户产品分析（product），包括产品设计、关联性、供应链等；

（7）客户促销分析（promotion），包括广告、宣传等促销活动的管理。

20.2.3　大客户管理

客户关系问题从来备受重视，尤其是大客户管理，有效的大客户管理是经销商通过前瞻性战略规划与流程化管理规范达到的。通过大客户管理能够明确谁是大客户；大客户想要什么；如何建立大客户战略；如何获得大客户；大客户如何被管理；如何维护大客户；大客户如何被长期经营等问题。

在内容上，大客户管理是在严谨的市场分析、竞争分析和客户分析基础之上，界定目标客户，确定总体战略方向，实现系统的战略规划管理、目标与计划管理、销售流程管理、团队管理、市场营销管理和客户关系管理，为大客户导向的战略管理提供规范的管理方法、管理工具、管理流程和实战的管理图表。

大客户管理的内容主要包括战略与目标管理、市场与团队管理、销售管理、控制和关系管理等内容，因大客户所处环境和所拥有的能力、资源情况不同，大客户管理的内容对于不同的经销商也不尽相同。

有效的大客户管理的内容如下：

（1）明确大客户的定义、范围、管理、战略和分工；

（2）建立系统化的全流程销售管理、市场管理、团队管理和客户关系管理方法；

（3）统一大客户服务界面，提高服务质量；

（4）规范大客户管理与其他相关业务流程的接口流程和信息流内容，保证跨部门紧密合作和快速有效的相应支持体系；

（5）优化营销和销售组织结构，明确各岗位人员的职责，完善大客户团队的运行机制；

（6）加强各环节的绩效考核，确保大客户流程的顺畅运行；

（7）建立市场分析、竞争分析和大客户分析的科学模型；

（8）利用技术手段，建立强有力的大客户关系管理支撑系统等。

在精益系统的软件开发中，能够兼顾供应链管理的内容和客户关系管理的内容，全面满足使用要求，使供应链和客户关系有机地结合在一起，实现平台的无阻碍交流，达到双赢多赢的局面。

21　决策支持系统及其应用

随着经济全球化和互联网及网络技术的发展，制造业也在信息化道路上前行，同时，决策者决策时需要考虑更多、更复杂的制约因素，决策速度要求更快，对决策信息量的要求也越来越多。面对这些趋势和变化，制造业的信息化进程中必定包含着决策的信息化，决策者需要新的、更强大的决策信息系统来帮助他们制定有效而正确的决策。因此，制造业信息化离不开决策支持系统的支持。

21.1　决策支持系统概述

21.1.1　决策支持系统的内涵

决策支持系统（decision support system，DSS），是以管理科学、运筹学、控制论和行为科学为基础，以计算机技术、仿真技术和信息技术为手段，针对半结构化的决策问题，支持决策活动的具有智能作用的人机系统。该系统能够为决策者提供所需的数据、信息和背景资料，帮助明确决策目标和进行问题的识别，建立或修改决策模型，提供各种备选方案，并且对各种方案进行评价和优选，通过人机交互功能进行分析、比较和判断，为正确的决策提供必要的支持。它通过与决策者的一系列人机对话过程，为决策者提供各种可靠方案，检验决策者的要求和设想，从而达到支持决策的目的。

决策支持系统强调的是对管理决策的支持，而不是决策的自动化，它所支持的决策可以是任何管理层次上的，如战略级、战术级或执行级的决策。

例如，某一制造厂为决定它的生产规模和合适的库存量，建立一个决策支持系统，它的模型库存由生产计划、库存模拟模型等组成。数据库中存有历年销售量、资金流动情况、成本等原始数据。决策者通过计算机终端屏幕，根据决策支持系统提供最佳订货量和重新订货时间，以及相应的生产成本、库存成本等信息，进行“如果……将会怎样?”的询问，对所提方案进行灵敏度分析，或者以新的参数进行模拟而得到一个新的方案。决策支持系统并不强调寻找最优解，也不意味着提供最后结果，而是为决策者做出自己的判断提供支持，由决策者在一系列选择中，综合其他不适宜进入模型的因素，得出最后的决策方案。

决策支持系统的基本特征包括以下内容：

（1）基于高层管理人员经常面临的结构化程度不高、说明不够充分的问题；

（2）把模型或分析技术与传统的数据存取技术及检索技术结合起来；

（3）易于为非计算机专业人员使用；

（4）强调对环境及用户决策方法改变的灵活性及适应性；

（5）支持但不是代替高层决策者制定决策；

（6）充分利用先进信息技术快速传递和处理信息。

21.1.2 决策支持系统的功能

决策支持系统的目标就是要在人的分析与判断能力的基础上借助计算机与科学方法支持决策者对半结构化和非结构化问题进行有序地决策，以获得尽可能令人满意的客观的解或方案。决策支持系统的目标要通过所提供的功能来实现，系统的功能可归纳为：

（1）管理并随时提供与决策问题有关的组织内、外部信息。内部信息如订单要求、库存状况、生产能力与财务报表等；外部信息如政策法规、经济统计、市场行情、同行动态与科技进展等。

（2）收集、管理并提供各项决策方案执行情况的反馈信息，如订单或合同执行进程、物料供应计划落实情况、生产计划完成情况等。

（3）能以一定的方式存储和管理与决策问题有关的各种数学模型、方法、计算法，且上述数据、模型与方法能容易地修改和添加。模型采用如定价模型、库存控制模型与生产调度模型等，方法上采用回归分析方法、线性规划、最短路径算法等。

（4）能灵活地运用模型与方法对数据进行加工、汇总、分析、预测，得出所需的综合信息与预测信息。

（5）具有方便的人机对话和图像输出功能，能满足随机的数据查询要求，回答“如果……那么……”之类的问题。

（6）提供良好的数据通信功能，以保证及时收集所需数据并将加工结果传送给使用者。

（7）具有使用者能忍受的加工速度与响应时间，不影响使用者的情绪。

21.1.3 决策支持系统的基本模式

通常一个基本的决策由四部分构成：（1）发现问题并形成决策目标，包括建立决策模型、拟订方案和确定效果度量，这是决策活动的起点。（2）用概率定量地描述每个方案所产生的各种结局的可能性。（3）决策人员对各种结局进行定量评价，一般用效用值来定量表示。效用值是有关决策人员根据个人才能、经验、风格以及所处环境条件等因素，对各种结局的价值所作的定量估计。（4）综合分析各方面信息，以最后决定方案的取舍，有时还要对方案作灵敏度分析，研究原始数据发生变化时对最优解的影响，决定对方案有较大影响的参量范围。决策往往不可能一次完成，而是一个迭代过程。决策可以借助于计算机决策支持系统来完成，即用计算机来辅助确定目标、拟订方案、分析评价以及模拟验证等工作。在此过程中，可用人机交互方式，由决策人员提供各种不同方案的参量并选择方案。

决策支持系统的基本模式反映 DSS 的形式及其与“真实系统”、与人和外部环境的关系。如图 21-1 所示，决策者运用自己的知识，把它和 DSS 的响应输出结合起来对他所管理的真实系统进行决策。对真实系统而言，提出的问题和操作的数据是输出信息流，而人们的决策则是输入信息流。图 21-1 的左下部表示了与 DSS 有关的基础数据，它包括来自真实系统并经过处理的内部信息、环境信息、与人的行为有关的信息等。图 21-1 的右边虚线框部分是最基本的 DSS，由模型库系统、数据库系统和人机对话系统等组成。决策者运用自己的知识和经验，结合 DSS 响应的输出，对他所管理的真实系统进行决策。

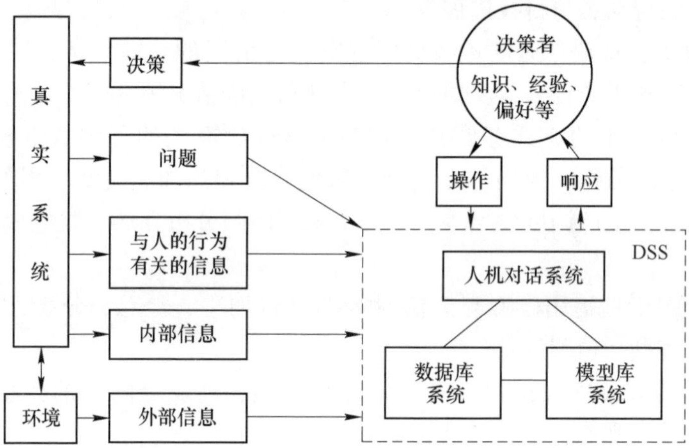

图 21-1　决策支持系统 DSS 的基本模式

21.1.4　决策支持系统的分类

决策支持系统 DSS 针对某类决策问题，大体有三大类：分析为主、以求解为主、兼有分析和求解。

分析类指数据分析或信息分析，DSS 既把握决策问题又为决策前期工作，能为决策方案的设计和抉择提供依据。例如，财务分析系统和市场行情分析系统。财务分析系统为资金运作方案决策，市场行情分析系统为营销战略决策提供信息依据。目前，分析为主的 DSS 采用数据仓库、数据挖掘和在线分析等新方法、新技术，应用面越来越广泛。

求解类 DSS 定位于某类问题，为决策者提供决策过程和方案抉择支持。如同类资源下多品种生产计划优化系统，新产品研发方案评选系统。

21.1.5 决策支持系统的发展阶段

决策支持系统的发展阶段包括5个阶段：

（1）专家系统（ES）。20世纪70~80年代同时兴起了以知识推理辅助决策的专家系统（ES），这是一种以定性方式辅助决策，完全不同于以模型和数据组合的决策支持系统。

（2）智能决策支持系统（IDSS）。90年代初，开始了决策支持系统与专家系统结合的智能决策支持系统（IDSS），它采用了定性和定量结合方式辅助决策，即以模型、知识和数据结合的决策支持系统。它区别于后来发展的基于数据仓库的决策支持系统，称它为传统决策支持系统。

（3）基于数据仓库的决策支持系统。20世纪90年代中期，兴起了数据仓库（DW）、联机分析处理（OLAP）和数据挖掘（DM）三项新技术，从而开始了以数据辅助决策的新途径，我们称这三个新技术结合的决策支持系统为基于数据仓库的决策支持系统或称新决策支持系统。

新决策支持系统发展异常迅速，似乎有代替传统决策支持系统的趋势。但是，新决策支持系统与传统决策支持系统不是覆盖关系，而是相互补充关系。

（4）综合决策支持系统（S-DSS）。新决策支持系统与传统决策支持系统的结合而形成的综合决策支持系统（S-DSS）才是发展方向。

（5）网络环境的综合决策支持系统（NS-DSS）。由于Internet网络的迅速发展，数据库、数据仓库、联机分析处理、数据挖掘等均以服务器形式在网络上向多用户同时提供服务。可见，决策支持系统进一步发展将是网络环境的综合决策支持系统（NS-DSS）。

21.2 决策支持系统的结构

决策支持系统是辅助决策者通过数据、模型和知识，以人机交互方式进行半结构化或非结构化决策的计算机应用系统。它是管理信息系统向更高一级发展而产生的先进信息管理系统。它为决策者提供分析问题、建立模型、模拟决策过程和方案的环境，调用各种信息资源和分析工具，帮助决策者提高决策水平和质量。销售决策支持系统主要由以下四部分构成：

（1）数据部分是一个数据库系统；

（2）模型部分包括模型库（MB）及其管理系统（MBMS）；

（3）推理部分由知识库（KB）、知识库管理系统（KBMS）和推理机组成；

（4）人机交互部分是决策支持系统的人机交互界面，用以接收和检验用户请求，调用系统内部功能软件为决策服务，使模型运行、数据调用和知识推理达到有机地统一，有效地解决决策问题。

不同功能和特色的 DSS，系统结构也不同。一般认为 DSS 的结构有两库结构、三库结构和四库结构。

（1）两库结构。两库系统由数据库子系统、模型库子系统和对话子系统形成三角形分布的结构，如图 21-2 所示。

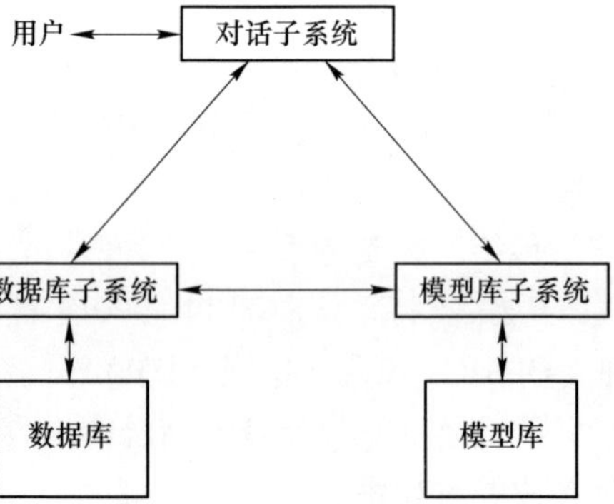

图 21-2　DSS 的两库结构

对话子系统是 DSS 的人机接口界面，决策者作为 DSS 的用户通过该子系统提出信息查询的请求或决策支持的请求。对话管理子系统对接收到的请求做检验，形成命令，对信息查询请求进行数据库操作，提取信息，所得信息传送给用户。对决策支持的请求通过识别问题、从模型库中选取模型或构建模型，从数据库读取数据，运行模型并将运行结果通过对话子系统传送给用户或暂存数据库待用。两库的三角式系统结构以人机对话子系统为中介，它与数据库、模型库之间都有互相通信的接口与直接的联系。

（2）三库结构。DSS 部件之间不同的关系构成了各异的系统结构，但就对话子系统的位置及用户之间的关系总体上是一致的。在两库结构基础上加入方法库，就构成了三库结构的决策支持系统，如图 21-3 所示。

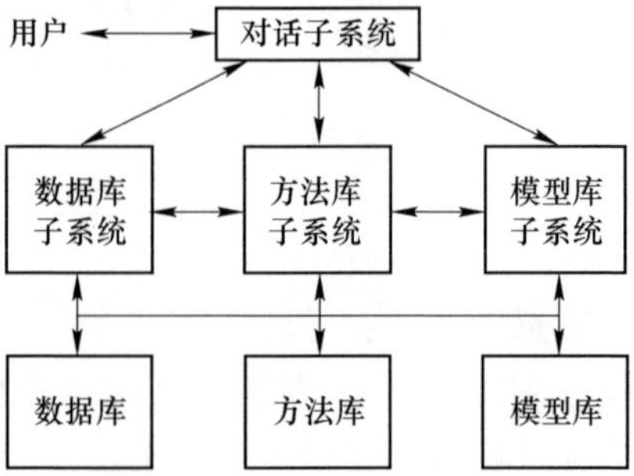

图 21-3　DSS 的三库结构

（3）四库结构。在三库结构基础上加入知识库，就构成了四库结构的决策支持系统，如图 21-4 所示。

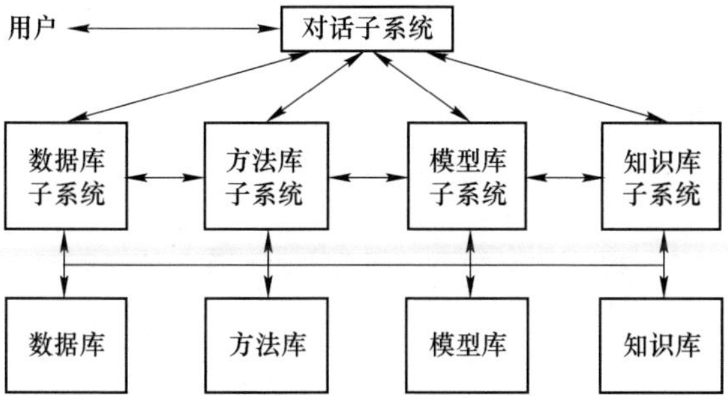

图 21-4　DSS 的四库结构

21.2.1　人机对话子系统

人机对话子系统是 DSS 中介于用户和计算机之间，在操作者、模型库、数据库和方法库之间起着传送（包括转换）命令和数据的重要作用的接口（如图 21-5 所示）。

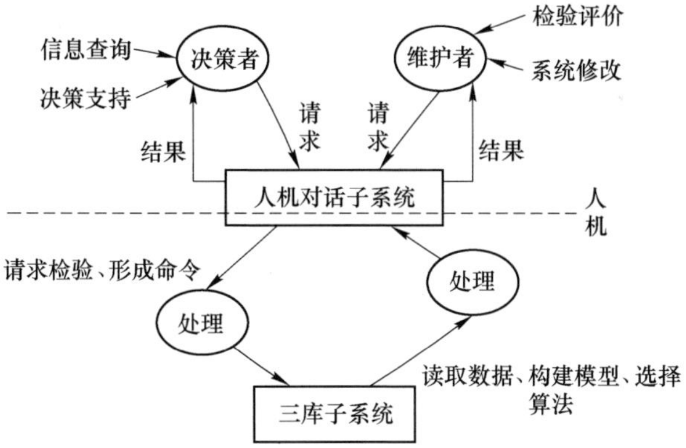

图 21-5　人机对话子系统

用户使用人机对话子系统沟通并控制 DSS，用户也是这个系统的一部分。研究者认为 DSS 特有的贡献部分来源于计算机和决策者间广泛的互动。Web 浏览器为大多数 DSS 提供了常见的、一致的图形用户界面结构。下面从系统的使用和维护两个角度讨论对话接口的设计目标问题，当然对于不同的系统，功能不尽相同，这里给出的是总的目标要求。

（1）能使用户了解系统可以提供的数据、模型及方法，如数据模式与范围，模型种类、数量、用途及运行要求等。

（2）通过“如果……那么……（What…if…）”方式提问。

（3）对请求输入应有足够的检验和容错能力，给用户某些必要的提示与帮助。

（4）通过运行模型使用户取得或选择某种分析结果或预测结果。

（5）在决策过程结束之后，能把反馈结果存入系统，对现有模型提出评价及修正意见。

（6）当需要的时候，可以按使用者要求的方式，很方便地以图形及表格等丰富的表达方式输出信息、结论及依据等。

面对维护人员，系统的设计目标应从检验评价和允许修改两方面去考虑。在检验评价方面，系统提供的接口应能帮助维护人员了解系统运行的次数、过程、结果和使用者的评价及改进意见，通过模拟运行和统计分析发现存在的问题，找出改进的方法等。在修改系统方面，需要的是顺手的软件工具和良好的软件环境，以保证迅速而可靠地完成修改任务。如通过对话方式接受和检查修改模型或调整数据结构的要求，提醒维护人员纠正不一致的问题，补充遗漏的细节，对可能出现的问题提出警告。

21.2.2　数据库子系统

数据库子系统是存储、管理、提供与维护用于决策支持数据的 DSS 基本部件，是支撑模型库子系统及方法库子系统的基础。数据库管理子系统由以下要素组成：DSS 数据库、数据抽取模块、数据库管理子系统、数据目录、查询功能，如图 21-6 虚线框所示。图 21-6 表明了数据管理子系统和 DSS 其他部分的交互作用及与若干数据源的交互作用。

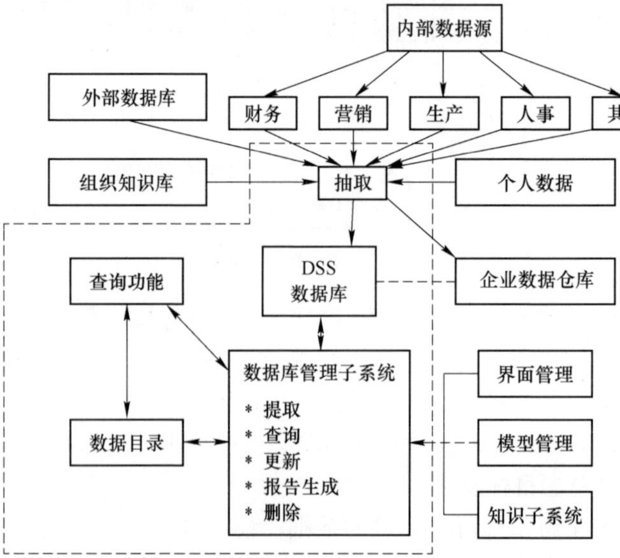

图 21-6　数据库管理子系统的结构

（1）DSS 数据库。数据库收集相关数据以满足组织的需求和结构，并能被更多用户用于更多用途。DSS 数据库中的数据来自内部和外部的数据，也源于属于一个或更多用户的个人数据。这些数据结果存储于特定的应用程序数据库或公司数据仓库。内部数据主要来源于组织的交易处理系统，这种数据的典型例子就是每月的薪水册。根据 DSS 的需要，来源于智能领域的操作数据，如营销职能（例如 Web 电子商务交易）可能包括在内。其他内部数据的例子有设备维修进度安排、预算分配、预测未来销售、超过库存条目的成本和未来雇佣计划。内部数据可以通过 Web 浏览器从内部网（intranet）获得。

外部数据包括产业数据、市场研究数据、人口普查数据、地方雇佣数据、政府规章制度、税率制度安排和全国经济数据。这些数据来源于政府代理机构、同业公会、市场研究公司、计量经济预测公司和组织自身努力收集的外部数据。与内部数据类似，外部数据能在 DSS 中保存或在 DSS 使用时直接储存。在许多情况下，外部数据通过互联网获得（如来源于计算机在线服务或搜索引擎获得）。

（2）数据抽取模块。创建 DSS 数据库或者数据仓库，通常需要从各种来源获取数据，这样的操作称为抽取（extraction）。基本上由输入文档、摘要、标准化筛选和数据精简组成。抽取也适用于用户在 DSS 数据库中取得数据形成报告，抽取过程通常由 DBMS 管理。MIS 专业人员通常建立程序以便用户不用处理复杂细节，建立合理的抽取程序也需要很多努力。为了抽取数据，需要精确查询一些相关的数据表，这些数据表可能横跨多个独立的数据库。抽取的片段需要能“重新连接”以便形成有用的 DSS 数据库。

（3）数据库管理子系统。数据库由 DBMS 创建、使用和更新。一个有效的数据库及其管理能支持许多管理活动，如浏览记录、创建和维护多样化的数据关系集合以及生成报表。DSS 的真正功能体现在数据的模型整合。

DSS 中关系型 DBMS 的功能：获取或抽取包括在 DSS 数据库中的数据；更新（添加、删除、编辑、修改）数据记录和文档；获取不同来源的相关数据；为查询和报告重新从数据库获取数据（如通过 Web 使用 SQL）；提供全面的数据安全（如防止未授权使用和回复功能）；处理个人和非正式的数据，以便用户能在他们自己判断的基础上试验可选择的解决办法；在查询基础上执行复杂的数据处理任务；在 DSS 中记录数据使用；通过数据目录管理数据。

（4）数据目录。数据目录（data directory）是数据库中所有数据的目录，它包括数据定义，主要的功能是回答关于数据可获得性、数据来源及确切含义之类的问题。目录尤其适用于搜索数据并识别问题或机会，支持决策制定过程的情报阶段。与其他目录一样，该目录支持添加新条目、删除条目和修复特定对象的信息。

所有的数据库要素都在数据库 Web 服务器中执行，而 Web 服务器则响应 Web 浏览者的屏幕请求。网络极大地改变了获取、使用和存储数据的方式。

（5）查询功能。在创建和使用 DSS 时，通常需要使用、处理和查询数据，查询功能（query facility）则执行这些任务。它接受来自其他 DSS 部件的数据请求，决定这些请求如何满足，明确表达细节化的请求，并且将结果返回给请求者。查询功能包括特定的查询语言（如 SQL）。DSS 查询系统的重要功能是选择（selection）和操纵（manipulation）操作。所有用户看到的是屏幕上一个简单的数据请求，同时随着按钮的点击，用户得到的结果整齐地编排在动态 HTML（或其他 Web 结构）网页中并展现在屏幕上。

21.2.3　模型库子系统

模型库子系统是构建和管理模型的计算机软件系统，它是 DSS 中最复杂、最难实现的部分。DSS 设立模型库子系统的目的就是为了在不同条件下，通过模型来实现对问题的动态描述，以便探索或选择令人满意的问题解。模型库子系统主要由模型库、模型字典和模型库管理子系统等部分组成。

（1）模型库。模型是以某种形式反映客观事物本质属性，揭示其运动规律的描述。决策或问题的求解首先要表达问题的内外特征与变化规律，DSS 设立模型库子系统即为了在不同的条件下通过模型来实现对问题的动态描述，以便探索或选择令人满意的问题解。

模型基本单元（单元模型）在模型库中的存储方式目前主要有子程序、语句、数据及逻辑关系等四种方式，逻辑方式主要用于智能决策支持系统。

1）以子程序方式存储。这是常用的原始存储方式，它将模型的输入、输出格式及算法用完整的程序表示。该方式的缺点是不利于修改，还会造成各模型相通部分的存储冗余。

2）以语句方式存储。用一套建模语言以语句的形式组成与模型各部分相对应的语句集合，再予以存储。该方式与子程序方式有类比性，但向用户方向前进了一步。

3）以数据方式存储。其特点是把模型看成一组用数据集表示的关系。这种存储方式便于利用数据库管理子系统来操作模型库，使模型库和数据库能用统一的方法进行管理。例如，对线性规划模型，在计算机中存储的是按照一定格式组织起来的模型的数据项，而模型的其他部分则已经被舍去。等到模型实际运行时，只要把这组数据传递到求解该类模型的方法程序中，就可以达到识别和对该模型求解的目的。

模型库是模型库子系统的核心部件，用于存储决策模型。客观实际中的问题对象是千差万别、数不胜数的，我们不可能为每一个问题创建一个对应的模型，因此实际上模型库中主要存储的是能让各种决策问题共享或专门用于某特定决策问题的模型、基本模块或单元模型，以及它们间的关系。使用 DSS 支持决策时，根据具体问题构造或生成决策支持模型，这些决策支持模型如有再用的可能性则也可存储于模型库。

（2）模型字典。如果将模型库比作一个成品库的话，则该仓库中存放的是“成品的零部件和框架”，而模型字典即是这些“零部件和框架”的描述，说明它们的功能、用途和使用事项等。从理论上讲，利用模型库中的“元件”可以构造出任意形式且无穷多的模型，以解决任何所能表述的问题。

（3）模型库管理子系统。模型库管理子系统的主要功能是模型的利用与维护。模型的利用包括决策问题的定义和概念模型化，从模型库中选择恰当的模型或单元模型构造具体问题的决策支持模型以及运行模型。模型的维护包括模型的联结、修改与增删等。模型库子系统是在与 DSS 其他部件的交互过程中发挥作用的，与数据库子系统的交互可获得各种模型所需的数据，实现模型输入、输出和中间结果的存取自动化；与方法库子系统的交互可实行目标搜索、灵敏度分析和仿真运行自动化等。更主要的交互则是在人机对话子系统之间，模型的使用与维护实质上是用户通过人机对话子系统予以控制与操作的。

21.2.4　方法库子系统

方法库子系统是存储、管理、调用及维护 DSS 各部件要用到的通用算法、标准函数等方法的部件。方法库中的方法一般用程序方式存储。方法库子系统通过外部接口使计算过程实行交互式的数据存取，从数据库中选择数据，从方法库中选择算法，然后将数据和算法结合起来进行计算，并以直观清晰的呈现方式输出结果，供决策者使用。

方法库子系统由方法库与方法库管理子系统组成，方法库内存储的方法程序一般有：排序算法、分类算法、最小生成树算法、最短路径算法、计划评审算法、线性规划、动态规划、各种统计算法、各种组合算法等，图 21-7 所示为方法程序中方法的集合。

21.2.5　知识库子系统

知识库子系统由知识库和知识库管理子系统两部分组成。数据被定义为表示事物、概念的一种符号。信息相对于数据的接受者而存在，是数据所表达的客观事实。知识则是信息综合处理的结果，在综合过程中，信息通过相互比较

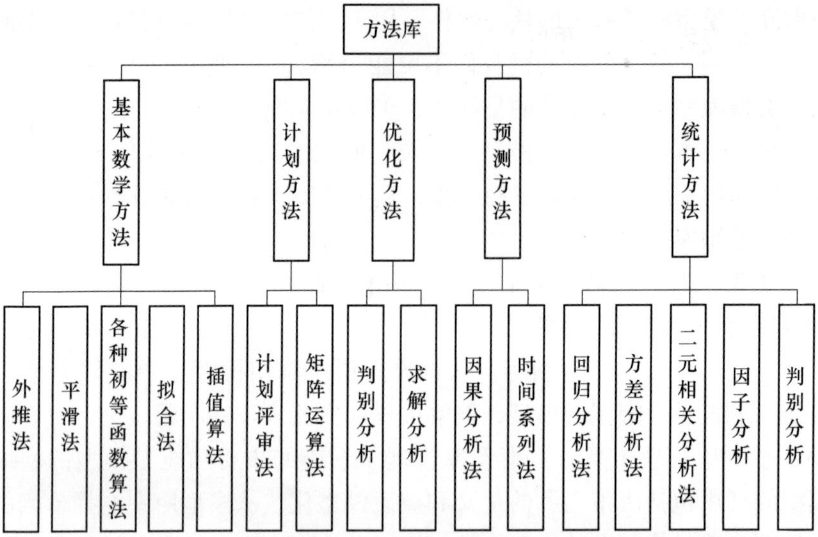

图 21-7　方法库中的方法

结合成有意义的连接。知识库（knowledge base）是结构化，易操作，易利用，全面有组织的知识集群，这些知识包括与领域相关的理论知识、事实数据，由专家经验得到的启发式知识等。知识库可以看作是数据库通过演绎数据库延伸而成的。

知识库管理子系统（KBMS）是对知识库的管理，即是对知识的控制、查询、表示、搜索和推理的管理。它应具有以下的功能。

（1）知识的操纵。知识的操纵包括对知识库中知识的插入、删除及修改，其中知识的删除是删除知识库中的某些知识，知识的插入是在知识库中添加一些知识，知识的插入涉及添加的知识与数据库中的知识的相容性、冗余性等。所谓相容性即是添加的知识与知识库中的知识是否相矛盾。所谓冗余性即是指所添加的知识是多余的，它可以从原有知识库中经演绎而推出，而没有添加这些知识的必要。知识的修改涉及删除与插入两个部分，因此也存在与知识库的相容性与冗余性等问题。

（2）知识的查询。知识的查询在这里有两层含义，一是从知识库中提取知识，二是由知识库中的知识可以推算出一些新的知识。

（3）知识的控制。知识的控制包括知识的一致性和完整性控制、知识共享、知识安全、并发控制、故障恢复等。这都类似于数据库管理系统。

根据 KBMS 的功能可以看出，KBMS 实际上是 DBMS 的一个扩充，即 KBMS 包括了 DBMS 的一切，因此在构制 KBMS 时就可以尽可能地利用现有的 DBMS 的功能来实现 KBMS，这也为将 KBMS 集成到 DBMS 中提供了依据。

21.3　决策支持系统案例

21.3.1　决策支持系统的主要功能

以销售决策支持系统为例分析来说明。销售决策支持系统包括销售预测和销售决策两大块，图 21-8 所示为销售决策支持系统的主要功能。

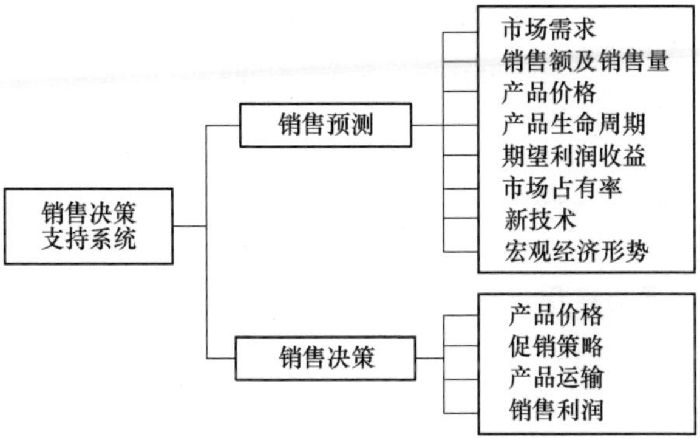

图 21-8　销售决策支持系统的主要功能

21.3.2　系统预测的方法与模型

销售预测采用的方法与模型见表 21-1。销售决策采用的方法与模型见表 21-2。

表 21-1　销售预测采用的方法与模型

方法与模型 预测功能	德尔菲法	移动平均法	指数平滑法	季节指数法	线性回归分析	马尔柯夫法	需求价格弹性方法	需求收入弹性方法	景气预测法
市场需求	√	√	√	√	√			√	
销售额及销售量		√	√	√	√				
价格		√	√		√		√		
产品寿命周期					√				
期望利润收入	√	√	√		√	√			
市场占有率		√	√		√	√			
新技术	√								
宏观经济形式	√				√				√

表 21-2　销售决策采用的方法与模型

决策功能	方法与模型
产品价格	拟合产品需求曲线 ■各种需求价格弹性预测方法成本加成法、量本利法、边际贡献法
广告	■广告效应曲线的拟合 ■广告费用预算 ■广告媒体选择模型
推销人员数	销售数量比例法
产品运输	运输成本最小化或利润最大化
通用决策方法	决策表、决策树

21.3.3　系统的构建与应用

21.3.3.1　问题的提出

以生产刹车片产品的某汽车零部件公司为例，随着市场进一步发展，汽车零部件行业的竞争日趋激烈。该公司的市场占有率较大，指定的价格通常处于一个领导价格的地位，因此如何及时地把握市场机会，准确地预测市场需求，如何根据市场需求及时调整自己的营销策略等问题对公司高层和决策层提出了更高的要求。但长期以来，管理部门在决策时往往采用经验估计、定性分析等方法，一般决策者的经验和水平无法满足要求，也难以借鉴他人的经验和获得有效的决策数据，常局限于一种决策方案而缺乏多方案的制定与比较。因此，公司管理层希望能够有一套使用方便、切实有效的计算机辅助系统来支持公司进行决策。

21.3.3.2　市场需求预测

影响该公司销售情况的主要因素是价格、广告支出以及汽车产量，2009～2018 年各年的数据见表 21-3。根据表中数据，应用 SPSS 统计分析的销售量预测功能，由回归分析建立企业的需求预测模型：

$$Y = 106.04684 - 0.28891X_1 + 1.15190X_2 + 0.28487X_3$$

表 21-3　某汽车零部件公司 2009～2018 年销售因素数据

年份	销售量/万台	价格/元	广告支出 X_2/万元	汽车产量 X_3/万台
2009	130.87778	89.39096	26.94690	64.47
2010	147.71213	81.81563	44.10544	58.35
2011	135.14110	136.67660	45.90702	51.40
2012	163.60865	133.28320	64.80033	71.42

续表 21-3

年份	销售量/万台	价格/元	广告支出 X_2/万元	汽车产量 X_3/万台
2013	182.81440	265.32130	74.24345	106.67
2014	211.53442	134.32660	92.33541	129.86
2015	230.10300	97.38253	98.84042	136.69
2016	247.81334	61.12069	102.74788	145.27
2017	258.43312	43.10360	105.44854	147.52
2018	265.32130	41.26383	114.18541	157.00

模型运行后的统计量表明模型的拟合良好（$R^2=0.99903$），误差较小（标准差=1.92287）。根据预测模型对2018年市场需求进行验算，价格=41.26383元，广告支出=114.18541万元，汽车产量=157万台，计算得2018年需求约为270.4万台，与实际销售量情况265.32130万台基本符合。

根据灵敏度分析，可以回答若干问题：销售量增长10%，其他不变，广告费支出必须达到多少？当价格下降到多少元时，销售量增长10%？经分析可知，当广告支出为126.2486万元时或价格下降到38.42元时，可以达到销售量增长大约10%的目标。

21.3.3.3　广告媒体的选择决策

由于汽车零部件属于工业品，公司在广告费用的预算上一般根据一定的利润比提取，并由主观判断安排广告宣传，而如何优化分配，用好这笔资金一直未做过认真的考虑。

公司主要使用的广告媒体为户外广告、专业杂志和其他形式。根据一般的经验，各种媒体的加权展露数为：户外广告192个、专业杂志36本、其他形式12个。现要应用SPSS促销手段决策功能，由线性规划模型做广告费优化分配方案，以得到最大的展开效果。

（1）建立决策变量：

X_1——分配给户外广告的设置次数；

X_2——分配给专业杂志的刊登次数；

X_3——分配给其他广告形式的次数。

（2）建立目标函数：

$$\max E(X)=192X_1+36X_2+12X_3$$

（3）确定约束条件。户外广告每次的设置费用为150000元/年，专业杂志上刊登广告的费用为24000元/年，其他广告形式平均为120000元/年。其中户外广告的投入不得少于650000元，次数不得少于2次，专业杂志的刊登不得少于3

次，其他广告形式尽可能少于 2 次，由此确定模型的约束条件如下：

$$150000X_1+24000X_2+120000X_3\leqslant 1000000$$

$$150000X_1\geqslant 650000 \qquad (X_1\geqslant 2,\ X_2\geqslant 3,\ X_3\leqslant 2)$$

（4）规划求解的结果：$X_1=4.33$，$X_2=14.83$，$X_3=0$，$E=1357$

取整得：

$$X_1=4,\ X_2=15,\ X_3=0,\ E=1357$$

根据求解结果，公司为获得最大的展露效果，应该在户外广告上投入 4×150000=600000 元，专业杂志的投入为 15×24000=360000 元，而尽可能不在其他广告形式上投入。

第三部分　现代精益系统应用案例

22　基于管理咨询的精益化系统

某集团旗下子公司是一个特大企业，在推行精益化和建立精益系统的过程中，组织绩效评价，采用 EVA 为核心的商业计划管理模式，已经启动了学习培训活动，效果显著。在总结经验时，我们了解到特大企业也迫切需要熟练使用一些精益管理工具来进行科学有效管理，提升企业核心竞争力。

在各子公司个人绩效评价导向非常重要。旧的年终座谈模式该结束了，科学运用成熟的个人 6σ 绩效评价工具已经走上前台。这种实践在某些部门已经有两年了，效果非常好。基于精益的计算机系统自动评价的结论和排序使每个人都觉得公平和服气，每个人的精神面貌都非常好，为改善自己的绩效而努力工作也形成了良好的自然风气。该系统工具一是针对个人岗位的实际职责，从人、机、料、法、环、测六个方面整理确定出错“机会数”N 值；二是从 6 个维度确定加权分值的配置，包括自我学习提高的收获与感悟、帮助下级答疑解惑的事实及对方的认定效果、为上司提供有价值的数据分析与报告及对方认定的效果、帮助平级人员协作解决难题的事实与对方的评价、跨部门协作解难的事实与对方认定的效果、自己负责的 KPI 完成情况及核实者评价结论；三是个人在软件平台上描述后，由对应的当事人核实提交；四是系统自动输出结果：包括个人西格玛水平、团队内部排序、个人绩效清单。

各子公司针对产品品种，进行其客观产品的卖点分析也迫在眉睫。若分析结论为没有卖点，则产品线应该立即停产。这种软件与前述系统同在一个平台上，其基本步骤为：一是系统上已经建立了各工艺序列的基本成本单元的经济账，有部门处室一直开展此工作；二是系统上将被分析品种的工艺价值链条列入系统目录中；三是使用系统中的 QFD 功能屋，由客户关系管理部、营销部、质量部、生产部和总师办协同办公，在系统上填入五大矩阵调查表内容；四是系统自动输出，包括该产品的卖点清单和生产能力清单以及该产品在同等竞争对手中的地位排序。

这些精益系统基本工具常态化使用之日，就是企业竞争力提高之时。特大企业集团应该在科学管理工具的使用上，快速全面启航。

22.1 管理咨询能做什么

现代企业整体精益化体系基于对企业进行调研的管理咨询，找出问题，快速上线行动。

那么咨询到底是干什么的？其实回答这个问题之前，我们可以想一下，组织内部谁会请顶级的咨询公司，谁有这个权利和魄力花上千万，乃至几千万，请外部咨询顾问，谁又有权威拍板？答案其实很容易，大型企业或者组织的顶级高管，中层是不会有这个权限的。想通了这点，后面就好说了，这些高管们的问题都有哪些呢？基本上就是做什么、要不要做、怎么做、你来帮我做。

做什么？就是大家通常意义上的战略，企业的方向是什么、怎么发展、在哪个国家或地区发展、在哪个行业发展等。这个东西听上去很虚，有时候很有用，有时候完全没用。这是咨询公司起家的本领，也是最为外部所不知道的业务。

要不要做？在某些时候，大老板有想法，但是企业内部没有形成共识，需要外部的知识、经验和看法来确认一下，帮助大部分人统一思想。

怎么做？有些时候，企业已经知道要去做什么，但是内部暂时没有能力和资源，先让咨询公司来做做看，慢慢地自己再接过来。

你来帮我做？有的时候，公司内部完全没有能力，或者说，老板觉得下面的人联合起来瞒着自己，或者内部阻力很大，索性就让外部的人来做。如果做得好，证明自己是对的，同时也把下面的人看清楚了。

还有些其他的种类，比方说，纯粹赶时髦，或者地区总部忽悠全球总部。以前的咨询专注于战略，但是现在已经拓展得很广泛了，比方说运营业务、全球范围内的竞争力分析。

总体上讲，基本上效果好的项目，老板们都会想得很清楚，外部咨询是来干嘛的，来解决什么问题的。如果没想清楚就做，出状况的可能性会高一些，双方合作的难度也会大很多。

22.2 管理咨询的价值

有人说，世界上的管理咨询都不便宜，麦肯锡贵得不可思议，那它的价值在哪里呢？

如果项目的目标是明确可量化的，如效益提升、成本节约，算得出账就比较简单，只要回报超过投入就可以了。通常在5~10倍之间，或者更高，但很少低于这个数。这里指的是实现的效益，“墙上那张饼”不算。这个其实很简单，只要我们按照如下步骤去做：（1）项目开始前，会先看看潜力，有没有机会，我们有没有能力做；（2）去找大的集团公司做就好。同样的改善举措，100亿元的企业和1000亿元的企业，体量差10倍，即使考虑到实施难度，效益怎么说也有7~8倍吧。

如果项目的目标是无法量化的，或者说要在今后的一段时间才能看到效果，怎么办？话说回来，没办法，投企业所好就好成为一些咨询的法宝。但从长期看和从一个咨询公司专业性或提供价值看，咨询公司需要自己独立的见解。如假设我们现在为了对老板的胃口，做出来不是我们认为最好的建议，但是总有一天客户会意识到的，但那个时候咨询的信任和专业性就被破坏了。因此，我们经常会做出和客户希望不一致的建议，甚至于推掉一些找上门来的项目。

其实高管们是很寂寞孤单同时压力又超级大的一批人。他们在很多时候，是没法和组织内部的人来讨论的。外部咨询顾问可以在这方面给他们很好的沟通渠道，提供外部的知识和看法，或者以第三方的角度来印证他们的想法。

总体上讲，价值如何，只有客户知道。因为所有项目，都是严格保密的，没有双方同意不可以向第三方透露，包括和咨询公司合作本身，都是需要被保密的。因此，绝大部分的项目成果，是永远不为大众所知道的。就像一位咨询师曾经说过："几乎每个月我都会在媒体上看到我做的项目的消息，但是没人知道是我们在后面支持的，你们以后也要习惯。"可以说咨询师是企业的幕后英雄。

22.3 管理咨询的现状

国外顶级咨询公司有麦肯锡、贝恩、波士顿等公司。

(1) 麦肯锡（McKinsey）。麦肯锡是领域内毫无争议的王者，营收70亿美元（2011福布斯数据），在中国本土化很成功。业务上（相对其他咨询公司）会更早地让咨询师专注于特定的领域，而其他公司起码只有Manager级别才会，但麦肯锡会在咨询阶段开始就对人员在行业的位置进行细分。这只有麦肯锡能做，因为其他小公司业务量不够大。

麦肯锡基本在各行业都比较擅长。对于自己弱势的领域，只要去用无法抵挡的薪水和名声去挖几个这个领域做得好的合伙人、经理或是咨询师，马上变优势了。

(2) 贝恩（Bain）。贝恩同属收费最贵的一线咨询公司，在中国本土化一般，还是MNC客户多。特长是零售和消费品行业等，收购前尽职调查项目较多，主要是PE客户。

(3) 波士顿（BCG）。同属收费最贵的一线咨询公司，全球营收37亿美元（2013福布斯数据），在中国本土化一般，还是MNC客户多。其专长是医药/汽车等。

与大家普遍看法恰恰相反，麦肯锡目前在中国仍在扩张，完全不是像某些人说的，日子过不下去了。方案都是根据客户的需求和实际情况定制的，完全不是什么国外的经验或者方案直接拿过来用。同时，现在顾问本土化的比例越来越高，基本上顾问和经理级别都是中国人，而合伙人级别的，中国也已经有很大一部分了。客户范围越来越广，从十多年前的外企为主，到目前的外企、民企、央企三分天下。以麦肯锡为例，在中国还是很接地气的。他们有中国研究院、中国领导力学院，有和清华大学合作的领导力课程和模范工厂等。

我国不少企业已经开始意识到，那种靠野蛮生长、躺着赚钱的日子永远过去了。现在是练好内功活下去的阶段，所以更加需要借助外脑的作用。

总体来说，经过了 20 年的市场耕耘、客户培养、团队和知识本土化，再加上市场需求和口碑，我国管理咨询得到快速发展，但即便是这样，有 80%的企业仍然难以承受超贵的价格。

本书介绍企业现代系统精益化的出现为大众企业带来了福音。其精益化系统软件部分主要由诺利捷科技公司开发。它吸收了中外绝大部分精华，为中国大陆乃至亚洲所用，在咨询诊断的基础上，实现落地上线运行，企业看到效果后协议计费继续运行，不给企业冒风险的压力。

22.4　所咨询企业的精益化实践

以下为所咨询企业的精益化实践案例。

（1）南宁桂润环境工程有限公司是使用整体精益化系统的代表之一，在 6S 管理与绩效评价上都步入轨道。罗城、怀仁、茅台等污水处理系统管理大变样。由于业绩好，已取得了过亿元的订单。

桂润环境自 2004 年 7 月成立以来一直注重技术研发，先后和湖北理工学院环境科学与工程学院、湖北省环境工程重点实验室、广西大学、武汉工程大学、湖北省环境科学研究院、广东省环境保护工程研究设计院、广东省环境科学研究院、新加坡联合环境技术研究院等国内外知名科研院进行紧密的横向合作、学习、引进和研发最新的环境治理技术，形成了针对废水、废气治理的一系列核心技术。2012 年接受企业整体精益化理念治厂，2015 年公司自主研发，应用于乡镇污水处理的核心技术工艺“DMBR 双膜内循环生物处理系统工艺”获得广西住建厅推广。2016 年，公司获得实用新型专利 1 项、发明专利 1 项；1 月，公司成为广西环保产业协会理事单位。董事长魏江州被任命为广西壮族自治区环境保护产业协会第三届理事会理事；同年 2 月在北部湾股权交易所挂牌。2017 年该公司已经成为规模宏大的 BOT 或 BOOT 模式的污水处理企业。

（2）2015 年接受企业整体精益化培训的重庆谭木匠工艺品有限公司，是谭木匠控股有限公司旗下子公司，是一家具有传统文化特色的小木质品生产企业。

公司总部位于重庆，其环境优美的现代化工厂坐落于三峡之滨——重庆万州，占地面积 54000m^2。谭木匠秉承中国传统手工艺精华，奉行“我善治木”的质量方针，历经十余年的发展，现已发展成为集梳理用品、饰品于一体的专业化公司。谭木匠享有较高的市场知名度和社会美誉度。至 2010 年底，拥有专利 60

余项，通过1000多家专卖店向国内外200多个大中城市提供热情服务。“谭木匠”被评为“重庆市著名商标”“中国公认名牌”“中国商业信用企业”“中国驰名商标”。多年来谭木匠人热心公益事业，积极回报社会，得到了社会各界的一致好评。“诚实、劳动、快乐”是谭木匠企业文化理念的精髓，也是谭木匠人的精神境界与追求，它将伴随企业与员工不断走向成就与辉煌。公司始终关注生活细节，注重对产品的开发与文化品位的提升，目前在国内有一千多家连锁专卖店，营销网络遍及三十多个省、市、自治区，部分产品热销海外。

（3）上海浦东国际机场位于中国上海市浦东新区滨海地带，面积为40km^2，1999年建成，2008年北京奥运会前扩建工程投入使用。

浦东机场是上海两大国际机场之一，距上海市中心约30km，距上海虹桥国际机场约52km，与北京首都国际机场、香港国际机场并称中国三大国际机场。2014年旅客吞吐量5166.18万人次。2014年接受企业整体精益化咨询，解决了机场鸟群的环境调研与措施，廊桥设备精准维护与司机人力发布规律等问题，其人均等待时间由13.5s降低到11s。

（4）2014年接受企业整体精益化咨询的陕西中烟工业有限责任公司汉中卷烟厂，坐落于中国最佳历史文化魅力城市——汉中，同样云南红河烟厂也同步启动。创建于1975年8月，总资产13亿元，年生产卷烟能力40万箱，年创税利7亿多元，拥有先进的制丝、卷包设备的陕西中烟工业有限责任公司顺利完成管理体制改革，正式挂牌成立，这标志着陕西烟草工业步入了规模化经营、一体化管理的新运作模式，进入了更高起点、更高水平的企业整体精益化发展阶段。它解决了制丝环保、设备维修基准的制定、工具制作、摆放和使用等问题，使文明检修时间缩短25%。

（5）广西盛隆冶金有限公司始建于2003年，地处西部地区第一大港——防城港，是由福建吴钢集团联合闽籍民营企业家在防城港市投资创办的股份制民营企业。在广西民营企业50强排位第1名。他们坚持走循环经济及可持续发展的企业整体精益化道路，积极打造成为最具有核心竞争力的东盟经贸合作区和北部湾开发区的优秀新兴综合型企业，为实现“富民强桂”新跨越和打造沿海经济发展新明灯做出积极贡献。同样的普阳钢铁公司在全国低谷时期也不曾衰败，启动精益化系统导入的名企钢铁，在利润上是寒冬不寒。

（6）2017年接受企业整体精益化咨询的湖北加恒实业有限公司，成立于2010年，隶属于加拿大艾瑞升（国际）集团，位于湖北省黄石市，风景秀美的西塞山脚下。公司具有齐全的机械加工工艺、热处理设备和较强的机械加工能力，为高精密无缝冷拔钢管（棒）的生产提供配套。秉承“创新是根本，质量是生命，服务是宗旨，效益是目标”的质量方针，导入企业整体精益化系统，从抓6S开始步入轨道。

（7）诺利捷科技有限公司（Knowledge）的云端门户软件开发，如图 22-1 所示。团队人员在体会原著精神、实施工程师的设计下完成开发工作。他们为苹果公司开发软件的平台，功能非常强大。

KNOWLEDGE
诺利捷科技

测试环境名称
1. 南宁桂润环境工程有限公司
2. 马来西亚联合钢铁(大马)集团公司
3. 广西盛隆冶金有限公司
4. 湖北加恒实业有限公司
5. 重庆谭木匠工艺品有限公司
6. 云南白药控股有限公司
7. 重庆川仪自动化股份有限公司
8. 上海浦东国际机场有限公司
9. 陕西中烟工业有限责任公司汉中卷烟厂
10. 武汉斯隆电气有限公司

图 22-1　云端门户

（8）2015 年接受企业整体精益化相关培训的重庆川仪自动化股份有限公司设立于 1999 年 11 月，其前身是 1965 年从上海、江苏、辽宁等地内迁到重庆的四川热工仪表总厂，是 20 世纪 60 年代国家重点布局的三大仪器仪表制造基地之一。他们学习美国经验，是中国智能仪表的典范。

公司主要生产和经营工业自动化仪表及控制装置，所处工业自动控制系统装置，制造业跨装备制造和电子信息两大领域，其整体发展水平不仅体现国家综合科技实力，也维系着国民经济可持续发展和国家经济安全。其发展模式是高新技术改造传统产业、推进新型工业化、实施智能制造、实现产业升级以及促进节能减排、环境保护、转变经济发展方式的重要技术手段和支撑，其产业是 21 世纪大国竞争的基础性、战略性产业。

（9）云南白药集团在利润虹吸为每年 40%的速度递增保持 12 年的情况下，动力设备有着产能困扰、物流困扰的问题。为此，首先培训切入 TPM 设备维护，最终解决了高原避雷、电网污染、设备维护点检技能、物流设备安全与高速等问题。

（10）湖南晟通集团百子公司湖南晟通铝业在 2011 年也在精益化道路上迈开步伐。对于从热板坯铸轧到双零铝箔的生产全过程都从 6S 起步，解决了双零箔的蚊虫压入、运输锈迹、辊印、白条问题；通过即时转化 LP 精益生产，消除了 7 个不增值环节，生产周期缩短 50 小时；并且通过 TPM 全员设备管理，还原了轧制油替代液压油的被动局面，全面治理了主电室的事故与电解铝的超大电流供给安全问题。

23　上海浦东国际机场基于 TPM 的设备维护管理推行实例

23.1　基于 TPM 的设备维护管理总体框架

上海浦东国际机场目前的设备管理模式主要采用自主管理与委托管理和维护相结合，预防性维护为主、故障性维修为辅的管理模式。为了将机场设备设施管理水平上一个新的台阶，机场有较强烈的引入 TPM 及现代设备管理新体系的诉求。

按照 TPM 及现代设备管理体系的要求，结合调研了解到的上海浦东国际机场设备管理现状，针对上海浦东国际机场实际需求，从现场管理、维护管理以及改善管理等方面制定了 TPM 实施方案。对基于 TPM 的设备维护管理做出整体规划，如图 23-1 所示。

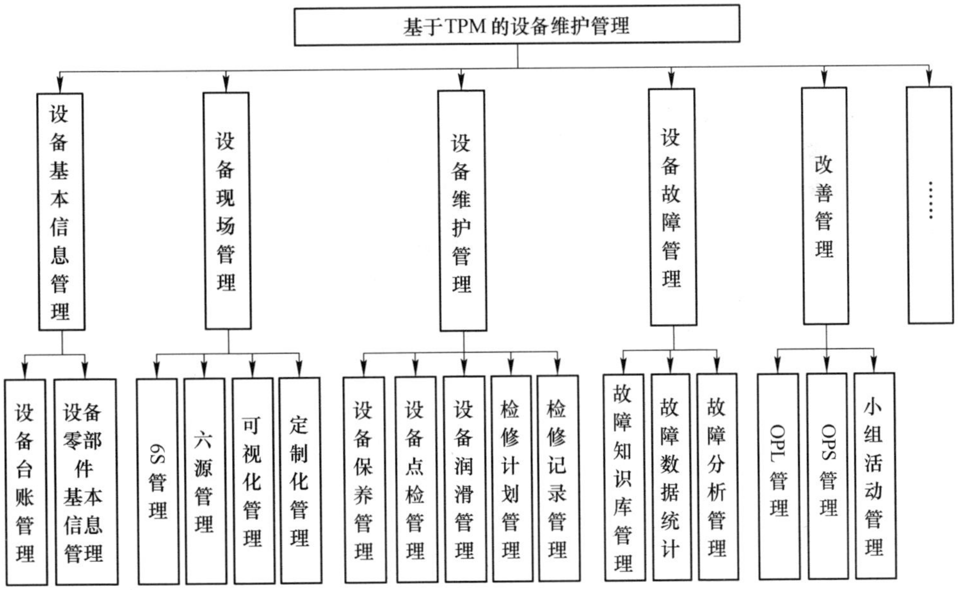

图 23-1　上海浦东国际机场基于 TPM 的设备维护管理框架

23.2　设备的基础信息管理

设备基础信息管理是推行基于 TPM 的设备维护管理的基础工作，主要包括设备台账管理和设备零部件基本信息管理。这些基础信息来源于其他基础模块和业务功能模块，是设备维护知识管理的基础。

设备台账管理是对设备自身基本信息的管理，包括设备编码、名称、型号规格、使用部门、安装地点、供应厂商、制造年月、投产年月、设备原值、折旧、设备现状、设备分类等。设备零部件基本信息管理是对维护设备零部件的基本信息的管理，包括零部件编码、名称、型号规格、组成以及零部件图纸等。

23.3　设备的现场管理

现场管理是 TPM 体系的切入点。它以可视化管理和定置化管理作为支撑手段；以 6S 管理活动规范员工的行为，提升员工的综合素养，支持、指导、帮助员工净化自己的工作环境，始终坚持 PDCA 式的改善；通过对“六源”的查找、整治、管理工作，消除隐患。最终达到营造一流的生产服务现场的目的。各组成部分关系如图 23-2 所示。

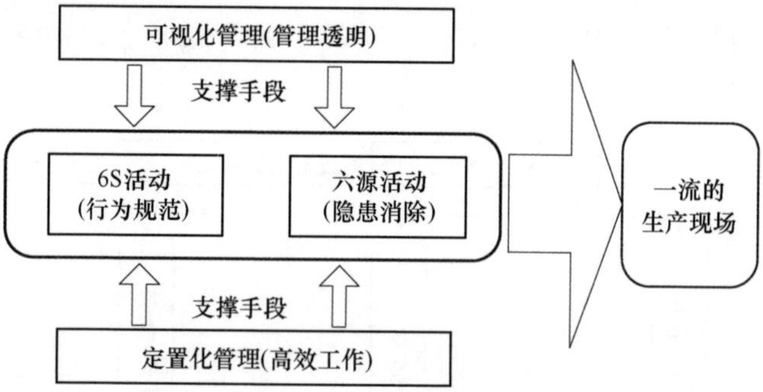

图 23-2　设备现场管理

6S 活动是通过全体员工参与对办公、生产、设备现场的改善活动，来改变企业面貌，提升企业形象，减少工作差错和设备故障，提升工作效率和设备效率。针对某部门的调研发现，现场 6S 管理水平还比较薄弱。制定 6S 管理推进实施方案。从整理工作开始入手，全面地对物品进行清点，从而为后面的整顿及清扫、清洁工作打好基础，同时以班组为单位的六源管理也需要及时展开。方案部分内容见表 23-1，统计参考办法见表 23-2。

可视化管理是用合适的手段来表现对象，从而让管理变得更简单、透明、更有效率，又称为一目了然管理。即对物料、工具、设备、区域等需要加强管理或需要向大家明确的事物，以显而易见的方式标识出来，进而起到展示、沟通、安全、职业健康、环保以及控制等作用。定置化管理是科学地分析研究生产现场中的人、物、场所之间的关系，使之达到最佳结合状态的一门科学管理方法。

表 23-1 6S 管理推进实施方案

图示（6S 前的现状）	项目	要求及标准	参考图例
	备件货架	1. 对备件货架进行整理，按照使用频次进行存放，使用频次较低的放置仓库； 2. 备件货架按照类别分类放置，如机械备件、电器元件等； 3. 对各个定置备件进行铭牌标示； 4. 不得在备件货架上放置杂物。	

表 23-2 六源统计参考办法

展示频次	班组	部门或科室	机电信息保障部推进办
随时展示	员工新填的《“六源”发现与解决表》		
1 次/月	本班月趋势图（发现与解决件数）	本科室月趋势图（发现与解决件数）	机电信息保障部月趋势图（发现与解决件数）
1 次/月	班组之间的六源对比图	各科室之间的六源对比图	各科室的六源对比图
1 次/月	本班六源查找之星	科室六源查找之星	机电信息保障部六源查找之星

企业设备的可视化与定置化管理常存在很多不足之处，可视化与定置化管理的常见不足之处见表 23-3。以上这些不足，都是管理的不规范引起的。可视化与定置化管理的类别及对象见表 23-4。按照类别，对这些对象实施规范的可视化与定置化管理，可以改善以上不足，从而达到科学性与规范性的统一。

表 23-3 可视化与定置化管理的常见不足之处

序号	不足之处	表现形式
1	不规范	不符合国家标准、行业标准、企业标准
2	不统一	在同一个企业内，应该做到统一的没有统一
3	缺失	应该有的地方没有
4	误用	用错或位置不对
5	不易看	颜色对比、字体、大小、高低、配图等不当
6	不易理解	内容不能让人一看即知或容易产生歧义

续表 23-3

序号	不足之处	表现形式
7	材料或结构不当	反射性和耐久性不合适
8	不守规	未遵守可视化标准的要求

表 23-4　可视化与定置化管理类别及对象

序号	类别	对　　象
1	厂区及总体环境	基本颜色、厂区平面图、道路指引、出入门指示、通道过道标识等
2	看板类	厂区宣传栏、车间看板、生产调度安排、产量情况等
3	设备装置类	设备名称及编号、设备责任牌、设备状态标识、设备基座区域线、仪表参数范围标识、管道及管线标识、阀门状态标识、设备开关/按钮、检测仪器、管道发射线标识等
4	产品、质量类	生产品牌、质量状态等
5	现场安全防护类	紧急疏散图、安全出口、消防器材、场所警示/禁止标识、安全防护标识等
6	定置类	车间定置图、仓库定置图、物品柜定置标识、工具的定置与分类、移动工具定置、清扫工具定置等
7	库房标识类	区位编号、仓库库存标识牌、库存信息栏等
8	组织人员类	组织机构、岗位标识、着装规范、技能层次、人员配置及动态等
9	办公后勤类	办公桌物品、抽屉柜子、文件资料、钥匙管理等
10	国家安全标准	禁止性安全标识、警示性安全标识、指令性安全标识
11	企业个性化需求	不同企业对可视化实施的特别要求

以螺丝紧固状态标识为例说明定置化实施。图 23-3 所示为螺丝紧固状态标示原理图。按表 23-5 所描述的方法制定螺丝紧固状态标识，置于螺栓/螺母上，易松动（振动）部分的螺栓/螺母的松动情况就能一目了然，提高点检（巡检）的效率。

表 23-5　螺丝紧固状态标识的制作

标识名称	标识颜色	规格/cm	材料	固定方式
紧固状态标识线	底色与标线呈对比色，如： 底黑色——白色、黄色 底红色——白色、黑色 底蓝色——白色、黑色 底灰色——红色 底白色——红色	宽：0.5~1	油漆	涂漆

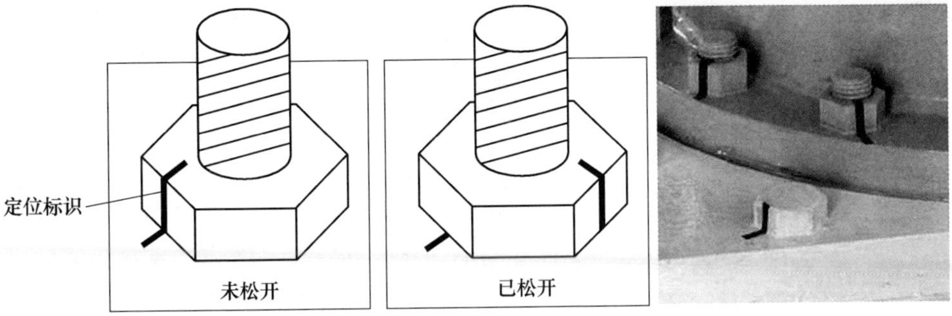

图 23-3 螺丝紧固状态标示原理图

以登机桥靠桥前检查流程为例说明可视化管理实施，如图 23-4 所示。

23.4 设备维护管理

将设备维护管理分为对设备保养、点检、润滑、检修、故障等的管理。其中，设备保养管理是对设备维护保养信息的管理；设备点检管理是对设备进行定点、定期的检查信息的管理；设备润滑管理是对企业设备的润滑工作进行全面合理的组织和监督，按技术规范的要求，实现设备的合理润滑和节约用油，使设备正常安全的运行；检修计划管理是设备出现故障后对其进行检修或改造的计划管理；检修记录管理是对设备运行期内的所有检修历史记录信息的管理。

按照"点检八定"（定点、定人、定周期、定工具、定记录、定标准、定分析方法、定对策措施）和"润滑五定"（定点、定质、定量、定期、定人）的要求，结合对上海浦东国际机场设备维护操作过程的全程跟踪记录，分析设备维护管理中存在的问题，明确 TPM 实施要点，制定了设备《自主维护基准》《专业维护基准》和《设备点检基准》等管理规范。

23.5 设备故障管理

将设备故障管理分为故障历史记录管理、故障知识库管理和故障数据统计、分析管理。其中，故障历史记录管理是对故障历史进行记录，供统计分析使用；故障知识库管理是将封存在资料库中的宝贵的故障资料整理出来、吸收企业设备出现的新的故障信息及处理方案，将这些知识财富在企业内部共享；故障数据统计、分析管理是发现设备潜在的故障模式和设备运行状况，为设备预维修的内容和时机提供依据。

在上海浦东国际机场的调研过程中发现，企业有强烈的构建知识管理平台的诉求，希望通过建立共享的知识管理平台，将企业内的设备维护经验和案例知识形成可供分享学习的知识库。进一步的，联合行业内先进典型企业，共同维护利用知识库，促进企业内外部知识共享与利用。

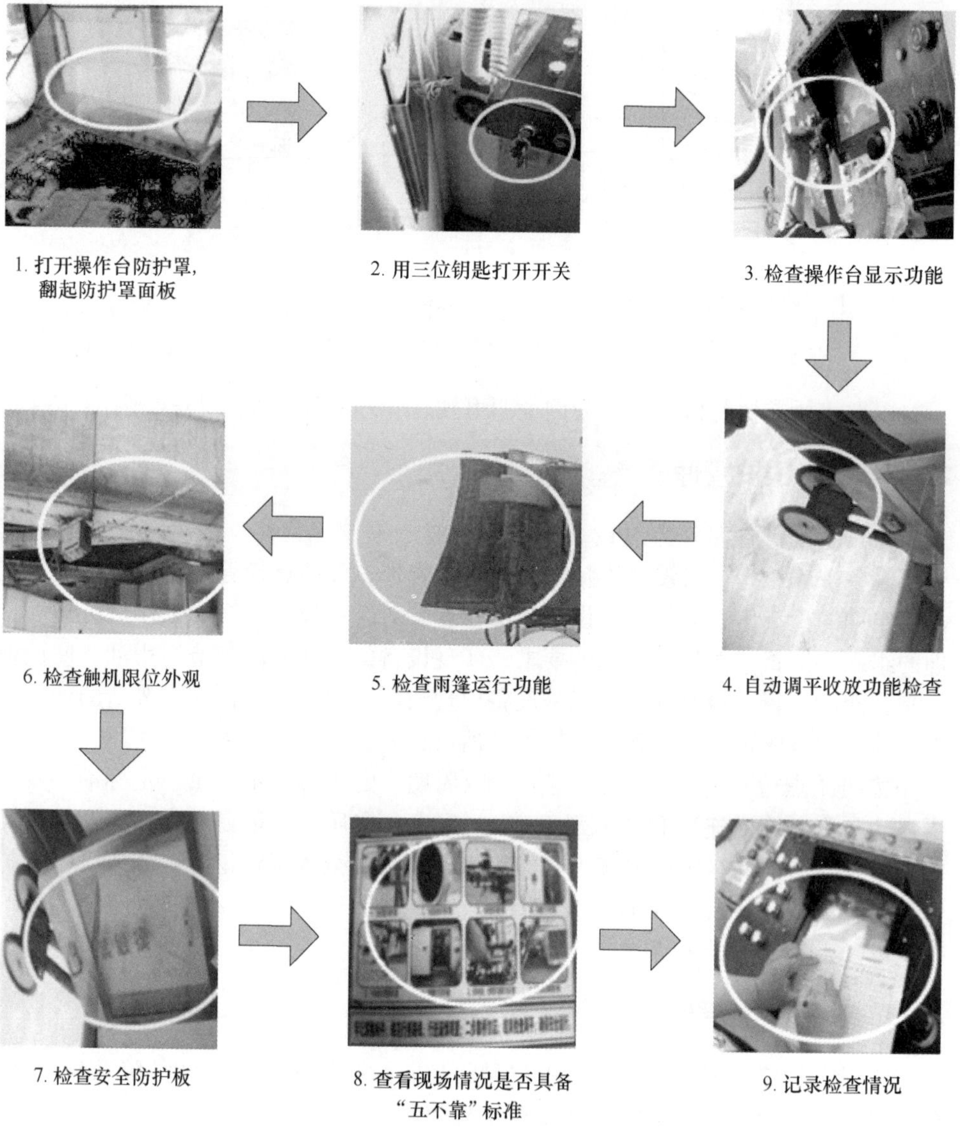

图 23-4　登机桥靠桥前检查可视化流程

23.6　基于 TPM 的设备维护业务流程及其知识分析

该企业拟构建基于 TPM 管理思想的，对全生命周期内设备维护知识进行综合利用的管理系统。有效收集各类数据，利用数据分析的结果，为制定设备维护维修策略提供依据；降低维护成本，减少停机时间，降低设备正常运行期间的物料材料损耗；充分有效地利用企业内外部资源，帮助提高维护人员的维护水平和工作效率；注重隐性知识管理，促进知识共享与创新，形成企业文化资产。

设备维护中所需要解决的问题具有多样性、复杂性、关联性、动态性、可扩展性等特点，因此不但需要共享现有知识，而且需要在此基础上不断创新知识来满足实际需要。如何通过知识管理过程来综合利用各项新兴技术实现对知识的管理，是企业开展设备维护知识管理的核心问题。

不同的企业由于业务价值链不同，对知识管理系统的需求也不同。因此，在设计之前需要全面梳理组织的业务及其活动，界定出若干业务主题。分析这些业务主题的知识属性后，再进行面向业务主题的知识管理系统设计，这样才能保证知识管理系统结构的稳定性和业务的适应性。

基于TPM管理思想的企业设备维护主要业务包括现场管理、运维管理、改善管理等。

23.7 管理流程及其知识分析

现场管理包括对6S管理、六源管理、可视化管理、定置化管理等生产/服务现场基础提升活动的管理，其流程如图23-5所示。

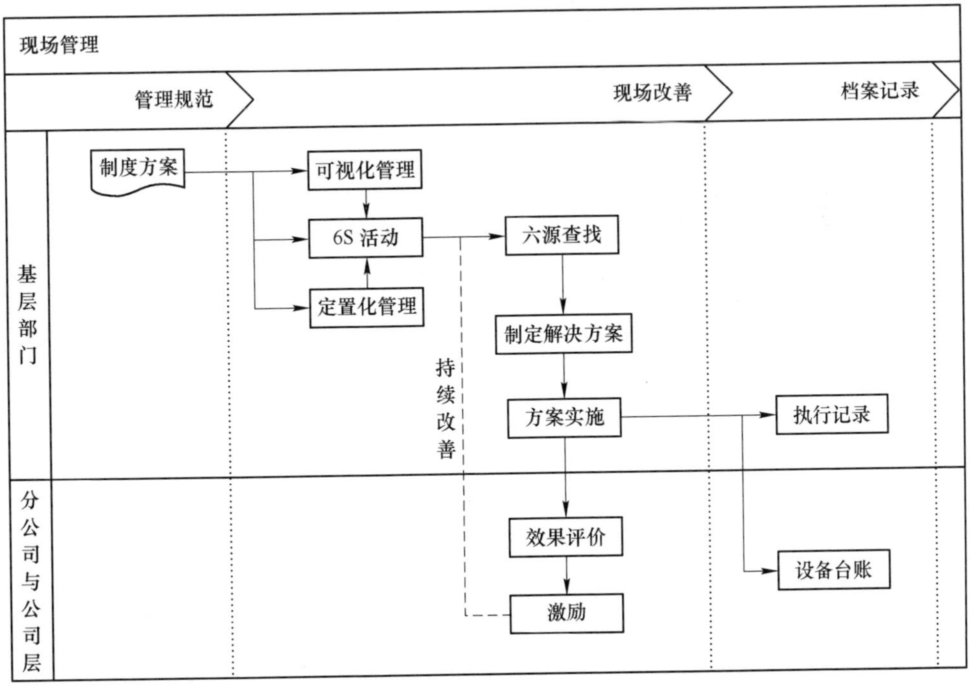

图23-5 现场管理业务流程

现场管理过程主要知识包括生产/服务现场基础提升活动各个方面的各种制度、规定、方案、标准、计划、记录、执行、考核、报表等的管理。

设备运维管理包括设备运行、设备维护与设备维修。

设备运行是指动态掌握设备运行状况，是设备技术管理的主要方面之一。设备运行管理通过各种日常管理办法，记录设备以往的状况并准确监控设备当前状况，分析设备运行的可靠性、经济性，为制定合理的维修保养措施提供充分的科学依据。

设备维护主要是指为维持设备的额定状态所采取的查看、检查、调整、润滑、拆洗和修换等措施。设备保养是设备维护的一种组织模式：以操作者为主，对设备进行以保为主，保修并行，具有预防性维修和周期强制性执行等特征。

设备维修是指设备技术状态劣化或发生故障，为了恢复其设计性能、工作功能和运行精度，而采取的更换或修复磨损、失效的零部件，并对整机或局部进行拆装、调整的技术活动。

设备运维管理的各项活动标准模式主要分为按设备系统、按地理区域、按设备分类、按单台设备。一般周期单位主要分为年、月、周、天，但是在这种周期单位中，又存在着循环进行的情况。其中，按设备系统是指在同一个生产或运行系统下的设备，都使用同一个标准，其维护的周期、部位、内容、方法都相同。按设备分类是指在同一个设备类别下，如计算机，其维护的周期、部位、内容、方法都相同。按地理区域是指在同一个地理环境下，当设备放在某一区域处理，其维护检查的周期相同；当移到另一个区域时，该设备的维护周期可能会发生变化。接单台设备是指该设备的维护方式是独一无二的，只有这一台设备，在某个环境具有的维护周期、部位、内容、方法。图 23-6 所示为运维管理业务流程。

设备运维管理阶段实现设备运行状况管理，得到设备维护要求，并依此制定设备维护方案，给设备维护、维修管理决策提供依据，是设备维护知识的主要来源。涉及的主要知识包括：设备运行状况记录、维护方案、维修计划、维修方案、维修记录、故障记录、故障统计、维修费用记录、备件消耗统计等。

改善管理是打造一流设备及营造一流生产/服务现场的基础性工作，也是激发员工开展创新活动的主要源泉。改善管理流程如图 23-7 所示。改善管理过程涉及的主要知识包括不同类别活动的管理方案、各个环节产生的改善方案。

综上分析，总结得出设备维护知识与一般知识相比具有如下特点：

（1）多样性。设备维护知识包括设备基本信息、维护经验知识等不同来源、面向不同对象和具有不同作用范围的知识，支撑着设备维护工作的开展。

（2）关联性。设备维护知识的基本信息、运行状态和维护决策之间是相互

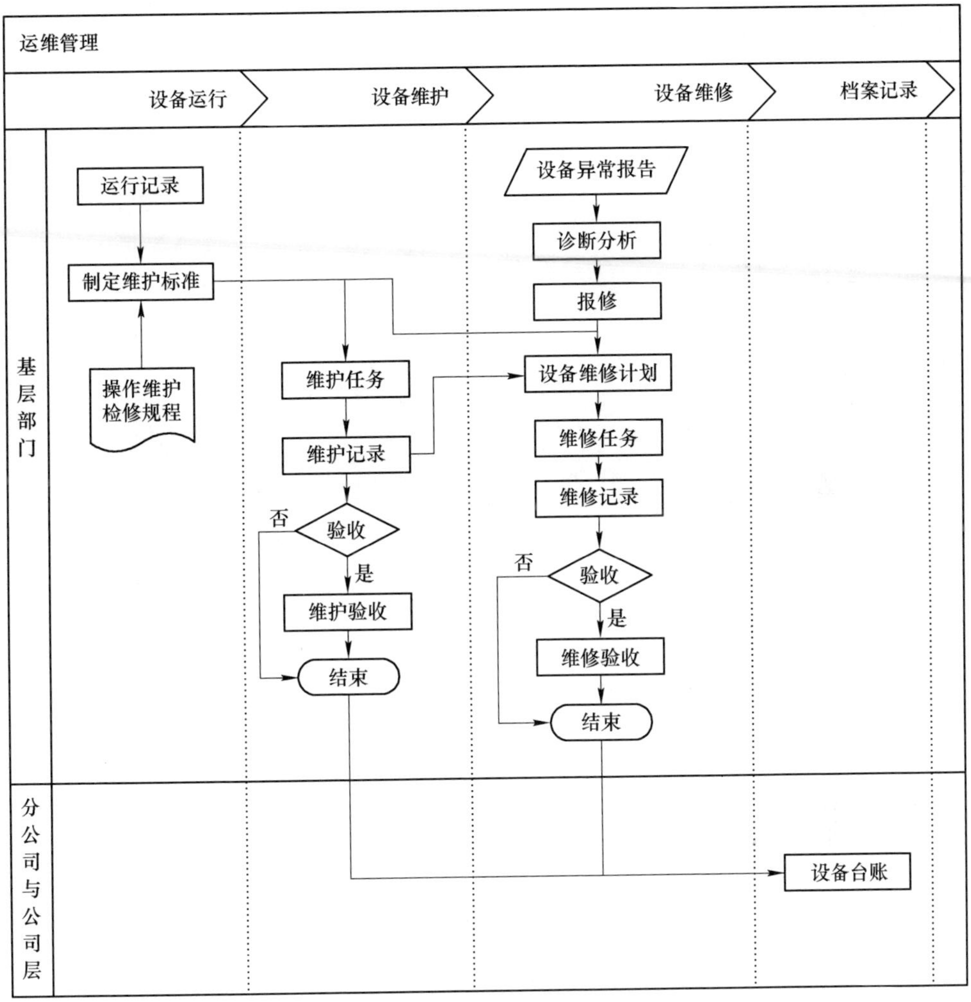

图 23-6 运维管理业务流程

关联的。运行状态知识以基本信息知识为基础，对运行的故障诊断知识是维护、维修决策制定的依据。

（3）不确定性。维护知识的构成复杂多样，因此某些知识具有模糊化特征，隐性的经验知识增加了设备维护知识的不确定性。

（4）扩展性。作为设备维护知识的主要组成部分的各种维护方案、标准以及故障处理方案是不断累积的，这决定了设备维护知识的扩展。

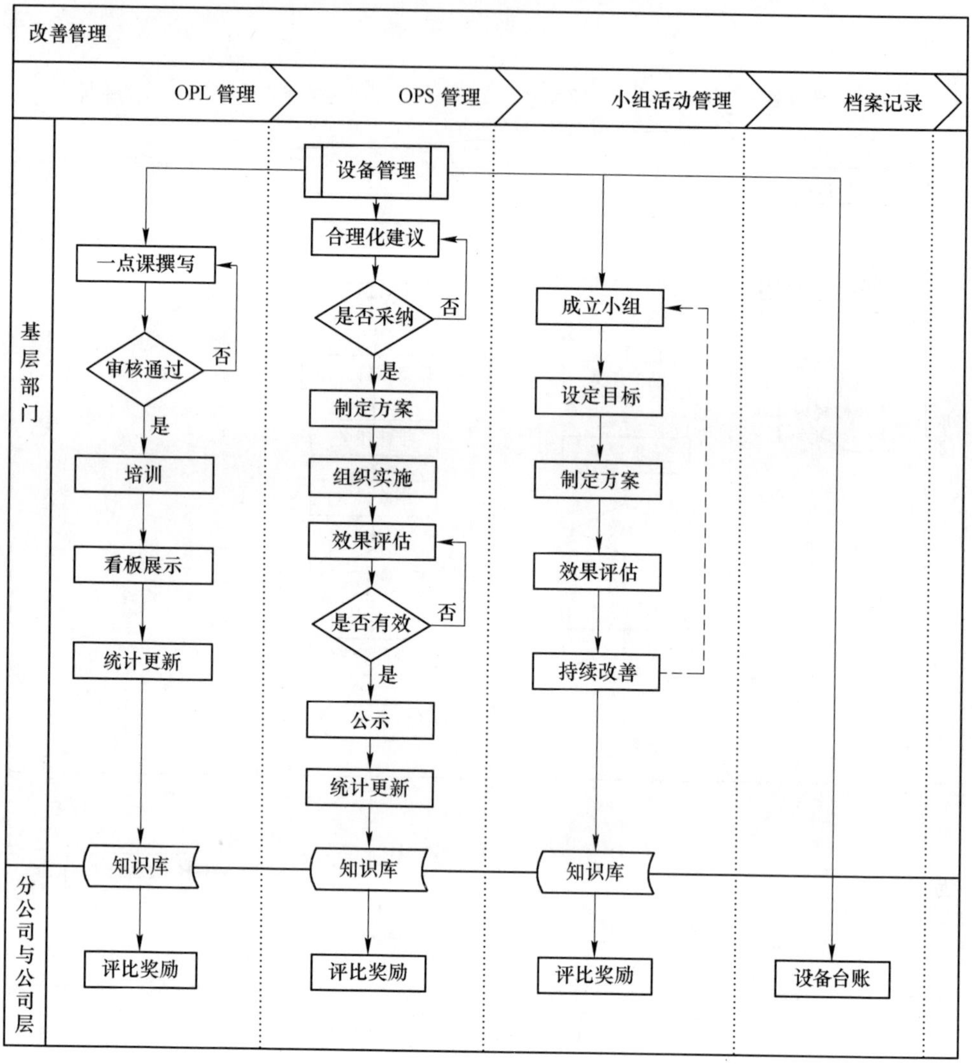

图 23-7　改善管理业务流程

参考文献

[1] 蒋国璋．工业工程基础［M］．武汉：华中科技大学出版社，2010.
[2] 周敏．制造业信息化工程学［M］．北京：冶金工业出版社，2017.
[3] 周敏，魏厚培，张华．现代设备工程学［M］．北京：冶金工业出版社，2011.
[4] 顾新建．制造业信息化导论［M］．杭州：浙江大学出版社，2010.
[5] Das B，Venkatadri U，Pandey P. Applying lean manufacturing system to improving productivity of airconditioning coil manufacturing［J］. International Journal of Advanced Manufacturing Technology，2014，71（1~4）：307~323.
[6] Baraldi E C，Kaminski P C. Product and process development using the lean thinking principles in an automotive industry［J］. 2014，36（1）：148~161.
[7] 詹姆斯P. 沃麦克，丹尼尔T. 琼斯．精益思想［M］．沈希瑾，等译．北京：机械工业出版社，2011.
[8] 詹姆斯P. 沃麦克，丹尼尔T. 琼斯，丹尼斯·鲁斯．改变世界的机器［M］．北京：机械工业出版社，2015.
[9] 大野耐一．丰田生产方式（精）［M］．北京：中国铁道出版社，2014.
[10] 张根保，付兴林，朱瑜庆，等．汽车制造企业精益生产系统模型［J］．机械工程学报，2010，46（2）：93~98.
[11] 王德禄．知识管理的IT实现：朴素的知识管理［M］．北京：电子工业出版社，2003.
[12] 彼得·德鲁克．卓有成效的管理者［M］．许是祥译．北京：机械工业出版社，2009.
[13] 彼得·德鲁克．卓有成效的管理者的实践［M］．廉晓红译．上海：译文出版社，2006.
[14] 彼得·德鲁克．卓有成效的个人管理［M］．杨剑译．北京：机械工业出版社，2014.
[15] 彼得·德鲁克．卓有成效的组织管理［M］．杨剑译．北京：机械工业出版社，2014.
[16] 陈荣秋．生产与运作管理［M］．3版．北京：机械工业出版社，2013.
[17] 杨文龙，姚淑珍，吴云．软件工程［M］．北京：电子工业出版社，1997.
[18] 李浪，朱雅莉，熊江．软件工程［M］．武汉：华中科技大学出版社，2013.
[19] 程晓华．制造业库存控制技巧［M］．北京：中国财富出版社，2013.
[20] 王振武．会计电算化［M］．大连：东北财经大学出版社，2000.
[21] 余凤平．简明会计基础［M］．北京：中国财政经济出版社，2007.
[22] 杨周南．会计信息系统——面向财务部门应用［M］．北京：电子工业出版社，2006.
[23] 巫世晶．设备管理工程［M］．北京：中国电力出版社，2005.
[24] 魏厚培，肖永刚．TNPM+星级设备管理+万点受控实施［J］．中国设备工程，2003（4）：9~10.
[25] 周敏，占铭，郭媛．基于知识驱动的大型设备智能预测决策模型研究［J］．机械科学与技术，2009（4）：431~435.
[26] 张云涛．解析BIRT-Eclipse商业智能和报表工具［M］．北京：电子工业出版社，2007.
[27] 赵卫东．商务智能［M］．北京：清华大学出版社，2009.
[28] 白冬蕊．电子商务概论［M］．2版．北京：人民邮电出版社，2013.
[29] 仝新顺．电子商务概论［M］．北京：清华大学出版社，2015.

［30］殷焕武．项目管理导论［M］．2 版．北京：机械工业出版社，2008.
［31］克利福德·格雷，埃里克·拉森．项目管理教程［M］．2 版．北京：人民邮电出版社，2005.
［32］毕星，翟丽．项目管理［M］．上海：复旦大学出版社，2000.
［33］骆珣．项目管理教程［M］．北京：机械工业出版社，2004.
［34］伍忠贤，王建彬．知识管理策略与实务［M］．北京：中国纺织出版社，2003.
［35］林东清．知识管理的理论与实务［M］．北京：电子工业出版社，2005.
［36］李敏．现代企业知识管理［M］．广州：华南理工大学出版社，2012.
［37］http：//archive. ics. uci. edu/ml/datasets/Cardiotocography. UCI 机器学习数据库．
［38］廉师友，等．人工智能技术导论［M］．西安：西安电子科技大学出版社，2007.
［39］刘峡壁．人工智能导论［M］．北京：国防工业出版社，2008.
［40］孟晓军．基于 Web 服务的企业集成平台框架研究［J］．计算机集成制造系统，2008，14（5）：892～897.
［41］祁国宁．图解 PDM［M］．北京：机械工业出版社，2005.
［42］汤代禄．互联网的变革-Web2. 0 理念与设计［M］．北京：电子工业出版社，2007.
［43］蔡自兴，蒙祖强．人工智能基础［M］．2 版．北京：高等教育出版社，2010.
［44］蔡自兴．人工智能及其应用［M］．2 版．北京：清华大学出版社，1996.
［45］戴汝为．人工智能［M］．北京：化学工业出版社，2002.
［46］埃弗雷姆·特班，梁定澎，杰伊 E. 阿伦森．决策支持系统与智能系统［M］．杨东涛，钱峰，译．北京：机械工业出版社，2009.
［47］陈文伟，廖建文．决策支持系统及其开发［M］．3 版．北京：清华大学出版社，2008.
［48］百度百科．https：//baike. baidu. com/.